Der Neckar

Le Neckar · The River Neckar

Der Neckar

Le Neckar · The River Neckar

Text: Georg Kleemann
Fotos: Erich Spiegelhalter

SIGLOCH
EDITION

Titelbild auf Seite 2: Die Felsengärten bei Hessigheim. *Zwischen Mundelsheim und Besigheim liegen einige der berühmtesten Weinlagen am Neckar. Die Felsengärten sind außerdem ein beliebtes Revier für Kletterer.*

Frontispice page 2: Les «Felsengärten» (Jardins des rochers) près de Hessigheim. *Certains des plus célèbres vignobles de la région du Neckar se trouvent entre Mundelsheim et Besigheim. Les «Felsengärten» sont en outre un coin apprécié des escaladeurs.*

Frontispiece page 2: The "Felsengärten" (Rock Gardens) near Hessigheim. *Some of the Neckar's most famous wine-growing sites are to be found between Mundelsheim and Besigheim. The "Felsengärten", rising above the vineyards near Hessigheim, are also a favourite site for rock-climbers.*

Französische Fassung: Marlène Kehayoff-Michel
Englische Fassung: Desmond Clayton

Printed in Germany
Reproduktion: Repro-Technik Ruit GmbH, Ostfildern
Satz: Setzerei Lihs, Ludwigsburg
Druck: Mairs Graphische Betriebe, Ostfildern
Papier: 150 g/m² BVS
der Papierfabrik Scheufelen, Lenningen
Bindearbeiten: Sigloch Buchbinderei, Künzelsau
ISBN 3-89393-076-0

Inhaltsverzeichnis

Sommaire

Contents

GLORIA IN
IN TERRA PAX

Alte Handwerke im Neckarland. *Sehr genaue und pünktliche Handarbeit hat die Industrie am Neckar aufblühen lassen – und die Handwerkskunst, die das pünktliche Arbeiten voraussetzte, gibt es immer noch.*

Métiers traditionnels dans la région du Neckar. *L'industrie florissante le long du Neckar a donné naissance à un artisanat fait de précision et d'exactitude – et aujourd'hui bien des anciens métiers existent encore.*

Traditional handicrafts in the Neckar Region. *Precision and punctuality, the hallmarks of good craftsmanship, formed the basis for the flourishing industries along the Neckar – and many of the old crafts have survived to this day.*

Tüftler und Ingenieure: Das lange Tal der Brettlesbohrer

Der mit seinen Nebenflüßchen weit ins Land hineingreifende Neckar hat nacheinander und durcheinander ein Wald- und Felsgesicht, ein Weingesicht und ein Industriegesicht. Fremde sind mit keiner Mitteilung über das Neckartal mehr zu verblüffen als der, daß das Auto vom Neckar stammt und dort gleich zweimal erfunden worden ist: in Mannheim von Carl Benz und in Stuttgart-Bad Cannstatt von Gottlieb Daimler. Der stolze Hinweis, daß in diesem Tal auch die Geburtshäuser von Hegel, des politisch so wirkungsträchtigen Philosophen, oder der Dichter Hölderlin und Schiller standen, läßt weit weniger Besucher aufhorchen. Das technische Ereignis „Auto" birgt die größere Faszination.
Daß dieser weltumspannende Industriezweig gerade hier geboren worden ist, hängt sowohl mit dem schwäbischen Dickkopf Daimler als auch mit dem badischen Dickkopf Benz zusammen – und mit der Zeit und dem Zustand der Landschaft in der zweiten Hälfte des letzten Jahrhunderts. Damals entstanden nur Dampfmaschinen auf den Zeichenbrettern der Ingenieure. Die Eisenbahn beherrschte die Phantasie und das Denken über die zukünftige technische Entwicklung so sehr, daß das Straßennetz verluderte wie zu Zeiten der Kleinstaaterei. Auf dem Neckar starb sogar die Schiffahrt samt der Flößerei, weil die Eisenbahn praktischer und schneller war. In dieser Situation an etwas anderes als an Dampfmotoren zu denken, war geradezu eine Spinnerei.
Die beiden „Spinner" Benz und Daimler (die sich persönlich nie begegnet sind) entwickelten sogar zwei ganz verschiedene Wege zum

Bricoleurs et ingénieurs: la longue vallée des inventeurs

Le Neckar qui, avec ses affluents, s'avance profondément dans le pays a tour à tour un aspect boisé et rocheux, un aspect viticole et un aspect industriel. Rien n'étonne plus les étrangers que d'apprendre à propos de la vallée du Neckar que l'automobile vient de cette région et qu'elle y a même été découverte deux fois. A Mannheim par Carl Benz et à Stuttgart-Bad Cannstatt par Gottlieb Daimler. Que cette vallée abrite également la maison natale de Hegel, le philosophe dont l'influence fut si grande sur le plan politique ou celle des poètes Hölderlin et Schiller, intéresse nettement moins les visiteurs. Le phénomène technique qu'est l'«auto» est de loin beaucoup plus fascinant.
Le fait que cette branche industrielle qui a conquis le monde soit précisément née ici est dû à deux entêtés, le Souabe Daimler et le Badois Benz, mais aussi à la situation de cette région dans la deuxième moitié du siècle dernier. A cette époque, il n'y avait que des machines à vapeur pour voir le jour sur les planches à dessin des ingénieurs. Le chemin de fer dominait à ce point l'imagination et l'idée d'un développement technique futur que le réseau routier se dégradait comme au temps des petits Etats. La navigation ainsi que le flottage sur le Neckar se mouraient parce que le chemin de fer était plus pratique et plus rapide. Dans ces conditions, songer à autre chose qu'aux machines à vapeur tenait de la folie.
Nos deux fous, Benz et Daimler (qui ne se sont d'ailleurs jamais rencontrés) suivirent même deux voies tout à fait différentes pour arriver à l'automobile. Daimler tenta avec succès de mo-

The long valley of the craftsmen, engineers and handymen . . .

The River Neckar, longer than the Thames, and with many tributaries, covers a great deal of country, passing through wooded and rocky scenery, vineyards, and industrial areas. The information about the Neckar that most amazes strangers is that the automobile comes from here, and indeed was invented here twice over: in Mannheim by Carl Benz, and in Stuttgart-Bad Cannstatt by Gottlieb Daimler. The proud claim that this valley was also the birthplace of that politically so influential philosopher Hegel, or of the poets Hölderlin and Schiller makes less of an impact. The technical marvel "automobile" is more fascinating.
The fact that this worldwide industry was born here, was due to both that stubborn Swabian Daimler and that obstinate Baden-Württemberger Benz – and to the situation the region found itself in during the second half of the 19th century. At that time engineers were primarily engaged in designing steam-engines. The railways dominated transport and thinking with regard to technological development to such an extent that the road network was almost totally neglected. Even shipping and rafting – hitherto important features of life along the Neckar – died out because the railway was more practical and faster. Under these circumstances to think of anything but steam engines certainly seemed cranky.
The two cranks Benz and Daimler (who never met) even developed two different approaches to the automobile. Daimler successfully strove to motorize all the then operating means of transport with the aid of his petrol

Auto. Daimler versuchte erfolgreich, alle damals vorhandenen Fortbewegungsmittel mit seinem Benzinmotor zu motorisieren, vom Zweirad bis zur Kutsche, zum Boot, zur Eisenbahn, zur Straßenbahn und sogar bis zum Luftschiff. Benz dagegen dachte von Anfang an ausschließlich an ein Auto; deshalb gelang ihm auch die Erfindung der Achsschenkel-Lenkung, die bis heute verwendet wird.
Traditionell betrachtet, waren die Zeit und der Zustand des Neckarlandes allerdings völlig ungeeignet für eine so folgenreiche Erfindung. 1853, als der Büchsenmacher Gottlieb Daimler ins Elsaß ging, um als Arbeiter und Mechaniker zu lernen, wie es in einer modernen Lokomotivenfabrik zuging, hielt die württembergische Regierung ihr Land noch „für den Ackerbau bestimmt". Das neumodische Fabrikwesen nannten manche Beamte sogar „geradezu naturwidrig". Doch einer vor allem widersprach: Ferdinand Steinbeis, den man damals einen „Gewerbeförderer" nannte. Heute würde man seine Arbeit Wirtschaftsförderung oder Unterstützung des Technologietransfers nennen. Der politische Journalist und spätere Bundespräsident Theodor Heuss hatte für den Landsmann jedoch einen noch besseren Namen gefunden, Steinbeis sei ein „Planwirtschaftler der menschlichen Begabungen" gewesen. Tatsächlich war der große Initiator für alles, was sich von den gewohnt engstirnigen und ärmlichen Verhältnissen im Agrarland Württemberg wegbewegte, im Alter sogar der Entdecker des blutjungen Daimler, der von ihm zuerst das Reisestipendium für die Fahrt ins Elsaß bekommen hatte und später

toriser avec son moteur à essence tous les moyens de locomotion de l'époque, du deux-roues jusqu'à l'aéronef en passant par la diligence, le bateau, le train et le tramway. Benz, par contre, ne songea dès le début qu'à la voiture automobile; aussi réussit-il à inventer la direction à fusée utilisée jusqu'à maintenant.
D'un point de vue traditionnel, l'époque et la situation de la région du Neckar n'étaient absolument pas indiquées pour une invention aussi riche de conséquences. En 1853, lorsque l'armurier Gottlieb Daimler se rendit en Alsace pour se rendre compte, comme ouvrier mécanicien, du fonctionnement d'une fabrique de locomotives moderne, le gouvernement wurtembergeois estimait encore que son pays était «destiné à l'agriculture». Certains fonctionnaires trouvaient même que les nouvelles fabriques étaient «absolument contre nature». Pourtant il y en eut un pour les contredire: Ferdinand Steinbeis dont on disait la fois-là qu'il était un «pionnier de l'industrie». Aujourd'hui, on qualifierait son travail de promotion de l'économie ou d'encouragement du transfert de la technologie. Le journaliste politique qui devint par la suite président fédéral, Theodor Heuss, avait trouvé, pour sa part, un qualificatif encore plus adéquat pour son compatriote. Il avait été, selon lui, un «planificateur des dons humains». Steinbeis, effectivement, fut le grand initiateur de tout ce qui se démarquait des conditions existant dans le Wurtemberg, pays agricole pauvre où prévalait l'étroitesse d'esprit. Agé, il découvrit même le tout jeune Daimler; celui-ci obtint d'abord de son bienfaiteur une bourse

engine – from two-wheelers to coach, from boat to train and tram, and even to airship. Benz, on the other hand, thought right from the beginning only of a car; that was why he also succeeded in inventing the axle pivot steering, still in use today.
As far as local tradition was concerned, and with regard to both the situation and character of the region, however, Neckarland was completely unsuited for such a momentous invention. In 1853, when the gunsmith Gottlieb Daimler went to Alsatia as labourer and mechanic in order to find out how a modern locomotive factory functioned, the government of Württemberg still considered its region to be "meant for arable farming". Some civil servants even went so far as to call the new-fangled factories "downright unnatural". But there was one person who opposed this notion: Ferdinand Steinbeis, a "promoter of industry and trade". His compatriot, the political journalist and later German President Theodor Heuss, invented a better name for Steinbeis: he called him a "central planner for human talent". He was indeed a great initiator of everything that departed from the traditionally narrow-minded attitudes and poverty-stricken conditions in agricultural Württemberg – and in his old age he even discovered young Daimler, whom he provided with a travelling scholarship which enabled him to go to Alsatia and later to study free at Stuttgart Polytechnic (now University). Such far-sighted promotion work stimulated new ideas, as did a simple act like providing a wooden bicycle for Carl Benz, who cycled

umsonst auf die Polytechnische Schule (die heutige Universität Stuttgart) geschickt wurde. Das waren Weichenstellungen, die ebenso wirkten wie der freundschaftliche Verkauf eines Zweirades aus Holz an Carl Benz, der damit in den siebziger Jahren um Mannheim herumradelte – falls man die holpernde Fortbewegung dieses Gefährtes schon radeln nennen darf. Benz jedenfalls kam dabei der Einfall, dieses instabile Ding in ein Dreirad zu verwandeln und irgendwie zu motorisieren. Das Irgendwie gelang allerdings erst zwanzig Jahre später.
Diese zwanzig Jahre waren im ganzen Neckarland eine entscheidende Zeitspanne. Denn jetzt vollzog sich in unzähligen Gehirnen und unzähligen Werkstätten der Wandel zum Industrieland – und das inmitten einer meist unverständigen Umgebung. Sinnbild dafür ist die berühmte Anekdote aus Bad Cannstatt, das damals wirklich noch ein weitbekanntes Bad gewesen ist mit der (bis heute) größten Heilwasserschüttung Westeuropas. Dort werkten in einem Gartenhaus Daimler und der ebenbürtige Wilhelm Maybach (der den Vergaser erfand) in aller Heimlichkeit, aber mit einigem nächtlichem Lärm. Das erregte Verdacht, die Polizei wurde alarmiert, die zwar keine Falschmünzerwerkstatt fand, aber sich auch nicht erklären konnte, was die beiden Herren tatsächlich trieben. Daimler und Maybach blieben verdächtig, solange man noch nicht „Herr Fabrikant" zu ihnen sagen mußte.
Doch was wäre aus den beiden und aus vielen tausend anderen tatenfrohen und einfallsreichen Handwerksmeistern und Ingenieuren im

de voyage pour son séjour en Alsace et par la suite la possibilité de faire des études gratuitement à l'Ecole polytechnique (l'actuelle université de Stuttgart). Ce fut là une orientation qui eut un effet analogue à celui de la vente à un prix d'ami d'un deux-roues en bois à Carl Benz qui, dans les années soixante-dix, put de cette façon pédaler autour de Mannheim, pour autant que l'on ait pu vraiment pédaler sur un engin aussi cahotant. Quoiqu'il en soit, Benz eut ainsi l'idée de transformer cette chose instable en un tricycle et de le motoriser d'une manière quelconque. Pour ce qui est de la manière, ce n'est que vingt ans plus tard qu'elle fut trouvée. Ces vingt années furent pour toute la région du Neckar une période décisive. Car l'idée de la transformer en un pays industriel germait maintenant dans d'innombrables cerveaux et ateliers de la contrée – et ceci dans un milieu peu compréhensif. La célèbre anecdote de Bad Cannstatt est symptomatique à cet égard. A Bad Cannstatt, qui était la fois-là une ville d'eau très connue avec (jusqu'à aujourd'hui) le plus grand débit d'eau minérale d'Europe occidentale, Daimler et son condisciple Wilhelm Maybach (qui inventa le carburateur) se livraient à des travaux dans un pavillon et dans le plus grand secret, non sans faire quelque bruit nocturne. Ceci éveilla des soupçons et la police fut prévenue. Celle-ci ne trouva certes pas un atelier de faux-monnayeurs mais elle ne put également pas s'expliquer ce que faisaient là nos deux inventeurs en herbe. Et Daimler et Maybach restèrent suspects jusqu'au jour où on dut leur donner du «Monsieur le fabricant».

round Mannheim on it in the 1870s – if one can call the bumpy progress of such a vehicle "cycling". At any rate, Benz had the bright idea of changing the bicycle into a tricycle and of motorizing it – although twenty years were to pass before the second step was realized.
These twenty years were a decisive period for the whole of the Neckar region, for in this period, in countless brains and countless workshops, the transformation to industrialized thinking took place – and that, in general, in an antagonistic atmosphere. The famous anecdote from Bad Cannstatt – which at that time was still a well-known spa, and which still has the most copious springs of all spas in western Europe – is symbolic of the then situation. Daimler and the equally gifted Wilhelm Maybach (who invented the carburettor) were secretly working at night in a summer house, but the noise their work made roused suspicion. The police were summoned, and although they did not find a forger's workshop, they could not for the life of them understand what the two gentlemen were really up to. Daimler and Maybach continued to be regarded as suspicious characters until the time came when they were established as prosperous factory owners.
But what would have become of the two of them and of the many thousand other active and inventive master craftsmen and engineers in the Neckar region if there had been no skilled workers who were also fascinated by technical problems? There were plenty of them around, as it was traditional that a farmer's land should be divided up among all his children

Neckarland geworden, wenn es dort keine Arbeiter und Gesellen gegeben hätte, die ebenfalls mit Genuß an technischen Problemen herumbosselten? Die gab es jedenfalls schon der Zahl nach genügend, weil es fast überall der Brauch war, das elterliche Bauernland unter allen Kindern aufzuteilen. Große und reiche Bauern hat es entlang des Neckars kaum gegeben, zudem waren dort die natürlichen Rohstoffe samt den Energiequellen und Verkehrsstraßen rar. Gemessen am Rhein war selbst die Neckarschiffahrt unbedeutend. Nur fleißige Menschen hatte das Land anzubieten, als die Industrialisierung begann – und anders begann als anderswo. Denn die vielen Kleinbauern, die etwa am Oberlauf des Flusses, wo auf der Alb „meh Schtoiner als Kartoffla wachset", einen Rundwirkstuhl in die Stube stellten, blieben ebenso Nebenerwerbsbauern wie die Stuttgarter, die „zum Bosch" gingen. Der wiederum hatte 1886 sehr handwerklich und bedächtig kalkulierend angefangen mit einer „Werkstätte für Feinmechanik und Elektrotechnik". Doch seine Werkstatt wurde sprunghaft größer, als er die Magnetzündung erfunden hatte.
Heute wird zwar viel geschwärmt von den schwäbisch-badischen Tüftlern (deren Zahl tatsächlich bis heute nach den Patentanmeldungen bedeutend größer ist als in anderen Bundesländern), doch ohne verständige Helfer hat der beste Tüftler Schwierigkeiten im Leben. Jedenfalls hat erst die grundsolide Einstellung der Schwaben und Nordbadener zur Arbeit den schnellen industriellen Aufstieg erlaubt. Schon aus der täglichen Not heraus war Arbeit, viel

Mais que serait-il advenu d'eux et de nombreux milliers d'autres maîtres-artisans et ingénieurs laborieux et inventifs de la région du Neckar s'il n'y avait pas eu également des ouvriers et des apprentis pour s'atteler avec plaisir aussi aux problèmes techniques? Ils étaient en tout cas suffisants en nombre car il était en effet partout d'usage de partager les terres familiales entre tous les enfants. Le long du Neckar, il n'y a guère eu de riches et gros paysans d'autant que les matières premières naturelles ainsi que les sources d'énergie et les voies de communication y étaient rares. Même la navigation sur le Neckar était insignifiante comparée à celle sur le Rhin. Aussi le pays n'avait-il qu'une population industrieuse à offrir lorsque l'industrialisation y fit ses débuts, des débuts qui ne furent pas les mêmes qu'ailleurs. Car les nombreux petits paysans qui, par exemple sur le cours supérieur de la rivière où «les champs donnaient plus de pierres que de pommes de terre», avaient chez eux un métier à tisser circulaire restèrent des agriculteurs avec des activités secondaires tout comme les gens de Stuttgart qui allaient «chez Bosch». Celui-ci avait, en 1886, commencé de façon très artisanale et prudente avec un «atelier de mécanique de précision et d'électrotechnique» qui allait connaître un développement soudain lorsqu'il inventa l'allumage par magnéto.
Aujourd'hui, on célèbre certes les vertus des inventeurs souabes et badois (dont le nombre, au vu des dépôts de brevets, est effectivement jusqu'à aujourd'hui nettement plus élevé que dans les autres Länder) mais, sans assistants

when he retired or died, leaving most of them with an inadequate livelihood unless they turned to something else. There were in any case hardly any large or rich farmers along the Neckar, and furthermore there were few natural resources and an inadequate transport infrastructure. Compared with the Rhine, even the shipping on the Neckar was relatively unimportant. This all meant that the region had little to offer except willing workers when the industrial revolution began – and then it began differently here. For the many small peasant farmers along the upper reaches of the river, for example, where "more stones than potatoes" grew, remained part-time farmers even while working in cottage industries – when a hosiery machine, for example, had been set up in the parlour – as did the Stuttgart people who "went to Bosch". Bosch had started a "Workshop for Fine Mechanics and Electrical Engineering" in 1886; it was a small beginning, but his workshop swiftly expanded when he invented the magneto ignition system.
Today a lot is said about the inventive talent of the people of Swabia and Baden (in fact, judging from the number of patents applied for, there are more inventors here than in other parts of Germany), but without skilled labour even the best inventor can get nowhere. At any rate, it was the industrious nature of the people of Swabia and north Baden which really provided the foundation for the rapid industrialization of the region. Hard work had always been a fact of life here. And working your fingers to the bone with a view to bettering yourself was

Arbeit hier immer selbstverständlich gewesen. Und sich „fürs eigene Sach" krummzulegen, war sogar gottwohlgefällig, schließlich hatten noch zu Beginn des 19. Jahrhunderts Kirchenordnungen dafür gesorgt, daß die Faulen im Dorf angezeigt wurden. Bis heute arbeitet jeder Zweite in den industriellen Ballungen im Neckarland in kleinen und mittleren Unternehmen. Die Weltfirmen, die hier gewachsen sind, sind die Ausnahmen, sie waren dann allerdings die Lockvögel für Niederlassungen vieler anderer Konzerne aus aller Welt. Zugleich steht am Neckar und an den Ufern der Fils und manches noch kleineren Nebenbächleins so manches Fabrikle, das sich auf die Fertigung irgendeines Gerätes oder Werkzeugs spezialisiert hat, das einmalig und nur hier zu haben ist in der Welt. Ohne hervorragend ausgebildete Mit-Arbeiter wäre das unmöglich. Als die zehn Abteilungen des großen Max-Planck-Institutes für Festkörperphysik im Jahre 1969 einen Standort suchten, entschied man sich für Stuttgart. Das Institut braucht nämlich höchstqualifizierte Arbeiter, die selber mitdenken und alle mechanischen Fertigkeiten besitzen, um die auf hunderttausendstel Millimeter genauen Werkstücke zu liefern. Und die sind für die molekulare Untersuchung von Materialoberflächen nötig.
„Facharbeiter sind wichtiger als Rohstoffe", hatte schon Steinbeis gesagt. Der Wahlschwabe Ralf Jandl, der unter dem Pseudonym Karl Napf seinen neuen Landsleuten gern den Spiegel vorhält, redet oft von der Unrast der Menschen im Neckartal und hat speziell über die Neckarschwaben geschrieben, ihr ehedem hochge-

compréhensifs, le meilleur inventeur a bien du mal dans la vie. En tout cas, c'est l'attitude tout à fait positive des Souabes et des Badois à l'égard du travail qui a permis le développement industriel rapide du pays. De tous temps, du fait des difficultés quotidiennes, on y a considéré le travail et même beaucoup de travail comme une chose tout à fait naturelle et, qui plus est, était agréable à Dieu. Au début du XIXe siècle encore, les règlements de l'Eglise ne prescrivaient-ils pas que l'on dénonce les paresseux dans le village? Jusqu'à maintenant, dans les conurbations de la région du Neckar, une personne sur deux travaille dans les petites et moyennes entreprises. Les firmes internationales, qui se sont développées ici, sont des exceptions mais elles ont incité de nombreuses autres multinationales à y établir des filiales. Au bord du Neckar ainsi que sur les rives de la Fils et d'autres affluents encore plus petits, il y a également des fabriques qui se sont spécialisées dans la fabrication d'un appareil ou d'un instrument que l'on ne trouve nulle part ailleurs dans le monde. Sans un personnel parfaitement formé, cela serait impossible. C'est pourquoi, lorsque les dix sections de l'Institut Max Planck pour la physique du solide ont cherché en 1969 un lieu pour s'implanter, le choix est tombé sur Stuttgart car l'Institut a besoin de personnels hautement qualifiés, capables de réfléchir et dotés de toute l'habileté mécanique nécessaire pour réaliser des pièces d'une précision au cent millième de millimètre près nécessaires pour l'examen moléculaire des surfaces des matériaux.

regarded as a blessed activity – at the beginning of the 19th century, after all, church regulations still called for denunciation of the lazy people of the village. Today every second adult still works for small and medium-sized firms in the industrial conglomerations of the Neckar region. Only a few large international companies have their origins here – but they nevertheless fulfilled the important function of encouraging many other concerns from all over the world to establish branches in the area. At the same time there are still little factories along the banks of the Neckar and its tributaries that specialize in making some particular, unique instrument or tool that can only be obtained here and nowhere else in the world. This would be impossible without well-trained staff. When the ten departments of the Max Planck Institute for Solid-State Physics were looking for a site in 1969 Stuttgart was chosen, because the Institute needs highly-qualified workers who can think for themselves, and who possess the right mechanical skills to manufacture the instruments accurate to a hundred-thousandth of a millimetre that are necessary for the molecular examination of the surfaces of materials.
"Skilled labourers are more important than raw materials" was one of Steinbeis's sayings. Ralf Jandl, who chose to live in Swabia, and who writes under the pseudonym of Karl Napf, likes to hold up a mirror to the locals; he often speaks of the restlessness of the people in the Neckar Valley. In reference to the Neckar Swabians, he has said that the country once famous for its poets, philosophers, and precision

rühmtes Land der Dichter und Denker, aber auch der Feinmechaniker, biete heute bei den Dichtern ein eher überschaubares Bild. Die Feinmechaniker dagegen gediehen nach wie vor prächtig. Dem sei nicht widersprochen. Napf teilt die typischen Neckartäler Brettlesbohrer ein in „Diesseitsbohrer" und in eine zweite Gattung, die „Ideal- und Jenseitsbohrer". Gerade die werden uns nun etwas öfter begegnen als die handfesten Brettlesbohrer, wenn wir zu einer Wanderung durchs Wald- und Felsland, durchs Weinland und Kulturland einladen. Theodor Heuss hatte beides zusammen den Spannungsbogen des württembergisch-badischen Wesens genannt, bei dem sich spekulative Phantasie und nüchterner Wirklichkeitssinn, „das Verschwärmte und das rechnerisch Hausbackene" begegne. Am Neckar findet sich alles.

«Les ouvriers qualifiés sont plus importants que les matières premières», disait déjà Steinbeis. Ralf Jandl, un Souabe d'élection, qui sous son pseudonyme de Karl Napf se penche volontiers sur ses nouveaux compatriotes, parle souvent de l'agitation des habitants de la vallée du Neckar et a écrit plus spécialement à propos des Souabes du Neckar que leur pays autrefois si célèbre pour ses poètes et ses philosophes mais aussi pour ses mécaniciens de précision offre aujourd'hui, pour ce qui est des poètes, un tableau plutôt modeste. Les mécaniciens de précision, par contre, continuent de prospérer. On ne peut pas prétendre le contraire. Napf divise les inventeurs de la vallée du Neckar en deux espèces: les «inventeurs de ce monde» et ceux «de l'autre monde». Ce sont précisément ces derniers que nous rencontrerons un peu plus souvent au hasard de notre promenade à travers la vallée du Neckar, pays boisé et rocheux, région de vignobles et de cultures. Pour Theodor Heuss, les deux espèces se rencontraient dans la nature des gens du Bade-Wurtemberg qu'habitent à la fois une imagination spéculative et un sens des réalités, qui ont aussi bien un côté enthousiaste que terre à terre. On trouve tout cela dans la région du Neckar.

mechanics can still boast plenty of the latter but few of the former. This cannot be denied. Napf divides the typical Neckar Valley handymen into "worldly handymen" and "ideal, or other-worldly handymen". We are more likely to meet the latter than the former when we now set off on a tour through the woods and valleys, vineyards and cultural landscapes. Theodor Heuss called the two aspects the poles of the Baden-Württemberg character in which speculative imagination and a down-to-earth feeling for reality, "enthusiasm and prosaic calculation", meet. It is all there along the Neckar.

Autogeschichte im Stuttgarter Mercedes-Benz-Museum. *Neben den ersten Motorkutschen steht der Motor mit Robert Boschs zukunftsträchtiger Magnetzündung. Rechts parken die noch heute fahrbereiten Traumwagen der Großväter.*

L'histoire de l'automobile au Musée Mercedes-Benz à Stuttgart. *A côté des premières automobiles est exposé le moteur avec le système d'allumage par magnéto inventé par Robert Bosch. A droite, quelques-unes des voitures dont rêvaient nos grands-pères et qui peuvent encore rouler.*

Automobile history in the Mercedes-Benz Museum in Stuttgart. *Next to the first automobiles stands the motor with Robert Bosch's pioneering magneto ignition system. On the right – still roadworthy – some of grandfather's dream cars are to be seen.*

Vom Quellmoos bis Rottweil: „... gucket ao des Wässerle“

In deinen Tälern wachte mein Herz mir auf
Zum Leben, deine Wellen umspielten mich,
Und all der holden Hügel, die dich,
Wanderer! kennen, ist keiner fremd mir.
(Der erste Vers von
Friedrich Hölderlins Gedicht „Der Neckar“)

Der Neckar, dachte der Zimmerer in seiner schwarzen Kluft, der an der Brüstung der Rottweiler Stadtmauer stand und auf die engen Flußschleifen hinunterguckte, der Neckar muß sich eigentlich schon hier viel zu brav und ordentlich verhalten, so wie man das von einem fleißigen schwäbischen Fluß erwartet. Die Leut' in Villingen-Schwenningen, die doch so stolz sind auf ihre Neckarquelle, verstecken das Neckarbächle zwar noch in ihrem Kanalnetz, aber schon gleich nach ihrer Stadtgrenze, wenn es noch ein quellfrischer Lausbub ist, stehen schon die ersten Mühlen im Neckartäle. Dort muß das Bächle zwar nimmer Korn mahlen oder sägen wie früher, dafür muß es kleine Turbinen antreiben, die Strom liefern. Schaffen, arbeiten aber muß es auf jeden Fall. Und sobald den Neckar ein paar Nebenbächle stärker machen, wird er auch schon gestaut und muß immer größere Turbinen bewegen. Und von Plochin-

◀ ***Im Quellmoor des Neckars.*** *Bei Villingen-Schwenningen liegt das nacheiszeitliche Hochmoor, aus dessen vielen kleinen Rinnsalen der Neckar entsteht.*

De la source jusqu'à Rottweil: «... contemple le petit ruisseau»

A la vie, dans tes vallées, mon cœur
S'est éveillé, de tes vagues j'ai senti la caresse
Et toutes les gracieuses collines qui te connaissent,
Rivière vagabonde, me sont familières.
(Les premiers vers du poème
de Friedrich Hölderlin «Le Neckar»)

Le Neckar, songeait le charpentier vêtu de noir, qui du parapet du mur d'enceinte de Rottweil contemplait les méandres étroits de la rivière dans le bas, le Neckar se comporte déjà ici d'une façon trop sage et disciplinée, tout comme on imagine une rivière industrieuse souabe. A Villingen-Schwenningen, les gens qui sont pourtant si fiers de leur source du Neckar, cachent certes encore le petit ruisseau dans leur réseau de canalisation, mais dès que celui-ci a franchi les portes de la ville et alors qu'il n'est encore qu'un petit cours d'eau impétueux, il rencontre déjà les premiers moulins des vallées du Neckar. Il ne doit certes plus comme autrefois y moudre du blé ou faire marcher une scierie, mais il lui faut maintenant actionner de petites turbines qui fournissent de l'électricité. En tout cas, il lui faut travailler. Et dès que de petits affluents l'ont rendu plus vi-

◀ ***Dans les marais de la source du Neckar.*** *Près de Villingen-Schwenningen se trouve la fagne de la période postglaciaire d'où partent de nombreux petits ruisseaux qui vont former le Neckar.*

From the source to Rottweil: "... just look and see the water run"

In these your narrow valleys my heart began
To beat; your fresh waves they frolicked
around me,
And all those noble hills which know you,
Wandering river, are to me known too.
(First verse from Friedrich Hölderlin's
poem "The Neckar")

Karl, the journeyman carpenter, dressed in the traditional black garb of his trade, with wide-brimmed hat, and flared trousers, stood on the battlements of his home town Rottweil, looking down on the narrow, winding river. Even here, he thought, the Neckar has to be well-behaved and neat – as is expected of an industrious Swabian river! The people of Villingen-Schwenningen, who are so proud of the fact that the Neckar rises in the moor by the town, nevertheless tidy the young river away in their drainage system, and then, as soon as it is beyond the town border, still little more than a baby, the first mills can be found along its banks. It no longer has to turn wheels to grind wheat or saw wood, but it does have to operate small turbines: work it certainly must. And once a few small tributaries have increased its strength, it is dammed and has to drive ever

◀ ***The marshy land at the source of the Neckar.*** *Near Villingen-Schwenningen lies the post-Ice-Age raised bog whose many rivulets converge to form the beginning of the River Neckar.*

gen an wird der Fluß in den Neckarkanal verpackt als Lastenträger und als Kühlwasserspender. Der Zimmerer Karl war selber aus Rottweil, und er guckte lieber flußaufwärts, wo er als Bub noch den Reihern die Fische weggefangen hatte.
Obwohl der Zimmerer jung war, hatte er doch schon ganz andere, wildere und größere Flüsse gesehen. Auf der Walz war er sogar bis ins ferne China gekommen und hatte dort als Schiffszimmermann gearbeitet – wenn seine Mutter nicht gestorben wäre, hätte er seine Wanderzeit gar nicht unterbrechen und ins heimatliche Rottweil kommen dürfen. Dann hätte er aber auch das Dorle nicht wiedergesehen, die Kurpfälzerin, die es an den oberen Neckar verschlagen hatte und der er mit seiner Walz davongelaufen war. Das Dorle wollte, daß er jetzt hierbleibe im letzten Wanderhalbjahr, hier, an diesem im Maßstab der Erdkugel so gänzlich unbedeutenden Flüßlein! Die Neckarufer waren freilich der abenteuerliche Spielplatz seiner Jugend gewesen. Das Neckarwasser hatte alle seine Sehnsüchte, die Welt zu sehen, weitergetragen zum Rhein und in das Meer hinaus. Ach, Karl wollte auch jetzt wieder hinaus. Aber dableiben wollte er auch – alles war wieder so wie vor zweieinhalb Jahren.
Das Dorle hatte er beim Narrensprung in Villingen wiedergefunden. Hinter den Abschrankungen war sie auf der anderen Straßenseite gestanden, und er hatte den unnachahmlichen Rottweiler Fasnets-Juchzger „Juuuhuhu!" hinübergejubelt. So wußten die verkleideten Villinger wenigstens, daß dieser Zimmerer echt und

goureux, voilà ses eaux entassées dans des barrages pour mettre en mouvement des turbines de plus en plus grosses. A partir de Plochingen, la rivière est domestiquée dans le canal du Neckar pour transporter des charges et fournir de l'eau de réfrigération. Karl le charpentier était lui-même de Rottweil et préférait regarder en amont, là où, enfant, il avait disputé les poissons aux hérons.
Quoique jeune encore, le charpentier avait déjà vu de tout autres rivières, plus sauvages et plus grandes. Il était même allé jusqu'en Chine et y avait travaillé comme charpentier sur un bateau et, si sa mère n'était pas morte, il n'aurait pas pu interrompre son compagnonnage itinérant et ne serait pas revenu dans son Rottweil natal. Il n'aurait également pas revu sa Dorle, la jeune fille originaire du Palatinat qui s'était retrouvée sur le cours supérieur du Neckar et qu'il avait quittée pour faire son tour au loin. Cette Dorle voulait maintenant qu'il reste ici pour ses derniers six mois de compagnonnage, ici, au bord de cette petite rivière, si insignifiante à l'échelle du monde! Certes, les rives du Neckar avaient été le terrain d'aventures de sa jeunesse. Les eaux du Neckar avaient emporté tous ses rêves de lointains horizons jusqu'au Rhin, jusqu'à la mer. Ah, Karl aurait maintenant bien voulu repartir. Et en même temps rester ici. Tout était de nouveau comme il y a deux ans et demi.
Il avait retrouvé Dorle au carnaval de Villingen. Elle était de l'autre côté de la rue, derrière les barrières, et il lui avait lancé le cri de ralliement inimitable du carnaval de Rottweil. De cette fa-

larger turbines. Then from Plochingen onwards the river is chanelled into the Neckar Canal, to carry barges and provide water for cooling industrial plant. Karl tore his thoughts away from such matters, and looked upriver to the places where, when he was a boy, herons still came to fish.
Although he was young, Karl had already seen many wilder and larger rivers, because he had been travelling for two and a half years as a journeyman carpenter. The guild system survived longer in Germany than in most other countries, and some of the traditions are still upheld today – one of them being the three-year travelling stint, now voluntary, which a few young craftsmen like our Karl still enjoy doing. During his travels he had even been as far as China, where he had worked as a ship's carpenter, and if his mother had not died the rules of his guild would not have allowed him to interrupt his travels and return to Rottweil. But then he would not have seen Dorle again, the girl who had moved here from the Palatinate, and whom he had left behind when he went off on his travels. Dorle wanted him to stay here for the last six months of his time as a journeyman – here by this little river that was so insignificant by world standards! The banks of the Neckar had certainly provided plenty of adventure when he was a boy: all his longings to see the world had been borne downstream by the Neckar – all the way to the Rhine, and onwards to the sea. Oh, Karl wanted to leave again, but he also wanted to stay, just as he had two and a half years earlier when he first set off.

Die Talmühle von Dauchingen. *Am Oberlauf des Neckars läßt sich's noch abgeschieden leben; die Mühlen sind zwar modernisiert, aber noch keine großen Mehlfabriken.*

Le moulin de Dauchingen. *Sur le cours supérieur du Neckar on peut encore mener une vie retirée; les moulins ont certes été modernisés mais ne sont pas encore devenus de grandes fabriques de farine.*

The Mill at Dauchingen. *Life can still be leisurely in the peaceful upper reaches of the Neckar; the mills have been modernised, but have not become huge flour factories.*

keiner von den unverständigen Touristen war, die die alemannische Fasnet am Neckar für einen exotischen Brauch ansehen. Und dann hatte er sein Dorle plötzlich wieder im Arm gehabt und gespürt, daß zwischen ihnen alles noch genauso war wie vor dem Tag, als er fortgerannt war und an dem sie ihm „Stockschwob, i wart doch keine drei Jahr uf di!" nachgerufen hatte. Trotz der erdweiten Distanz, die sie beide trotzig noch größer gemacht hatten, als sie sich kaum schrieben, trotzdem war's jetzt so, als ob sie zum ersten Male miteinander vor den Bronzetüren des wuchtigen romanischen Münsters von Villingen gestanden wären.
Diese Türen stammen von dem neuzeitlichen Meister Klaus Ringwald und zeigen die ganze biblische Geschichte. Sie sind so ganz anders als die alten, gotischen Figuren im Innern der Münsterkirche, aber sie sind ihnen ebenbürtig. Drinnen an der Kanzel zeigen die Figuren die Leidensgeschichte Jesu, draußen an den Türen wird der Welt Genüge getan und werden auch Szenen ausgebreitet wie der verführerischen Salome Tanz vor dem dicklüsternen Herodes. Karl gefielen diese Türen. Das war eine saubere handwerkliche Arbeit, und einen Künstler konnte er sich nur als einen meisterlichen Handwerker vorstellen.
Wenn das Dorle nur nicht versucht hätte, ihn wieder vom Reisen abzubringen! Wenn er schon die drei Jahre und den einen Tag auf der Walz voll machen müsse, die seine Zunft vorschreibe, dann könne er ja auch im Neckartal walzen, hatte sie vorgeschlagen. Und nur, weil er eigentlich schon wußte, daß er sein Fernweh

çon du moins, les gens de Villingen qui étaient là déguisés savaient que ce charpentier était un vrai et qu'il ne faisait pas partie de ces touristes incompréhensifs qui considèrent le carnaval alémanique des bords du Neckar comme une coutume exotique. Et puis soudain il avait senti sa Dorle dans ses bras et compris que tout était exactement comme avant le jour où il était parti et qu'elle lui avait crié: «Imbécile de Souabe, je ne vais pas attendre trois ans après toi!» Malgré toute la distance de la terre qu'ils avaient mise entre eux et que, aussi entêtés l'un que l'autre, ils avaient rendue encore plus grande en s'écrivant à peine, tout était maintenant comme s'ils se trouvaient pour la première fois ensemble devant les portes en bronze de l'imposante cathédrale romane de Villingen.
Ces portes sont l'œuvre du maître moderne Klaus Ringwald et représentent toute l'histoire de la Bible. Elles sont ainsi toutes différentes des anciennes sculptures gothiques à l'intérieur du Münster, mais d'égale valeur. Dans l'église, les sculptures de la chaire représentent la passion du Christ, à l'extérieur celles des portes sacrifient au temporel et montrent également des scènes comme celle de la danse lascive de Salomé devant le lubrique Hérode. Ces portes plaisaient beaucoup à Karl. C'était du beau travail bien fait et il ne pouvait se représenter un artiste que comme un parfait artisan.
Ah, si seulement cette Dorle n'avait pas toujours essayé de le décourager des voyages! S'il devait accomplir les trois ans et un jour de compagnonnage que sa corporation prescrivait, pourquoi ne pas les terminer ici dans la vallée

He had met Dorle again at a carnival festivity in Villingen. She was standing on the opposite pavement behind the barriers put up to keep the street free for the procession, and he had let loose the inimitable Rottweil carnival cry: "Jooohoohoo!" at her. In that way the Villingen people round him, all dressed up in their carnival costumes, knew that the carpenter was a local, and not one of the tourists who come to gape at the goings-on during the traditional Alemannic festival along the Neckar. And then, suddenly, Dorle was in his arms again, and he realized that everything was just the same as it had been on the day he had left, when she had called after him: "Stubborn beast, I'm not going to wait three years for you!" Despite the great distance that had separated them, made even greater by the fact that they both in their stubbornness hardly wrote to each other, it now suddenly seemed as if they were together for the first time in front of the bronze doors of the great Romanesque Villingen Minster.
These modern doors, designed by Klaus Ringwald, depict the whole story of the bible. They are quite different to the old, Gothic figures inside the church, but they are just as fine. The figures inside round the pulpit represent Christ's Passion, outside on the doors they are more earthly, the scenes including such incidents as the seductive Salome dancing for a fat, salacious Herod. Karl liked the doors. They displayed good, solid workmanship, the mark of a good artist as he saw it, because for him an artist was simply a kind of master craftsman.
If only Dorle had not tried to stop him from

begraben und nachgeben würde, hatte er verdrossen gebrummt: „Meinst, du kriegst mich noch rum? So wie die Salome da ihren Herodes?" Und dazu hatte er sich beziehungsreich bewegt, weil schwäbische Zimmerer alles immer ganz direkt sagen und zeigen, was sie meinen. Doch das war dem Dorle zuviel gewesen. Immer schon hatte sie ihm vorgehalten: „Sei nicht so sackgrob direkt, sei freundlich und verbindlich, falls das im Schwäbischen im Lesebuch steht!"

Diese Kurpfälzer Hex, die doch auch nicht mit sich handeln ließ und die ihm mit einem Blick sagen konnte, was sie wollte, diese lebfrische badische Verlockung war ihm weggelaufen und war in Villingens heimeliger Altstadt verschwunden. „Wenn du g'scheit worden bist – am Mittwoch in Rottweil! Irgendwo! Und irgendwann!" hatte sie ihm noch zugerufen. Und heute war Mittwoch. Und Karl irrte durch die Stadt, um dieses unvernünftige Mädchen auf diese unvernünftige Weise bei dieser unvernünftigen Verabredung zu treffen. Nein, er mochte gar nicht dran denken, er drehte sich um und freute sich wenigstens an den in allerjüngster Zeit wieder handwerksgerecht hergerichteten Fachwerkbauten in der Lorenzgasse und in den benachbarten Gassen seiner Heimatstadt. Da waren zünftige Kollegen am Werk gewesen, die das alte Handwerk noch beherrschten. Und solche Häuser solle es am Neckar zwischen der Quelle und der Mündung noch viele geben, hatte er auf der Zunftstube gehört; die Zimmerkunst der Alten komme wieder zu Ehren – eigentlich war es eine Schande,

du Neckar, avait-elle proposé. Et, comme il savait bien qu'il allait enterrer sa nostalgie des pays lointains et qu'il finirait par céder, il avait grommelé d'un air maussade: «Tu crois que tu finiras par m'avoir? Comme la Salomé son Hérode?» Et sur ce il l'avait secouée d'une manière significative, car les charpentiers souabes ont l'habitude de dire et de montrer sans équivoque ce qu'ils pensent. Mais c'en avait été trop pour Dorle. Elle lui avait toujours fait des reproches du genre: «Ne sois pas si direct et grossier, sois aimable et courtois, si c'est possible pour un Souabe!»

Cette sacrée fille du Palatinat, qui ne s'en laissait pas conter et qui d'un regard pouvait lui dire ce qu'elle voulait, cette tentation badoise s'était maintenant sauvée et avait disparu dans le vieux centre familier de Villingen après lui avoir crié: «Quand tu seras plus malin, tu viendras me retrouver – mercredi à Rottweil! N'importe où! Et n'importe quand!» Et aujourd'hui on était mercredi. Pour retrouver cette fille insensée, Karl errait dans la ville d'une manière insensée pour ce rendez-vous insensé. Non, il ne voulait pas y penser. Il se retourna et réussit du moins à se réjouir à la vue des édifices à colombage qui avaient été restaurés récemment avec soin dans la Lorenzgasse et les ruelles voisines de sa ville natale. C'étaient des spécialistes qui avaient été à l'œuvre, qui connaissaient encore le métier. Il avait entendu dire dans sa corporation qu'il y avait encore beaucoup de maisons de ce genre sur les bords du Neckar, de sa source à son embouchure; l'art des anciens charpentiers revenait à l'honneur – en fait

travelling again! If he insisted on completing the whole three years and a day, as the guild regulations prescribed, she said, then he could travel round the Neckar Valley. And precisely because he realized that he would give way, and bury his *wanderlust*, he had growled: "D'you think you can get round me, the way Salome got round Herod?" And he had accompanied his words with a meaningful gesture, because Swabian carpenters never beat about the bush. But that had been too much for Dorle. She had often said to him, "Don't always be so brutally direct, be a bit friendly and polite – if there are such words in the Swabian vocabulary!"

This witch from the Palatinate, this stubborn wench, who could transmit her feelings with a single glance, this young seductress, had simply left him flat, and had disappeared into Villingen's picturesque maze of streets. "I'll see you somewhere in Rottweil sometime on Wednesday – if you've come to your senses!", she had shouted after him. And it was now Wednesday, and Karl was wandering through Rottweil hoping to meet this unreasonable girl in this unreasonable way for this unreasonable rendezvous. No, he could hardly bear to think about it, and turned away, finding some pleasure at least in the craftsmanlike way in which the half-timbered houses in Lorenzgasse and the neighbouring streets in his home town had been restored. The chaps who had done it obviously knew their job and the old techniques, too. And he had been told that there were lots of houses like that along the Neckar. At last the skills of the old carpenters were being appreci-

daß er sich in fernen Kontinenten besser auskannte als daheim. Ein Steinmetz, mit dem er ein Jahr lang in Kanada unterwegs gewesen war, hatte ihm sogar erzählt, daß der Rottweiler Kapellenturm ein allerbedeutsamstes hochgotisches Kunstwerk sei – Karl reckte den Kopf und sah die schmal aufstrebenden Linien dieses ehrwürdigen Kirchturmes zum ersten Male aufmerksam an.
„Hast dich besonnen?" fragte eine Stimme neben ihm. Das Dorle! Das Mädchen hatte sich gedacht, daß Wandergesellen am Neckar ebenso auffallen wie in China, und hatte sich durchgefragt vom mächtigen Hochturm her, wo Karls Elternhaus lag. Und grad so, als ob sie eben noch davon geredet hätten, sagte sie: „Du, ich will dir den Neckar schmackhaft machen! Ich hab's auch erst lernen müssen, wie schön der bei euch da unten ist; die Leut' tun aber auch etwas für ihre alten Gassen!" Und ganz als ob er nicht vom Fach sei, erklärte sie ihm, wie diese alten Häuser wie große Schiffe immer wieder hergerichtet werden müßten, manchmal Balken um Balken. In die alten Stadtschönheiten am Neckar werde aber auch viel Neues und Gutes gesetzt, so daß ein Zimmermann hier immer sein Auskommen finde – das Dorle dachte also schon weiter. Das freute Karl zwar, aber das zeigte er nicht. Da versuchte er lieber zu streiten, ob es am schwäbischen Neckar schöner sei als am badischen Neckar. Aber das Dorle ging nicht darauf ein. Sie schwärmte ihm vor, was er als Zimmermann noch alles kennenlernen müsse in seiner Heimat. Sie müßten zum Beispiel nochmals zurück-

c'était une honte qu'il soit plus au courant de ce qui se faisait dans de lointains pays que chez lui. Un tailleur de pierres, avec lequel il avait parcouru le Canada pendant un an, lui avait même raconté que la tour de la Kapellenkirche de Rottweil était un chef-d'œuvre de l'art gothique rayonnant des plus importants – Karl leva la tête et regarda pour la première fois attentivement les lignes élancées de cette tour.
«Tu as réfléchi?» demanda une voix à côté de lui. C'était Dorle. La jeune fille avait pensé que sur les bords du Neckar les compagnons itinérants devaient tout autant se faire remarquer qu'en Chine et elle s'était demandé du haut de l'imposante tour où se trouvait la maison des parents de Karl. Et comme s'ils venaient à peine d'interrompre leur conversation, elle lui dit: «Tu sais, je veux te faire aimer le Neckar! Moi aussi, j'ai dû apprendre combien c'est beau chez vous; mais il faut dire que les gens font quelque chose pour leurs vieilles ruelles!» Et comme s'il n'avait pas été du métier, elle lui expliqua que ces vieilles maisons devaient être remises en état tout comme de vieux bateaux, parfois poutre après poutre. Mais dans les vieux édifices des bords du Neckar, on intègre également bien des éléments nouveaux, de sorte qu'un charpentier trouve toujours de quoi vivre – Dorle voyait donc déjà plus loin. Karl s'en réjouit certes mais il ne le fit pas voir. Il essaya plutôt de discuter des mérites comparés du Neckar souabe et du Neckar badois. Mais Dorle n'y prêta pas attention et lui représenta tout ce qu'il devait encore découvrir comme charpentier dans son pays natal. Ils devaient, par exem-

ated again – it was disgraceful, really, to know your way around distant continents better than at home. A mason with whom he had travelled for a year in Canada had even told him that the tower of the Rottweil *Kapellenkirche* was one of the most important achievements of the late-Gothic period in Germany – Karl looked up, and examined the narrow soaring lines of the tower closely for the first time.
"Have you made up your mind yet?" asked a voice beside him. Dorle! The girl had thought to herself that in their distinctive black garb, travelling journeymen are just as noticeable in "Neckarland" as in China, and had traced him from near his parents' house, by simply asking people if they had seen him. And, as if taking up some point they had just been discussing, she said: "Tell you what, I'm going to show you how nice it is around here! I also had to learn how beautiful the area is when I first came here; and people really are doing something for their old buildings!" And as if he knew nothing about his trade, she explained how these old half-timbered houses had to be put in order every now and then like great ships – sometimes beam by beam. And a lot of good new buildings were being put up in the towns along the Neckar too, so that a carpenter could always find a living here – Dorle was clearly thinking ahead! Karl was pleased at this but did not show it. Instead he tried to argue about whether the Swabian stretch of the Neckar was more attractive than the Baden stretch. But Dorle refused to be diverted. She raved on about all the things that he as a carpenter still had to learn

gehen nach Villingen und dort den neuen vieleckigen Bronzebrunnen angucken mit den Tafeln der Landschafts- und Stadtgeschichte und mit dem Geheimnis all der vielen Brunnenwässer auf diesem Villingen-Schwenninger Boden, auf dem alle Neckargeschichten beginnen. Villingen war schon in der Vor-Pulver-Zeit als ein wichtiger Handelsmarkt mit so dicken Mauern und Türmen umfriedet worden, daß die Stadt selbst den Kanonen des Dreißigjährigen Krieges widerstehen konnte. Die Villinger verteidigten damals sowohl ihre Herrschaft Habsburg-Österreich, deren Wappen heute noch in der Stadt zu entdecken sind, als auch ihre hart erkämpften Zunftrechte in der Reichsstadt. Und sie taten das erfolgreich und mit der selbstsicheren Festigkeit, die sie heute noch auszeichnet. Vor zweieinhalb Jahrtausenden war der Villinger Boden sogar ein Eckpunkt der keltischen Burgen und Herrschaftshöfe im Neckartal gewesen. Unter dem (wieder aufgeschütteten) Magdalenenbergle lag die Grabkammer eines Fürsten, die schon 530 Jahre vor unserer Zeitrechnung ausgeraubt worden ist. Der Inhalt dieses Prunkgrabes unter 45 000 Kubikmeter Erde konnte erst im Jahre 1987 rekonstruiert werden, als in Hochdorf beim Asperg über Ludwigsburg das unversehrte Grab eines Standesgenossen des Villingers gefunden worden war. Die Phantasie kann sich viel ausmalen in dieser mildhügeligen Landschaft mit den vielen nassen Wiesen, in denen in der Bronzezeit immer wieder metallene Gerätschaften versenkt worden sind. Als Opfergaben? Als nur schnell zu versteckende Güter? Und wo verläuft wohl in dieser Land-

ple, retourner encore une fois à Villingen pour y voir la nouvelle fontaine en bronze polygonale avec ses panneaux représentant l'histoire de la région et de la ville et dont l'eau a un secret comme celle des nombreuses fontaines de cette terre de Villingen-Schwenningen où commencent toutes les histoires du Neckar.
Déjà à l'époque d'avant la poudre, Villingen, qui était une importante place de marché, était entourée de murs et de tours si épaisses que la ville put même résister aux canons de la guerre de Trente Ans. La fois-là, les habitants de Villingen défendirent aussi bien la maison de Habsbourg dont on retrouve les armes aujourd'hui encore dans la ville – qui était autrichienne à l'époque – que les droits de corporation obtenus de haute lutte dans leur ville impériale. Et ils le firent avec le succès, la fermeté et l'assurance qui les caractérisent encore aujourd'hui. Il y a deux millénaires et demi, châteaux forts celtes et cours seigneuriales étaient même rassemblés dans ce coin de la vallée du Neckar. Sous une colline, le Magdalenenbergle (qui est à nouveau remblayée), se trouvait l'hypogée d'un prince qui fut pillée dès l'an 530 avant l'ère chrétienne. Le contenu de ce somptueux tombeau enfoui sous 45 000 mètres cubes de terre n'a pu être reconstitué qu'en 1987 lors de la découverte à Hochdorf près d'Asperg au-dessus de Ludwigsburg de la sépulture intacte d'un pair du seigneur de Villingen.
L'imagination peut vagabonder à loisir dans cette contrée aux douces collines et aux nombreuses prairies humides où, à l'époque du bronze, des outils en métal furent souvent en-

about his homeland. They ought to go back to Villingen, for example, and look at the new polygonal bronze fountain with the plaques that tell about the history of the town and countryside, and the reason why there are so many wells in the Villingen-Schwenningen area, the starting point for all stories about the Neckar.
Villingen was so well fortified – even before gun-powder was invented, in fact – that its thick walls and towers were able to withstand the cannon of the Thirty Years' War. At that time the people of Villingen defended not only the estate of their rulers, the Austrian Habsburgs, whose coat of arms can still be found here and there in the town, but also the hard-won rights of their guilds in the imperial city. And they did so successfully and with the natural self-confidence that still characterizes them today.
Two and a half millenia ago Villingen and its vicinity were a cornerstone of the Celtic domain in the Neckar Valley. Below the hill now called "Magdalenenbergle" was the burial chamber of a Celtic prince which had already been desecrated by robbers in the year 530 BC. It only became possible to deduce what the contents of this magnificent grave had been like after the discovery of an intact grave of an equally important noble at Hochdorf near Ludwigsburg. The imagination can run riot in this rolling countryside with its many water meadows in which, during the Bronze Age, metal objects were frequently buried – as sacrificial offerings, or in order to hide them in a moment of danger? And where in this countryside does the

schaft die Wasserscheide zwischen Donau und Rhein? Die Geologen möchten sich weder ober- noch unterirdisch genau festlegen, denn der Neckar frißt sich gen Süden in die Baar hinein und zapft seit Jahrmillionen immer mehr Bäche an, die früher in die Donau geflossen waren. Im Schwenninger Moos steht in 706 Meter Höhe auf Holztafeln „Nacheiszeitliches Hochmoor“ und „Ursprung des Neckars“. Die sumpfweiche Moorlandschaft ist längst auf festen Wegen zu begehen, und in die Stille dieser Moorseen und abgestorbenen Bauminseln, in die dichten Gehölze und Brutverstecke von Teichhühnern, Neuntötern und Wachteln dringt der Arbeitslärm der Stadt ein.

Hydrologisch war und ist die Neckarquelle bis heute eine „Sickerung aus einem Torfmoor“. Die Schwenninger allerdings richten sich weniger nach der Natur als vielmehr nach einem Dekret des württembergischen Herzogs Ludwig aus dem Jahre 1581. Der Herzog hatte unter den vielen Sickerungen eine einzige als Quelle erhöht, und im heutigen Schwenniger Park Möglingshöhe hält man sich seither daran. „Das ist des Neckars Quelle“, steht auf einem Brunnenstein, dessen Rohr gelegentlich ein paar Wasserschwälle hergibt, die dann über eine kleine Steinrinne in einem Seelein verschwinden.

Schwenningen hat sich schon immer eine Neckarstadt geheißen, Villingen-Schwenningen aber ist erst 1972 geschaffen worden. Früher standen zwischen den beiden höchst unterschiedlichen Siedlungen zwar die Zollhäuser verschiedener Staaten, doch gemeinsam waren sie immer knapp hinter der Dialektgrenze der

terrés. Comme offrandes? Ou pour les dissimuler à la hâte? Et où se trouve dans ce paysage la ligne de partage des eaux du Danube et du Rhin? Les géologues ne tiennent pas à se prononcer à ce sujet, ils ne veulent établir ni son tracé en surface ni son tracé souterrain car, en direction du Sud, les eaux de la Baar viennent nourrir le Neckar qui, depuis des millions d'années, absorbe de plus en plus de ruisseaux qui se jetaient autrefois dans le Danube. Dans le Schwenninger Moos, des panneaux plantés à 706 mètres d'altitude portent ces inscriptions: «Fagne de la période postglaciaire» et «Source du Neckar». Depuis longtemps, de bons sentiers permettent de traverser cette région de marécages et les bruits de la ville parviennent jusqu'aux lacs de marais silencieux avec leurs îlots d'arbres morts, jusqu'aux épais bosquets où les poules d'eau, les pies-grièches et les cailles viennent cacher leurs couvées.

D'un point de vue hydrologique, la source du Neckar était et est aujourd'hui encore un «écoulement d'une tourbière». Toutefois, les habitants de Schwenningen vont moins d'après la nature que d'après un décret du duc Louis de Wurtemberg datant de 1581. Parmi les nombreux écoulements, le duc en avait élevé un seul au rang de source et depuis on s'en tient là à Schwenningen. Aujourd'hui dans le parc de Möglingshöhe, on peut lire la mention «Ici se trouve la source du Neckar» sur la pierre d'une fontaine dont la conduite laisse échapper de temps en temps un peu d'eau qui disparaît par une rigole en pierre dans un petit lac. Schwenningen s'est toujours considérée comme une

watershed between the Danube and the Rhine run? The geologists are reluctant to commit themselves, for the Neckar eats its way southwards into the Baar Hills, and for millions of years now has been capturing tributaries from the Danube. In the Schwenninger Moor, at 706 metres above sea level, there are wooden signposts saying “Post-Ice Age Raised Bog”, and “Source of the Neckar”. There have long since been safe paths across this boggy land, and the tranquillity of the lakes and dead copses, of the thickets where moorhens, red-backed shrikes, and quails nest, is now disturbed by noise from the busy town.

Hydrologically-speaking, the source of the Neckar is the result of “seepage from a peat bog”. But the people of Schwenningen prefer to ignore the facts of nature and refer to a decree issued by Ludwig, Duke of Württemberg, in 1581, which singles out one particular spot as the source of the river, and this decision is still respected in the Schwenningen park called “Möglingshöhe”. “This is the Source of the Neckar” is inscribed on a stone well from whose pipe water occasionally spills, only to disappear along a stone gully into a small pool. Schwenningen has always called itself a Neckar town, but this honour was only extended to Villingen when the two towns joined to form a single municipal unit called Villingen-Schwenningen in 1972. In earlier times the two very different settlements were separated by the customs houses of different states, but they always had in common the fact that they were both just behind the dialect border of the Swa-

Trachten von der Baar. *Der Neckar kommt aus der kargen Landschaft der Baar. Das Bauernleben dort war früher besonders hart und die Sonntagstracht zwar gediegen, aber einfach.*

Costumes traditionnels de la région de Baar. *Le Neckar vient de la région froide et aride de Baar. Autrefois, la vie des paysans y était particulièrement rude et le costume du dimanche, tout en étant seyant, restait simple.*

Ethnic costumes of the Baar Region. *The Neckar rises in the cold Baar Region. Life among the peasantry there was particularly hard, and their "Sunday best", although attractive, was correspondingly simple.*

suebischen Stämme gelegen. Gleich hinter Schwenningen beginnt nach Osten zu der schwäbisch-alemannische Dialekt, wo man „Weib" und „Haus" sagt. Im Westen der Dialektgrenze aber wird oberrheinisch-alemannisch gesprochen, dort heißt's „Wib" und „Hus". Solch eine unüberhörbare Dialektgrenze wird der Neckar nochmals kurz vor Heilbronn überspringen, wenn er ins südfränkische und später ins rheinfränkische Dialektland eintritt – die Zeit der Völkerwanderung, der Landnahmen und der fränkisch-alemannischen Kämpfe im sehr frühen Mittelalter ist entlang des Neckarlaufs noch nach fünfzehnhundert Jahren zu verfolgen. Die vielen historischen Wirren, die die Lande am Neckar danach noch plagten, sind hier aber sowenig einzeln zu benennen wie die Geheimnisse, Herkünfte und Lautverschiebungen der Dialektfarben am Neckar. Wer's nicht glauben mag, schmecke diese Kostprobe vom Schwenningerischen des letzten Jahrhunderts, die selbst dort bereits schwer verständlich geworden ist:

Miar wussad, wa fir Eer miar hond vum Necker,
und boubad imm a stoane Quellahuus;
ist ou ko Quella doo, miar machad oane,
suß käm firs Land konn Tropfa Wasser druuß.

(Wir wissen, welche Ehre wir vom Neckar haben, und haben ihm ein steinernes Quellenhaus gebaut; ist auch keine Quelle da, wir machen eine, sonst käm' fürs Land kein Tropfen Wasser raus.)
Weil im Regenschatten des Schwarzwaldes we-

ville du Neckar, mais Villingen-Schwenningen n'a été créée qu'en 1972. Autrefois, ces deux agglomérations des plus dissemblables étaient certes séparées par les maisons d'octroi de différents Etats mais elles avaient ceci de commun qu'elles se trouvaient l'une et l'autre tout juste derrière la frontière du dialecte des tribus suèves. Immédiatement après Schwenningen en direction de l'est commence le dialecte souabe-alémanique mais à l'ouest de cette frontière on parle le dialecte alémanique du haut Rhin. Peu avant Heilbronn, le Neckar franchit encore une fois cette frontière des dialectes et des tribus lorsqu'il entre d'abord dans la région du dialecte sud-franconien puis dans celle du parler franconien-rhénan – quinze cents ans après, on retrouve encore le long du cours du Neckar les traces laissées par l'époque des grandes invasions, de l'occupation des terres et des luttes entre Francs et Alamans au tout début du moyen âge. Les nombreux imbroglios de l'histoire qu'a encore connus par la suite cette région du Neckar sont cependant tout aussi difficiles à énumérer que les secrets, origines et mutations consonantiques des différents dialectes des bords du Neckar. Pour se convaincre de ces mutations, il suffit de savoir que le dialecte que l'on parlait encore au siècle dernier à Schwenningen y est devenu à présent difficile à comprendre.
Comme le versant oriental de la Forêt-Noire reçoit moins de précipitations que le versant occidental du massif, le Neckar n'est tout d'abord qu'un petit ruisseau bien paisible qui fort heureusement est bientôt alimenté par des

bian tribes. Directly to the east of Schwenningen, the Swabian-Alemannic dialect region begins; here the people pronounce certain words quite differently to the way in which they are pronounced on the other side of the linguistic border, where the dialect is Upper-Rhine-Alemannic. The Neckar crosses another dialect boundary shortly before Heilbronn, when it enters the South Frankish and later the Rhine-Frankish dialect areas – the effects of the migration of the peoples, land annexation, and the Frankish-Alemannic battles in the very early Middle Ages can still be traced along the course of the Neckar after one thousand five hundred years, as any linguistic geographer can ascertain for himself.
Because there is less precipitation on the rain-shadow side of the Black Forest than on its western flanks, the Neckar is at first no more than a charming stream, although it is soon joined by various tributaries like the Eschach, flowing in from the Black Forest, which eventually turn it into a proper river. But what Sebastian Blau, alias Josef Eberle, wrote in his poem, here freely translated, about the Neckar still characterizes the freshness of the young river:

Just look and see the water run,
How it glitters and reflects the sun.
How it trickles and plashes,
Gushes and splashes,
How it murmurs and gurgles,
And babbles and burbles,
How it tumbles and guggles
On its way to the Rhine!

niger Wasser vom Himmel fällt als auf der Westseite des Waldgebirges, bleibt der Neckar zunächst ein kleinbehagliches Bächle, dem zum Glück aber bald Wasserspender und Schwarzwaldsprößlinge zuwachsen wie die Eschach. Noch gilt aber, was Sebastian Blau alias Josef Eberle in seinem Neckargedicht schwer übersetzbar über den jungen Neckar geschrieben hat:

Jatz gucket ao des Wässerle,
wias aus em Bode' spritzt,
ond wia e silbrigs Messerle
so blank ond sauber glitzt!
Wias pflätscheret ond strudlet
ond wuselet ond hudlet,
wias läbberet ond motzet
ond Kieselbatze' schlotzet!

Karl deklamierte das seinem Dorle, denn er war stolz auf Rottweil, die älteste Stadt in ganz Baden-Württemberg. Und das Neckartal hatte er schließlich selber bei seinen Bubenspielen erkundet. Der Neckar gehört in Rottweil sogar zur Stadtbefestigung, weil er die Felswände im Hauptmuschelkalk ausgefräst hat, über denen Rottweils Mauern aufgerichtet worden sind. Karl führte das Dorle gleich ins Dominikanermuseum, wo die schönsten Überreste der Römerstadt, des *Municipium Area Flaviae,* buchstäblich am Boden liegen, nämlich das Orpheus-Mosaik aus 570000 Steinchen, die einst ein römischer Künstler von den Barbaren hatte zusammenlesen lassen.
„Siehst, sogar ein Hund hört dem Orpheus zu.

affluents venus de la montagne comme l'Eschach.
Les poètes ont chanté les charmes du Neckar; l'un d'entre eux, Sebastian Blau alias Josef Eberle a célébré sa beauté naissante dans un poème en dialecte souabe que Karl se mit à déclamer à sa Dorle car il était fier de Rottweil, la ville la plus ancienne de tout le Bade-Wurtemberg. En fin de compte, il connaissait bien la vallée du Neckar pour l'avoir explorée étant gamin. A Rottweil, le Neckar fait même partie des fortifications de la ville car il a rongé les parois rocheuses en calcaire coquillier sur lesquelles les murs d'enceinte ont été érigés. Karl conduisit la jeune fille directement au musée des dominicains qui abrite les plus beaux vestiges de l'ancienne ville romaine, le *Municipium Area Flaviae,* à savoir la mosaïque d'Orphée constituée de 570000 petites pierres qu'un artiste romain avait fait rassembler par les Barbares.
«Regarde, même un chien écoute Orphée. Mais ce n'est pas encore notre Rottweiler. Ce sont les marchands de bestiaux qui ont commencé à en faire l'élevage car ils avaient besoin d'un bon chien de garde fidèle. Le Rottweiler est exactement comme nous, tu sais, ce n'est pas un bagarreur! A force d'être conciliants, nous sommes même devenus suisses!»
«Mais entêtés, vous l'avez été en tout cas!», répliqua Dorle. Car les habitants de Rottweil en avaient simplement assez des querelles au sein du Reich allemand lorsque, au début de la Renaissance en 1463, ils s'allièrent aux treize cantons que comptait alors la Confédération. Mais ces cantons n'étaient également pas des îlots

Karl declaimed this poem to his Dorle, for he was proud of Rottweil, the oldest town in the whole of Baden-Württemberg. And he had, after all, spent many happy hours of his youth exploring the Neckar Valley. In Rottweil the Neckar even contributes to the town's fortifications, because it has cut the cliffs into the fossiliferous limestone on which Rottweil's town walls stand. In a mood for history, Karl took Dorle to the Dominican Museum, to see the finest relics of the Roman town, *Municipium Area Flaviae,* an Orpheus mosaic floor made up of 570,000 stones which a Roman artist set after they had been collected – not quite voluntarily, one imagines – by Barbarians.
"Look – even a dog is listening to Orpheus! But it isn't what we now call a Rottweiler. Those brave, good-natured dogs hadn't been bred yet. They're really just like the people here, gentle and peaceful. In fact, we're so peaceful that we even became Swiss for a while!"
"But to make up for that you have always been obstinate!" said Dorle. As for Rottweil becoming Swiss, the truth of the matter is that the town had simply had enough of the eternal quarrels within the German Empire, and finally, in 1463, joined the other thirteen members of the Swiss Confederation as a so-called "sympathetic place". But the Confederation was itself anything but a peaceful organization, and so the people of Rottweil became involved in a new set of problems. But be that as it may – the Rottweil Market Fountain is still decorated with the figure of an armed Swiss Confederate rising confidently above the little stone figures repre-

Aber das ist noch kein Rottweiler Hütehund. Den haben erst die Viehhändler in der Stadt gezüchtet, die einen standfesten, gutmütigen Hund gebraucht haben, den berühmten Rottweiler, der gerade so ist wie wir selber – kein Raufer, weißt! Wir sind sogar Schweizer geworden vor lauter Friedfertigkeit!"
„Aber bockig seid ihr immer gewesen!" sagte das Dorle. Denn die Rottweiler hatten ja nur die Händel im Deutschen Reich satt, als sie sich zu Beginn der Renaissance im Jahre 1463 als ein „zugewandter Ort" mit den damals noch dreizehn Orten der Eidgenossen verbündeten. Diese Orte waren aber ebenfalls keine Inseln des europäischen Friedens, und so wurden die Reichsstädter unversehens in deren Händel verwickelt. Dennoch ziert den Rottweiler Marktbrunnen bis heute ein gewappneter Eidgenosse, der noch über den Steinfigürchen der menschlichen Tugenden und Laster steht. Karl merkte erst jetzt, wie sehr ihm der Reichsstädter-Stolz eingebleut worden war, mit dem sich seine Ahnen gegen jede fremde Herrschaft gestemmt hatten. Als machtvollstes Symbol wird in Rottweil wie in Esslingen (der gleich stolzen Reichsstadt am Neckar) das alte Richtschwert aufbewahrt, das Zeugnis des Blutbanns, den die Bürger besaßen. In dessen Blutrinne steht: „Wenn Ich thun das schwert Auff heben wünsch Ich dem Sünder das Ewige Leben." Die politische Macht lag bei den Zünften, zu denen alle Bürger bis auf die kleine Gruppe der Patrizier gehören mußten. Die Zünfte bestimmten, was sich schickt – vom Arbeiten bis zum Kirchgang, von der erlaubten Kurzweil bis

de paix européenne et les habitants de la ville impériale furent ainsi impliqués inopinément dans leurs luttes. Quoiqu'il en soit, la fontaine du marché de Rottweil est encore ornée aujourd'hui d'un confédéré trônant au-dessus de petites sculptures en pierre représentant les vertus et les vices humains. Ce n'est que maintenant que Karl remarquait combien il avait été imprégné de la fierté avec laquelle ses ancêtres s'étaient opposés à toute domination étrangère. A Rottweil comme à Esslingen (une autre ville libre impériale, tout aussi fière, de la région du Neckar), on conserve comme symbole des plus imposants l'ancien glaive de la justice, témoin du pouvoir de juger sur la vie et la mort qu'avaient les citoyens. Une inscription y est gravée: «Quand je lève l'épée, je souhaite au pécheur la vie éternelle.» Le pouvoir politique, lui, appartenait aux corporations auxquelles tous les citoyens, à l'exception du petit groupe de patriciens, devaient appartenir. Les corporations tranchaient de tout, décidaient ce qui convient – du travail jusqu'à la fréquentation de l'église, des divertissements autorisés jusqu'aux alliances de la communauté.
Les habitants de l'ancien Wurtemberg, traditionnellement protestants, doivent à Rottweil, une ville catholique, de posséder la plus belle église protestante du pays, l'église baroque des dominicains où règnent jusqu'à maintenant les saints et les angelots parés de blanc et or. En 1802, lorsque la ville impériale libre fut attribuée avec tous ses villages aux Wurtembergeois, qui avaient besoin d'une église protestante, les habitants de Rottweil déménagèrent

senting virtues and vices. It was only now that Karl realized the extent to which pride in Rottweil's history and independent spirit had been hammered into him in his youth. The most impressive symbol of its past glory is the old executioner's sword – a similar one is still preserved in Esslingen, another equally proud, one-time imperial city, on the Neckar – proof of the fact that the citizens' power of jurisdiction extended to the imposition of capital punishment. Engraved on its side are the words: "When I raise the sword I wish the sinner eternal life". In those days, political power was in the hands of the guilds, to which all citizens save the small group of patricians, had to belong. The guilds decided what was proper – from conditions of work and contracts to church attendance and permitted pleasures. The German word for "guild", in fact, had the higher, abstract (and often intolerant) meaning of "what is proper".
Traditionally Protestant Old Württemberg must thank Catholic Rottweil for the finest "Evangelical" church in the region: the Dominican Church, a colourful Baroque building, where gilded saints and cherubs still abound. In 1802, when the imperial city, together with its surrounding villages, was ceded to Württemberg, and a Protestant church was needed in the town, the townspeople only removed a miraculous Madonna – which was reported to have benevolently rolled its eyes several times while the town was under siege by the French – and transferred it to the Minster, which remained Catholic. The Minster, originally a

zu den Bündnissen des Gemeinwesens. „Zunft" hatte schließlich den höheren (und oft unduldsamen) Sinn von „was sich ziemt".
Dem katholischen Rottweil verdanken die traditionsgemäß protestantischen Altwürttemberger die schönste evangelische Kirche im Land, die barockfröhliche Dominikanerkirche. Dort herrschen bis heute die Heiligen und die Putten in weißgoldener Pracht. 1802, als die Reichsstadt samt ihren Dörfern den Württembergern zugeschlagen wurde, die eine protestantische Kirche brauchten, räumten die Rottweiler nur eine Wundermadonna weg, die während der Notzeit einer französischen Belagerung mehrmals gütig die Augen verdreht haben soll – die Madonna kam hinüber ins katholisch gebliebene Münster. Das war ursprünglich eine romanische Basilika gewesen, die dann nacheinander gotisiert, barockisiert, regotisiert und schließlich auch noch modernisiert worden ist. Doch alle die vielen Bau- und Kunststile aus achthundert Jahren fügen sich heute innig zusammen in der Anbetung. Wie sich solche Baukunst entwickelt hatte, ist greifbar zu erleben in der nahen Lorenzkapelle über der Stadtmauer, wo ein Museum allein für die mittelalterlichen Steinmetzen eingerichtet worden ist. Deren hochgotische monumentale Originale von Propheten und Aposteln stehen so ernst und streng im Wehrgang, wie sie einst vom Kapellenturm aus auf die Rottweiler hinuntergeguckt hatten – wo jetzt ihre Kopien stehen.

seulement une Vierge miraculeuse qui aurait bienveillamment détourné les yeux pendant l'occupation des lieux par les Français. La Madone fut réinstallée dans la cathédrale restée catholique. Basilique romane à l'origine, le Münster subit tour à tour des transformations gothiques, baroques, de nouveau gothiques pour finir par être modernisé. Pourtant tous ces styles d'architecture, toutes ces modifications apportées pendant huit cents ans, se confondent aujourd'hui dans cet édifice consacré au culte. La Lorenzkapelle toute proche au-dessus du mur d'enceinte, où un musée consacré uniquement aux tailleurs de pierre médiévaux a été érigé, est une démonstration tangible de l'évolution de ce genre d'architecture. Ses statues gothiques grandeur nature des prophètes et apôtres dans le chemin de ronde ont gardé l'alignement sévère et austère qu'elles avaient lorsqu'elles contemplaient la ville du haut de la tour de la chapelle.

Romanesque basilica, has been through a number of transformations in the course of its history, being first gothicized, then baroquized, re-gothicized, and finally modernized. But all the many architectural styles and artistic changes of eight hundred years still add up to a form of devotion, which is admirably demonstrated in St Lawrence's Chapel above the town wall, where a collection of medieval sculptures has been assembled. The line of monumental High-Gothic statues of prophets and apostles that once looked down on the town from the tower of the Kapellenkirche, and are now arranged in the museum, have lost nothing of their original impressive gravity and austerity.

Coca-Cola is it!
Coca-Cola

◀ ***Das Obertor in Villingen.*** *Villingen ist eine über tausend Jahre alte Gründung der Zähringer, die von den Staufern befestigt und immer noch von drei Tortürmen bewacht wird.*
▶ ***Bronzerelief am Münster von Villingen.*** *Das Münster aus dem 12. Jahrhundert hat in unserer Zeit moderne Bronzetüren bekommen – hier eine Darstellung vom Tanz der Salome.*

◀ ***La porte supérieure à Villingen.*** *Fondée il y a plus de mille ans par les ducs de Zähringen, Villingen a été fortifiée par les Hohenstaufen et est toujours gardée par trois portes surmontées d'une tour.*
▶ ***Relief en bronze de la cathédrale de Villingen.*** *Le Münster du XIIe siècle a été doté de portes en bronze modernes – ici la scène représente la danse de Salomé.*

◀ ***The Upper Gate in Villingen.*** *Villingen, founded by the Dukes of Zähringen over a thousand years ago, was fortified by the Hohenstaufens, and is still guarded by three towered gates.*
▶ ***Bronze relief on the doors of Villingen Minster.*** *The 12th century Minster has modern bronze doors – the scene shown here represents Salome's dance.*

◀ ***Das Schwarze Tor der Staufer in Rottweil***
▶ ***Die ehemals freie Reichsstadt Rottweil.*** *Die Staufer haben Rottweil zwar groß gemacht im 13. Jahrhundert, das heutige Stadtbild haben die Rottweiler jedoch in den folgenden Jahrhunderten als freie Reichsstädter geschaffen. Links im Bild das Wahrzeichen der Stadt, der mit Standbildern geschmückte hochgotische Kapellenturm.*

◀ ***La Porte Noire des Hohenstaufen à Rottweil***
▶ ***L'ancienne ville impériale libre de Rottweil.*** *Les Hohenstaufen ont certes fait la fortune de Rottweil au XIIIe siècle mais la ville que nous connaissons actuellement est l'œuvre des habitants eux-mêmes au cours des siècles suivants lorsque Rottweil était une ville impériale libre. A gauche sur la photo, l'emblème de la ville, la tour de la Kapellenkirche de style gothique ornée de sculptures.*

◀ ***The Black Gate, built in Rottweil by the Hohenstaufens***
▶ ***The former Imperial City of Rottweil.*** *The Hohenstaufens founded the fortunes of Rottweil in the 13th century, but Rottweil as we know it today was created by the townspeople themselves in the following centuries when Rottweil was a free imperial city. On the left of the picture is the town's emblem, the High Gothic tower of the "Kapellenkirche", adorned with statues.*

Der Rottweiler Narrensprung. *Ein ursprüngliches, wildes, aufwühlendes Ereignis ist die Rottweiler Fasnet, bei der an den beiden letzten Tagen mehrere tausend Häs-Träger durch die Stadt ziehen. Auf dem großen Bild sind's vor allem Gschellnarren, Federahannes und Schantle.*

Le saut de Narro à Rottweil. *Le carnaval de Rottweil est un événement traditionnel, endiablé au cours duquel, les deux derniers jours, plusieurs milliers de personnes costumées défilent dans les rues. Sur la grande photo, quelques-uns des masques traditionnels.*

The Rottweil "Fools Cavalcade". *The Rottweil Fools Cavalcade is a traditional, riotous event during the last two days of Carnival, when thousands of masked revellers parade through the town. On the large picture we can see mainly "Bell Fools", "Feather Johnnies", and "Schantles", whose masks depict half sorrow, half joy.*

◀ ***Rottweiler Narren***
▶ ***Maskenschnitzer und Maskenmaler.*** *Die klassischen Holzlarven haben eine glatte Oberfläche, gleich, ob sie häßliche, wütende, abschreckende oder freundlich lächelnde Gesichter zeigen. Dem Schnitzen folgt beim wahren Meisterwerk das umständliche Grundieren, Schleifen, Bemalen und Lackieren.*

◀ ***Les Narro de Rottweil***
▶ ***Sculpteur et peintre de masques.*** *Les masques en bois classiques ont une surface lisse qu'ils représentent une figure laide, en colère, effrayante ou aimable. Une fois sculptés, ces véritables chefs-d'œuvre sont soigneusement enduits d'une couche de fond, polis, peints et vernis.*

◀ ***Rottweil Carnival Fools***
▶ ***Carving and painting Carnival masks.*** *The Classical wooden masks always have a smooth surface – no matter whether they represent ugly, furious, terrifying, or friendly faces. Once carved, a real masterpiece calls for a tedious process of priming, sandpapering, painting, and varnishing.*

Die Fasnet ging bis Rottenburg: Aschermittwoch kommt früh genug

Daß Karl darauf beharrte, die Rottweiler Fasnet sei das Aushängeschild der schwäbisch-alemannischen Fasnacht, ist verständlich. Die Villinger bestreiten das natürlich, doch wer beide „Narrensprünge“ gesehen hat, gibt beiden eine Krone. In Rottweil ziehen Tausende von kostbar gekleideten „Gschellnarren“ mit rhythmisch kurzen Wechselschrittchen in Zehnerreihen zum Klang des nur hier zu hörenden Narrenmarsches durch die Straßen. Mit ihnen kommen vom achten Morgenschlag der Münsteruhr an die freundlichen „Schantle“ mit ihrem Biedermeierschirm, das eberzähnefletschende Volk der „Federahannes“, die mit einer Sprungstange aufs Publikum zuhüpfen, und die bunten „Fransenkleid“-Träger. Laut und in Salven knallend, versuchen die Treiber des „Bennerrössle“ ihrem Pferdchen die Hahnenfeder vom Hut zu fetzen. In Villingen aber schreiten die „Narro“ gravitätisch und sauber-adrett im riesigen, weißgestärkten Narrokragen und mit einem großen Holzsäbel durch die Straßen. Dieses Häs hatte in Villingen oft schon der Vater und Großvater getragen, ebenso wie die vielen hundert Villingerinnen die vererbten filigranen Goldhauben und die prächtigen Schals ihrer Großmütter über den Trachtenkleidern tragen, wenn sie samt ihren Kindern durch die Stadt ziehen. Ein Villinger „Narro“ verläßt jedoch seine Stadt niemals, er geht nicht einmal nach Schwenningen – wo könnt' die Fasnet auch schöner sein als zu Hause?
So alt das vorösterliche Symbolspiel vor der Fastenzeit auch sein mag – im Neckarland werden immer wieder neue Masken dazu er-

Le carnaval allait jusqu'à Rottenburg: le mercredi des Cendres viendra bien assez tôt

Que Karl se soit obstiné à prétendre que le carnaval de Rottweil représente la manifestation par excellence du carnaval souabe-alémanique est compréhensible. Les gens de Villingen ne sont évidemment pas du même avis mais celui qui a vu les deux sauts de Narro (Narrensprung) accordera la palme à l'un et à l'autre. A Rottweil, des centaines de Narro somptueusement costumés défilent dans les rues à petits pas cadencés par rangées de dix au son d'une marche carnavalesque que l'on n'entend qu'ici. Avec eux viennent, dès que l'horloge de la cathédrale a sonné huit heures, les aimables «Schantle» avec leurs parapluies style Restauration, la cohorte grimaçante des «Federahannes» qui, à l'aide de perches, sautent en direction de l'assistance et d'autres personnages multicolores portant des costumes à franges. Avec beaucoup de bruit, et en tirant force salves, les meneurs du «Bennerrössle» tentent de mettre en lambeaux les plumes de coq dont est coiffé leur petit cheval. Dans les rues de Villingen, les Narro s'avancent avec solennité dans leurs beaux costumes agrémentés d'un immense col de bouffon, blanc et empesé. Ils sont munis d'un grand sabre en bois qu'ont souvent déjà porté leur père et leur grand-père tout comme les centaines d'habitantes de Villingen arborent avec leur costume traditionnel la coiffe en or filigrané et le somptueux châle hérité de leurs grands-mères lorsqu'elles défilent à travers la ville avec leurs enfants. Jamais un Narro de Villingen ne quitte sa ville, il n'ira même pas à Schwenningen car où le carnaval pourrait-il être plus beau?

"Fasnet" – carnival on the Neckar: Ash Wednesday comes soon enough

The fact that Karl insisted that the Rottweil "Fasnet" is the best of all the Swabian-Alemannic variations of carnival is understandable. The people of Villingen naturally challenge such a statement, and anyone who has seen each town's version of the "Narrensprung" (Fools Jump), the highlight of the festival, will probably call it evens. In Rottweil, thousands of beautifully costumed "Gschellnarren" (bell fools) march rhythmically through the streets ten abreast to the sound of the traditional "Narrenmarsch" (Fools' March). As soon as the Minster clock strikes eight they are joined by the good-natured "Schantle", with their Biedermeier umbrellas, the boar-toothed group called "Federahannes" (Feather Johnnies), with feather headdresses, who jump threateningly at onlookers with the aid of poles, and the colourful "Fransenkleidle", wearing clothes with dangling fringes, and various other wild traditional figures. In Villingen the "Narro", or fools, are no less colourful, with their huge starched fools' collars and great wooden sabres; these costumes have been handed down from generation to generation. The ladies, too, as they parade through the streets with their children, wear family heirlooms in the form of bonnets made of gold filigree, and magnificent shawls.
A true Villingen "Narro" would never dream of leaving his town during "Fasnet" – not even to step across into Schwenningen – for where else could he have such a good carnival?
The strange symbolic custom of the driving out of winter is surely an ancient ritual, but in the Neckar region new masks are always being in-

funden. Da tauchen in Oberndorf, Horb oder Rottenburg die Gestalten alter Ortssagen wieder auf, oder es wird an jüngere Ereignisse erinnert wie an das betrübliche Ende der höchsten Tanne Deutschlands im Blitzschlag. Daraus wurde der Schwenninger „Hölzlekönig" mit einem Tannenstämmchen auf dem Maskenkopf. Im protestantisch-strengen Altwürttemberg hatte man zudem viel nachzuholen, weil das Maskenspiel dort jahrhundertelang verboten war; Rottenburg ist flußabwärts die letzte Fasnetshochburg gewesen. Die Bad Cannstatter zum Beispiel haben deshalb erst in neuerer Zeit nach einer alten Neckar-Neck-Geschichte ihre grausligen „Felbenköpfe" (das sind Weidenbaumköpfe) formen können. Die schönsten Narrenkleider sind natürlich in den reichen Städten entstanden. Nur auf den Dörfern haben noch die „Häs" der ärmeren Bauern überlebt, die sich nur vorübergehend Stroh, Schneckenschalen, Walnußschalen, Tannenreisig, Flechten, Moos oder alte, bunte Lumpen auf ihre einzige und sowieso fleckenbesetzte Kleidung haben nähen können. Dagegen ist das „Moosmulle" der Schwenninger, das dem Neckar huldigen soll, ein fein verziertes Frauenhäs mit vielen grünen Wollböppele und mit einem aufgemalten Neckarursprung. Und schon der Arbeit wegen kostbar ist der „Salzhansel" von Bad Dürrheim, wo der berühmte Narrenschopf steht, in dem die südwestdeutschen Narrenorte ihre Narrenkleider zeigen. Der „Salzhansel" hat neunhundert kleine Salzsäckchen am Leib, dazu viele kleine Schellen. Das paßt zu Bad Dürrheim, wo im letzten Jahrhundert, wie vielfach ringsum, Salzquel-

Aussi ancienne que soit cette manifestation symbolique et mystérieuse destinée à chasser l'hiver, dans la région du Neckar on s'ingénie à inventer sans cesse de nouveaux masques pour cette occasion. Les personnages d'anciennes légendes locales font ainsi leur réapparition à Oberndorf, Horb ou Rottenburg ou bien des événements récents sont matière à inspiration comme la triste fin du plus haut sapin d'Allemagne frappé par la foudre. On en a fait le masque du «Hölzlekönig» de Schwenningen qui arbore un petit tronc de sapin sur sa tête. Dans l'ancien Wurtemberg protestant et strict, on avait en outre beaucoup de choses à rattraper car le carnaval y avait été interdit pendant des siècles; Rottenburg était en aval le dernier bastion des manifestations carnavalesques. C'est pourquoi, par exemple, les effrayants masques réalisés par les habitants de Bad Cannstatt d'après une vieille histoire du Neckar, les «Felbenköpfe» (ce sont des têtes en osier), sont de création récente. Les plus beaux costumes de Narro sont évidemment nés dans les villes riches. Ce n'est que dans les villages qu'a survécu le «Häs», le costume que les paysans pauvres pouvaient se confectionner en cousant provisoirement sur leur unique vêtement, déjà rapiécé de toute façon, de la paille, des coquilles d'escargots, des coquilles de noix, des brindilles de sapin, des lichens, de la mousse ou de vieux chiffons de différentes couleurs. Le «Moosmulle» des habitants de Schwenningen, qui doit rendre hommage au Neckar, est par contre un ravissant costume féminin agrémenté de nombreux pompons de laine verts et sur

vented for it. Old local legends are revived, or more recent events are recalled, such as the sad end of the tallest fir-tree in Germany, which was destroyed by lightning. Schwenningen has marked this particular event by a new mask called "Hölzlekönig" (King of the Woods), which is adorned with a fir-tree. In Old Württemberg, an austerely Protestant area, there was a lot to be made up for, as carnival activities had been forbidden for centuries; Rottenburg was the last "Fasnet" bastion downriver. That is why in Bad Cannstatt, for example, the grisly-looking masks called "Felbenköpfe" (willow-tree tops), a feature of an old Neckar legend, were only invented recently. The finest carnival costumes were and are to be found in the rich towns, of course. The traditional costumes of the less prosperous farmers consisting of straw, snail-shells, walnut shells, sprigs of fir, and tufts of moss or colourful bits of cloth temporarily sewn onto the clothes they normally wore, have survived only in the villages. In contrast to this, the "Moosmulle" of Schwenningen, which is intended to honour the Neckar, is a woman's costume beautifully decorated with many green woollen pom-poms and a painting of the source of the Neckar. And the work alone is enough to make the "Salzhansel" costume of Bad Dürrheim valuable: it has nine hundred little sacks of salt, plus many small bells, sown on it. That goes well with Bad Dürrheim, where in the 19th century – as in many places round about – salt springs were tapped which still supply healing waters. Bad Dürrheim also boasts the famous "Narrenschopf" (Fools' Hall), where

len erbohrt worden sind, die heute noch Heilsole fördern. Oft zum Ärger der Alten gründen die Jungen am Neckar immer neue Hexenzünfte. Kittel, Larve und Besen sind billig zu beschaffen, und vor allem darf eine Hexe überall umherspringen, auf Mauern klettern oder sich am Boden wälzen. Sie muß nicht gravitätisch daherkommen und kann jeden unerwünschten Unfug treiben – Aschermittwoch kommt früh genug!
Und weil das im ganzen Leben so ist, deshalb sagte das Dorle beim Abschied, ihr Karl solle ihr jetzt in die Hand versprechen, daß er ganz sicher am Neckar bleibe. Nun, er gehe mal bis nach Tübingen, sagte Karl. Aber „Nix da!" sagte das Dorle, nach Tübingen verschiebe er das Versprechen auf Heilbronn und dann vielleicht auf Neckargmünd, und schon sei er fort. Nein, „bis zur Wurmlinger Kapelle hast' noch Zeit! Am Sonntag um neun Uhr am Kirchhofseck, Wurmlingen zu!"
Karl war's zufrieden, beim Wandern würde ihm schon das Richtige einfallen. Die Strecke von Rottweil flußabwärts ist zudem eine der schönsten im ganzen Neckartal. Und einsam dazu. Karl war das lieb, weil er sich seines kleinen Instruments, seiner Mundharmonika wegen albern vorkam. Im Ausland wurde er deswegen bestaunt, zu Hause aber spielte er nur, wenn ihm niemand zuhörte – gut, daß sein Volksschullehrer aus dem nahen Trossingen das nicht wußte! Dort hatte einmal ein wandernder Uhrenhändler ein so ähnliches Instrument, das zum Stimmen von Orgelpfeifen benützt wurde, in die Stadt gebracht. Ein Tuchmacher spielte

lequel est peinte la source du Neckar. Un autre costume précieux rien que par le travail qu'il représente est le «Salzhansel» de Bad Dürrheim, la ville où les localités carnavalesques présentent leurs costumes de Narro. Le «Salzhansel» porte sur lui neuf cents petits sacs de sel et de nombreux grelots. Ce costume convient parfaitement à Bad Dürrheim où, au siècle dernier, tout comme en maints endroits alentour, on a exploité des salines qui aujourd'hui encore fournissent des eaux thermales. Dans la région du Neckar, les jeunes gens fondent, souvent au grand dam des anciens, de nouvelles corporations de sorcières. Un tablier, un masque et un balai ne reviennent pas cher et puis surtout une sorcière peut sauter partout, grimper sur les murs ou se rouler par terre. Elle n'a pas besoin d'arriver avec solennité et peut jouer des tours – le mercredi des Cendres viendra bien assez tôt!
Et comme il en est toujours ainsi dans la vie, dit Dorle à son Karl, il devait maintenant, avant de la quitter, lui promettre solennellement qu'il resterait sur les bords du Neckar. Oui, mais il voulait d'abord aller jusqu'à Tübingen, répondit Karl. Rien à faire, lui dit Dorle, après Tübingen, il remettrait sa promesse jusqu'à Heilbronn et puis peut-être jusqu'à Neckargemünd et le voilà qui repartirait. Non, «jusqu'à la Wurmlinger Kapelle, tu as bien le temps! A dimanche à neuf heures à Kirchhofseck, près de Wurmlingen!»
Karl était content; chemin faisant, ce qu'il devait faire lui viendrait bien à l'idée. Le trajet en aval de Rottweil est en outre un des plus beaux de toute la vallée du Neckar. Et solitaire de sur-

costumes from the south-west German carnival places are displayed. Often to the annoyance of their elders, young people in the Neckar region like forming new witches' covens. Tunics, masks, and brooms are cheap enough to buy, after all, and above all a witch is entitled to jump around wildly, climb walls, and roll about on the ground to her heart's delight. She does not have to behave with dignity, and can get up to any amount of mischief – Ash Wednesday comes soon enough, anyway!
And because this applies to life in general, said Dorle as they parted, she expected her Karl to promise that he would stay in the Neckar region. Well, I'll think about it while I'm on my way to Tübingen, said Karl. "No, no," answered Dorle, once in Tübingen he'd postpone it till Heilbronn, and then perhaps Neckargemünd, and finally he'd be gone altogether. "No, I'll give you until you get to the Wurmlingen Chapel. Sunday at nine o'clock."
Karl was satisfied – he'd make up his mind about it all while on the road. The stretch of river downstream from Rottweil is one of the finest in the whole of the Neckar Valley. And not overrun, either. Karl was glad about that, because he sometimes felt embarrassed about his mouth-organ. Abroad everyone admired him for playing it, but at home he only did so when no one was around to hear him – just as well that his schoolteacher from nearby Trossingen did not know that! It was to Trossingen that, many years ago, a travelling clock salesman had brought an instrument of that sort, which was used for the tuning of organ pipes. A cloth-

einfache Tanzliedchen auf der kleinen Mundharfe, und damit war sie zu dem Musikinstrument erhoben, das Trossingen weltbekannt machte. Noch heute klingt dort aus vielen Fenstern höchst individuelle Musik, doch die Schüler der drei Musikschulen spielen längst nicht mehr nur Mund- oder Handharmonika.
Karl wurde tatsächlich von niemandem gehört, als er spielend auf die Ruinenwände der Neckarburg zuwanderte. Das Flüßchen hat dort nur einen einzigen Zivilisationsbegleiter, die eingleisige Bahnstrecke von Stuttgart nach Zürich. Kein Straßenband stört die Stille, und den Zimmerer freute es, daß der Schwäbische Albverein hier eine überdachte Brücke aus Holz für die Wanderer gebaut hatte. Im blanken Wasser des verwunschenen Tals spiegeln sich die spinnenleichte Autobahnbrücke von Talrand zu Talrand und, tief darunter, die alte Holzbrücke vor dem Umlaufberg der Ruine Hohenstein. Hier begegnen sich die Zeiten, wenn sich die Rumpelgeräusche der Wagen im Dachgebälk der alten Brücke verfangen. Karl aber hatte hier an mehr als an seinem Wanderbündel zu schleppen. Er mußte mit seinem Abschied und seinem Fernweh fertig werden, und so trottete er sogar an Talhausen vorbei, ohne zur Ruine Zimmern hinaufzugucken, wo die Zimmersche Chronik entstanden ist, die mit ihren Familiengeschichten mehr über den Alltag im ausgehenden Mittelalter erzählt als viele große Historien.
Schon vor Epfendorf blieb er auf der rechten Talseite, weil er es leid war, überall gefragt zu werden, ob er auch wirklich ein echter Wandergeselle sei. Karl wollte allein sein, lehnte sich

croît. Karl préférait cela car il se trouvait un peu bête avec son petit instrument, son harmonica. A l'étranger, on le regardait avec un étonnement admiratif mais chez lui il ne jouait que lorsque personne ne pouvait l'entendre – heureusement que son instituteur de Trossingen ne savait pas cela! A Trossingen, ville toute proche, un horloger ambulant avait une fois apporté un instrument semblable qui fut utilisé pour l'accordage des tuyaux d'orgue. Un drapier s'en servit pour jouer des airs de danse tout simples et c'est ainsi que celui-ci fut élevé au rang d'instrument de musique, un instrument qui allait faire la célébrité de Trossingen. Où, aujourd'hui encore, de la musique des plus personnelles se fait entendre de nombreuses fenêtres. Mais, depuis longtemps, les élèves des trois écoles de musique ne jouent pas seulement de l'harmonica.
Effectivement, personne n'entendit Karl lorsqu'il se dirigea, en jouant de l'harmonica, vers les murs en ruine du Neckarburg. A cet endroit, la petite rivière n'a qu'un seul compagnon de la civilisation, la ligne ferroviaire à voie unique Stuttgart–Zurich. Aucune route ne vient troubler le silence et le charpentier se réjouit que l'Association du Jura souabe ait construit un pont couvert en bois pour les randonneurs. Dans les eaux scintillantes de la vallée enchantée, on voit se refléter le pont autoroutier, arachnéen, qui enjambe la vallée et bien plus bas le vieux pont de bois devant la colline où se dressent les ruines du château de Hohenstein. On assiste ici à la rencontre de deux époques lorsque le bruit du cahot des voitures se réper-

maker began playing simple dance tunes on the "harmonica", thus raising it to the status of a musical instrument, and one that was to make Trossingen a household name throughout the world. Music is still to be heard from the windows of many houses there, but the pupils at the three music schools are fortunately by no means limited to studying the mouth organ.
Karl was heard by no one as, playing his mouth organ, he walked towards the ruins of Neckarburg, a castle just outside Rottweil. At that point the little river has only one civilized companion: the single-track railway from Stuttgart to Zurich. There is no noise of traffic from nearby roads to disturb the silence, and Karl blessed the "Schwäbische Albverein" (Swabian Uplands Association) for providing a covered wooden bridge at this point for hikers. The clear waters of the enchanted valley reflect the motorway bridge spanning the valley and, far below it, the old wooden bridge before the ruins of Hohenstein Castle. Here different ages meet when the rumbling of the motorway traffic echoes among the roof timbers of the old covered bridge.
Karl not only had his gear to carry, he also had a weight on his mind at leaving his Dorle – and a feeling of *fernweh*, and so he walked straight past Talhausen without even sparing a glance for the ruins of Zimmern on the hill, where the Zimmern Chronicle was written, which, with its stories about the Swabian Counts of Zimmern, tells more about everyday life towards the end of the Middle Ages than many reputable historical works. Until Epfendorf he stayed on the right-hand side of the valley in order to avoid

Neue Neckarbrücken am Oberlauf. *Im alten Holzbrückenstil hat der Schwäbische Albverein zu Füßen der Ruine Neckarburg eine Holzbrücke für Wanderer bauen lassen, und nicht weit davon überbrückt die Autobahn die Talränder.*

Nouveaux ponts sur le cours supérieur du Neckar. *L'Association du Jura souabe a fait construire pour les randonneurs un pont de bois couvert dans le style traditionnel au pied des ruines du Neckarburg; non loin de là un pont autoroutier enjambe la vallée.*

New bridges across the upper reaches of the Neckar. *The Swabian Uplands Association has built a covered wooden bridge in the traditional style at the foot of the ruined castle of Neckarburg; not far away a motorway bridge spans the valley.*

in der Sonne an einen Holzstoß und las sogar, was ihm das Dorle über Oberndorf mitgegeben hatte. Darüber schlief er ein, und so fand ihn ein älterer Schäfer und bot ihm beim Aufwachen ungefragt seine Mostflasche an. Der Schäfer lud ihn sogar ein, mit ihm im noch ländlichen Altoberndorf zu übernachten. Von der Waffenstadt Oberndorf hielt der alte Mann allerdings wenig. „Dort haben sie 1811 aus einem Augustinerkloster eine Waffenschmiede gemacht, in der die vom Neckarwasser angelupften Klopfhämmer noch Steinschloßgewehre geschmiedet haben. Gell, du willst sicher auch ins Waffenmuseum? Ja, da wollen alle hin, die's Totschießen noch nicht erlebt haben, aber wenn du dann sowieso im Heimatmuseum bist, dann guck dir auch den Silberring von Trichtingen an! Der erzählt dir gar nix, und grad das ist das Interessante!"
Welch ein Unsinn, dachte Karl, und der Schäfer sah ihm das an.
„Aber du kommst doch auch rum im Land und hast gesehen, daß überall die gleichen Leut' wohnen! Ich stell' mir immer vor, wer in dem Tal schon alles gehaust hat. Wissen tun wir ja erst *etwas* von den Kelten. Von denen muß der zwei Hände breite Trichtinger Ring stammen. Der ist dort drüben hinter der Höhe in der Erde gelegen, aber niemand weiß, was er zu bedeuten hat. Ja, und wer weiß schon, welche Völkerschaften die Römer an den Neckar gebracht haben. Einer, der die Römermauern in Rottenburg ausgräbt, hat mir erzählt, daß der berühmte Tacitus geschrieben hat, grad hier im oberen Neckarland lebe allerhand zweifelhaftes Volk

cute dans la charpente du vieux pont. Mais, à partir d'ici, Karl avait plus que son balluchon à transporter. Il lui fallait venir à bout de ses adieux et de sa nostalgie des pays lointains, aussi dépassa-t-il Talhausen sans jeter un regard vers les ruines du château de Zimmern où fut écrite la chronique du même nom qui, avec ses histoires de famille, nous en apprend plus sur la vie quotidienne à la fin du moyen âge que bien des grandes fresques historiques. Déjà avant Epfendorf, il décida de rester sur la rive droite car il en avait assez qu'on lui demande partout s'il était vraiment un compagnon faisant le tour de son pays.
Karl voulait être seul, il s'assit sous le soleil contre une pile de bois et se mit même à lire ce que Dorle lui avait donné sur Oberndorf. Là-dessus, il s'endormit et c'est dans cet état que le trouva un vieux berger qui lui offrit à son réveil, sans qu'il le lui demande, sa bouteille de cidre. Le berger l'invita même à passer la nuit à Altoberndorf, une localité au caractère encore champêtre. Du bourg d'armuriers qu'est Oberndorf, le vieil homme n'avait assurément pas grande opinion. «En 1811, ils y ont transformé un couvent d'augustins en armurerie où des marteaux actionnés par les eaux du Neckar encore ont forgé des fusils à silex. Mais tu voudras sans doute visiter le musée des armes? Ils veulent tous y aller, ceux qui n'ont pas encore reçu le baptême du feu, mais si tu es de toute façon au musée régional, il faudra que tu vois l'anneau en argent de Trichtingen! Il ne te raconte rien mais c'est justement ça qui est intéressant!»
Quelle sottise, pensa Karl, et le berger vit ce

constant questions from people who, struck by his clothes, insisted on asking whether he really was a travelling journeyman carpenter. Karl wanted to be alone, sat down next to a stack of wood for a while, and even started to read the information Dorle had given him about Oberndorf. But then he fell asleep. Just as he was beginning to stir again, an old shepherd passing by on his way home offered him a drink from his flask of cider, and even a bed, if he wanted it, in the little village of Altoberndorf. The old man had no great opinion of neighbouring Oberndorf, known for its weapons factories. "They took over an Augustinian Monastery there in 1811, and turned it into an armoury for making muskets, using water-power from the Neckar to work a hammer. I suppose you'll be wanting to visit the arms collection in the Local History Museum? Yes, most people who've never seen any fighting do. But once you're there anyway, take a look at the Trichting Silver Ring, too. It won't mean anything to you, and that's just what's interesting about it!" What nonsense, thought Karl, and the shepherd read his thoughts.
"But you get around a bit, don't you, and you must have noticed that people are the same everywhere! I sometimes think about all the people that have lived in the valley here. The earliest ones we know about are the Celts. The Trichting Ring – two hands wide it is – must have been made by them. It was found buried on the other side of that hill over there, but no one knows what it was for. Yes, and who knows what different races of people were brought

Der Silberring von Trichtingen. *Ein Halsring kann dieser Ring aus den letzten vorchristlichen Jahrhunderten kaum gewesen sein, obwohl die Figuren vornehmer Kelten auf den steinernen Grabstelen im Neckarland oftmals Halsringe tragen. Der Ring bleibt ein Geheimnis aus schriftloser Zeit.*

L'anneau d'argent de Trichtingen. *Bien que les figures des aristocrates celtes sur les stèles funéraires en pierre dans la région du Neckar portent souvent des anneaux autour du cou, il est peu probable que cet anneau datant de l'époque avant Jésus-Christ ait servi à un tel usage. Celui-ci reste un mystère d'une civilisation sans écriture.*

The Silver Ring of Trichtingen. *Even though the figures of aristocratic Celts on the stone funerary steles in the Neckar region are often depicted as wearing neck rings, it is unlikely that this ring, dating back to pre-Christian times, served such a purpose. The ring remains an unsolved mystery from a civilization that possessed no written language.*

aus Gallien. Lauter Leute, die hier von der Not zusammengetrieben worden seien. Und was war dann? Diese Sueben sind gekommen, die auch Alamannen geheißen haben, und dann die Franken, die keine Ruh' gegeben haben, bis ihnen das Land vom mittleren Neckar an gehört hat. Und was ist seitdem noch alles den Neckar rauf und runter gezogen! Du, das ist zum Lachen, daß die sich alle, alle heut als alte Schwaben aufspielen! Oder als Kurpfälzer oder als Badener!"
„Und woher bist du?" fragte Karl ärgerlich. „Du schwätzt so hessisch!"
Doch der Schäfer war aus dem Kraichgau, dem Land im großen badischen Neckarbogen. Er war ein Wanderschäfer, der unterwegs die Augen aufmachte und der in diesem jungen Zimmerer, der die Traditionen seines Handwerks hochhielt, einen zwar unerfahrenen, aber gleichgestimmten Menschen sah. Während er sich von Karl helfen ließ, den Pferch für die Nacht herzurichten, sagte er: „Merk dir's nur, die Menschen werden immer nur so, wie's das Leben von ihnen verlangt. Auch im schönsten Weinland hat sich's nur dann fröhlich und frei gelebt, solange sich der Pfarrer und der Fürst nicht um die letzte Sünde und um den letzten Pfennig gekümmert haben. Und denk an die Alb und an die anderen armen Gegenden, wo die Pfarrer den Leuten ihre Armut früher auch noch vorgeworfen haben und die Amtleute jedes Ei gezählt haben. Kein Wunder, daß die Menschen dort verschlagen und knickrig geworden sind. Sonst wären sie ja verhungert an Leib und Seel! So sind die Leut zu Flickern und Sparern

qu'il pensait. «Tu vas pourtant par monts et par vaux et tu as bien vu qu'il y a les mêmes gens partout. Je m'imagine toujours tous ceux qui ont déjà habité dans la vallée. Ce n'est qu'à partir des Celtes que nous savons quelque chose d'eux. L'anneau de Trichtingen aussi large que deux mains doit d'ailleurs venir des Celtes. Il était enterré là-bas derrière la hauteur, mais personne ne sait ce qu'il signifie. Oui, et puis qui sait ce que les Romains ont bien pu amener comme peuplades sur les bords du Neckar. Un qui a mis au jour les murs des Romains à Rottenburg m'a raconté que le célèbre Tacite a écrit que justement là dans la région supérieure du Neckar vivaient toutes sortes de gens bizarres venus de Gaule. Tous des gens que la misère avait poussés jusqu'ici. Et puis après il y a eu les Suèves dont faisaient également partie les Alamans et ensuite les Francs qui n'ont eu de cesse que la région du cours moyen du Neckar ne leur appartienne. Et depuis qu'est-ce qui n'est pas encore descendu et remonté le cours du Neckar. Tu sais, il y a de quoi rire quand on voit tous ces gens aujourd'hui qui se font passer pour de vieux Souabes! Ou pour des gens du Palatinat ou du pays de Bade!» «Et toi, d'où es-tu?» demanda Karl un peu agacé. «Tu parles comme les gens de Hesse!»
Mais le berger était du Kraichgau, la région de la grande boucle badoise du Neckar. C'était un berger itinérant qui, chemin faisant, ouvrait les yeux et voyait dans ce jeune charpentier, qui tenait en haute estime les traditions de son artisanat, un garçon inexpérimenté mais animé des mêmes sentiments que lui. Tandis qu'il se faisait

here to the Neckar by the Romans? A fellow that's excavating the Roman walls in Rottenburg told me that the famous Tacitus wrote that the Upper Neckar Valley was populated by all kinds of disreputable people who had fled from various parts of Gaul. And what happened then? The Suevi and the Alemanni arrived, and then the Franks, and they gave no peace until they'd taken over all the country up to the middle of the Neckar. And how many different people have been here in the meantime! And yet nowadays they all claim to be Old Swabians – or that they have pure Palatine or Baden blood!"
"And where are you from, then," asked Karl, irritated, "you have a strong Hessian accent yourself!" But the shepherd was from the Kraichgau district, in the great bend in the Neckar to the east of Karlsruhe. He was an itinerant shepherd, who kept his eyes open while travelling, and saw in this young carpenter, who evidently believed in keeping up the traditions of his craft, a kindred, if inexperienced, spirit. While Karl helped him to get the fold ready for the night, he said: "Just remember – people are what life makes them. Even in the finest wine-growing country the people were happy and free only if the priest and the authorities let them be that way without forcing them to confess every tiny sin and squeezing their very last penny out of them. Just think of the Swabian Uplands and the other poor regions, where the priests used to blame the people for their poverty, and the tax collectors counted every single egg. No wonder that the poor devils became sly and niggardly – they couldn't have

geworden – aber geh mal hinter Eberbach vom Neckar weg in den Odenwald hinein, dort war's genauso, und dort sind auch die Leut noch genauso. Also hör nicht auf den Dialekt, guck dir den einzelnen Menschen an, wie er mit allem fertig wird – und die Einzelne natürlich, solang du noch so jung bist!"
O je, da fiel dem Karl wieder das Dorle ein und daß er nur noch zwei Tage hatte bis zur Wurmlinger Kapelle. Er hätte sich freilich von einem Auto mitnehmen lassen können, denn das Mitfahren erlauben die Zunftbräuche längst. Doch jetzt hatte er sich schon das Wandern vorgenommen, und so fragte er nach dem Weiterweg. Nun, in Sulz, der alten Salzstadt, solle er stehen bleiben, beim kastanienumsäumten Brunnen vor dem Rathaus. Dieser Brunnen stammt aus einer Zeit, in der die Frauen hier noch das Wasser fürs ganze Haus geholt haben. „Zweier Quellen Hüll und Fülle strömen Überfluß", steht dort auf den gußeisernen Platten, und auch der Neckar, in dem sich das Städtchen und die hohen Felswände spiegeln, fließt hier in „Hüll und Fülle" unter einer alten Steinbrücke hindurch. Noch in diesem Jahrhundert sind Schwarzwaldflöße durch Sulz geschwommen, denn wie alle Neckarstädtchen hat auch Sulz vom Holz gelebt, ehe die Industrie die Neckarwiesen besetzt hat. Heute gehört auch die freskengeschmückte Wasserburg in Glatt zu Sulz. Fast unversehens steht der Besucher hier in der Dorfmitte vor dem Wassergraben eines äußerlich wohlerhaltenen, türmchengeschmückten frühen Renaissancebaues. In einer Scheuer daneben ist zu erleben, wie alle die

aider de Karl pour monter l'enclos pour la nuit, il lui dit: «N'oublie pas cela, c'est la vie qui fait ce que les gens sont. Même dans la plus belle région de vignobles, les gens n'ont vécu heureux et libres que lorsque le curé et le prince ne se sont pas occupés du moindre de leur péché et de leur dernier sou. Pense un peu à la région de l'Alb et à toutes les autres régions pauvres où autrefois le curé reprochait même aux gens leur misère et les fonctionnaires comptaient chaque œuf. Rien d'étonnant à ce que les gens y soient devenus malins et avares. Ils seraient autrement morts de faim! C'est comme ça qu'ils ont appris à rapiécer et à économiser – mais éloigne-toi du Neckar, va derrière Eberbach dans le Odenwald, c'était exactement la même chose là-bas et les gens y sont encore exactement les mêmes. Alors n'écoute pas le dialecte, regarde plutôt les gens pour voir comment ils s'en sortent, observe bien, aussi longtemps que tu es jeune!»
Oh là, voilà que Karl se rappela soudain Dorle et qu'il n'avait plus que deux jours pour aller à la chapelle de Wurmlingen. Il aurait bien sûr pu faire de l'auto-stop car c'était autorisé depuis longtemps par sa corporation. Mais il s'était mis en tête d'aller à pied, aussi s'enquit-il du chemin à suivre. Eh bien, à Sulz, l'ancienne ville du sel, il devait s'arrêter devant la fontaine entourée de marronniers devant l'hôtel de ville. Cette fontaine datait encore du temps où les femmes allaient chercher de l'eau pour toute la maisonnée. «Deux sources coulent ici en abondance» peut-on lire sur les plaques en fonte et le Neckar, dans les eaux duquel se reflètent la pe-

survived otherwise! They were forced to be frugal. But then all you have to do is to head past Eberbach into the Odenwald hills, and you'll see that the people there are just the same, and for the same reasons. What I'm trying to say is: don't judge people by their dialect, but look at the individual man and see how he copes with life – and the individual woman, too, of course, while you're still young enough!"
Oh dear – that reminded Karl of Dorle, and that he had only two days left to get to the Wurmlingen Chapel. He could hitchhike, of course – the guild allows that nowadays. But he had decided to walk, and walk he would. And so he asked about the best route to take. Well, he should stop for a while in Sulz, the old salt town, and take a look at the well under the horse-chestnut trees in front of the Town Hall. It dates back to the days when the women were dependent on it for all their household water. "Two generous springs give plenty of water, and more", runs the inscription on its cast-iron sides – and the Neckar, too, in whose surface the little town and the steep escarpment on which it stands are reflected, flows generously here under the old stone bridge.
Timber rafts from the Black Forest were still floated through Sulz in this century, for, like all the little towns along the Neckar, Sulz lived off timber until the advent of industry. In the meantime Sulz has expanded to include the village of Glatt and its frescoed moated castle. The visitor quite unexpectedly comes across the castle – an early Renaissance building with its moat, well-preserved exterior and four corner

vielen berühmten Heilbrunnen im Land in ihrer Frühzeit ausgesehen haben. Auf eine rührende Weise wird eine nahe Schwefelquelle, die früher bekannter war als heute, über kunstlose Rohre zu einem Wasserhahn geleitet, an dem sich die Bresthaften bedienen können. St. Gallus, dem das Wasser geweiht ist, wird schon helfen.
Noch lohnt es sich, bis Rottenburg den Wanderwegen entlang dem Fluß zu folgen. Noch liegt der Neckar, nur immer wieder leicht gestaut, in seinem alten Bett; wo der Fluß befestigt ist, sind die Werke der Wasserbauer meist längst überwachsen, und auf viele Kilometer säumen nur steile Waldhänge, Buschreihen, Baumketten und Wiesen die Flußschlingen; Reiher patroullieren das Wasser ab, und Bussarde sitzen auf den Uferbäumen. Doch in jeder alten Siedlung zeigen die Hochwassermarken, daß die Schneeschmelzen und die Regengüsse im Schwarzwald und auf der Alb nach wie vor Hochwässer, Schlamm und Geröll ins Tal schwemmen. Darunter ersticken die heutigen Wiesen, Golfplätze und Äcker, und es rächt sich, daß die Auwälder so lange Zeit als nutzloses Sumpfland angesehen worden sind.
„In Horb dann", sagte der Schäfer, „würd' ich als

tite ville et les hautes parois rocheuses, coule lui aussi en abondance sous le vieux pont de pierre.
Ce siècle a encore vu les trains de flottage de la Forêt-Noire traverser Sulz qui, comme toutes les petites villes du Neckar, a également vécu du bois avant que l'industrie n'occupe les prairies du Neckar. Aujourd'hui, le castel d'eau orné de fresques de Glatt fait également partie de Sulz. Comme par mégarde le visiteur se trouve soudain au milieu du village devant les douves d'un édifice extérieurement bien conservé, agrémenté de tourelles, du début de la Renaissance. Dans une grange à côté, on peut voir l'aspect qu'avaient autrefois toutes les sources thermales connues de la région. Une source sulfureuse voisine, qui était autrefois plus célèbre qu'aujourd'hui, est amenée par un simple tuyau jusqu'à un robinet où pouvaient se servir les malades. Saint-Gall, auquel l'eau est consacrée, viendra bien en aide.
Cela vaut encore la peine de suivre les chemins de randonnée jusqu'à Rottenburg. Le Neckar, dont le cours n'est que légèrement régularisé par endroits, coule encore dans son ancien lit; là où la rivière est disciplinée, les ouvrages des hydrauliciens sont généralement envahis de-

towers – in the middle of the village. A shed next door houses an exhibition covering the early history of the many famous healing springs in the region. The waters of a nearby sulphur spring – once better known than it is now – are piped to a tap where the sick and infirm can serve themselves. St Gall, to whom the spring is dedicated, will surely help.
It is still worthwhile to follow the paths along the banks of the Neckar as far as Rottenburg. The river, athough dammed here and there, still pursues its own course; in most places where the bed has been consolidated the concrete structures have long since been overgrown, and for many kilometres the river is bordered only by steep wooded slopes, or lined with bushes, trees, or meadows; herons patrol the water, and buzzards perch in the riverside trees. But in every older village or town, high-water marks show that melting snow and storms in the Black Forest and the Swabian Uplands still cause floods, and sweep mud and gravel down into the valley; this wreaks havoc in the new meadows, fields, and golf courses – and is the direct consequence of destroying so many of the riverside woods which acted as a natural protection against flooding.

▶ ***Angeln im Neckar.*** *Selbst auf den Kanalstrecken des Flusses gedeihen wieder ausgesetzte Edelfische. Zu den Rotaugen, Karpfen, Barschen und Welsen kommen jetzt wieder Forellen, Hechte und Zander.*
▶ ▶ ***Die erodierenden Muschelkalkfelsen von Oberndorf-Boll***

▶ ***Pêcheurs dans le Neckar.*** *Même dans les parties canalisées de la rivière, on trouve à nouveau des gardons, des truites, des brochets et des sandres.*
▶ ▶ ***Les rochers érodés de calcaire fossilier à Oberndorf-Boll***

▶ ***Fishing in the Neckar.*** *Roach, and even sporting fish such as trout, pike, and pike-perch, are once again to be found even in the canalized sections of the river.*
▶ ▶ ***The eroding fossiliferous limestone cliffs at Oberndorf-Boll***

BOLLYWOOD

Zimmerer die Fachwerkhäuser ansehen, die dort alle Stadtbrände überstanden haben. So eine prächtige alte Zimmerkunst siehst du zwar auch noch in Tübingen, in Esslingen, in Mosbach oder in Ladenburg, aber ich mein', daß jedes von diesen Häusern ein knorriges Original ist. Guck den ‚Hohen Giebel' an in Horb, den haben deine Kollegen grad so wiederhergerichtet, wie er im Jahre 1622 gewesen war!"
Von Horb hat's schon immer geheißen, es sei „hoch und schö' bucklich". Zum Glück ist diese Häuser- und Treppenlandschaft am Neckarsteilhang bis heute nicht geglättet worden. Alt-Horb war ja vor allem ein gut befestigter Bergsporn, von dem aus der Neckar zu kontrollieren war. Seine Mauern sind erst in der Neuzeit durchbrochen worden, doch im Innern der Stadt hatte schon zuvor jedes Jahrhundert das vorhergehende für altmodisch erklärt. In der Stiftskirche Heilig Kreuz ist sogar einmal die angeblich unzeitgemäße Barock- und Rokokopracht ausgeräumt worden. Die heute berühmte hochgotische Horber Madonna haben sie damals in ein Abstellgemäuer getragen. Dort ist sie 1917 zufällig unter altem Gerümpel entdeckt worden von dem Maler, der später die Rathausfront mit einem bunten Bilderbuch der Stadt bedeckt hat. Der viel umrätselte Schöpfer dieser Madonna stellt sich nur mit einem durchkreuzten W der Nachwelt vor – die Horber würden dieses Zeichen gern Veit Stoß zuschreiben, den sie ohnedies als ihren bedeutendsten Mitbürger verehren.
„Weißt du eigentlich, warum sich die Talhänge am Neckar mal wie Hügelchen wölben und mal

puis longtemps par la végétation et, sur de nombreux kilomètres, seuls des versants boisés abrupts, des rangées de buissons, des chapelets d'arbres et des prairies ourlent les méandres de la rivière; des hérons patrouillent dans l'eau et des buses sont perchées dans les arbres des rives. Mais dans toutes les vieilles agglomérations, les marques des hautes eaux montrent que l'eau de la fonte des neiges et des averses dans la Forêt-Noire et l'Alb continuent d'inonder la vallée en charriant de la boue et des éboulis qui viennent étouffer les prairies actuelles, les terrains de golf et les champs. Trop longtemps les prairies boisées ont été considérées comme d'inutiles terres marécageuses et la nature se venge maintenant.
«A Horb ensuite», dit le berger, «je regarderais comme charpentier les maisons à colombage qui ont résisté à tous les incendies de la ville. Tu peux certes encore voir des édifices aussi splendides à Tübingen, Esslingen, Mosbach ou Ladenburg, mais je pense que chacune de ces maisons est une construction originale à l'état brut. Il faudra que tu vois le ‹Hoher Giebel› à Horb que tes collègues viennent de restaurer en l'état où il était en 1622!»
De la ville d'Horb, on a toujours dit qu'elle était «haute et bien bossuée». Fort heureusement, jusqu'à maintenant on n'a pas nivelé cette ville en étages sur la rive escarpée du Neckar. Le vieux Horb était surtout un éperon rocheux bien fortifié d'où l'on pouvait surveiller le Neckar. Ses murs n'ont été percés qu'à l'époque moderne mais à l'intérieur de la ville chaque siècle s'était fait fort auparavant de décla-

"Yes, and as a carpenter," the shepherd continued, "I'd then take a look at the half-timbered houses in Horb, which have somehow survived all the fires that have hit the town. You can see similar fine old houses in Tübingen, Esslingen, Mosbach, or Ladenburg, but I reckon that every half-timbered house has a character of its own. Don't miss the one called "Hoher Giebel" (High Gable) in Horb – it's just been restored to the same condition as it was in 1622!"
Horb has often been called "high and hilly", and fortunately the picturesque townscape with its steep streets and flights of steps has been left untouched. The old part of Horb was originally a well-fortified spur from which the Neckar could be watched and dominated. Its walls have only been pierced in recent times, but in the centre of the town each century has declared the preceding one to be old-fashioned. In the Church of the Holy Cross the splendid, but allegedly old-fashioned Baroque and Rococo interior was cleared out. Even the now famous late-Gothic Madonna of Horb was stowed away in a lumber-room. It was discovered there by chance in 1917 by the artist who decorated the façade of the Town Hall with colourful wall-paintings depicting the town's history. The only clue to the name of the sculptor who created the Madonna is a crossed-out W carved into the wood. A lot of theories have been produced as to its author, but the people of Horb would best like to ascribe it to Veit Stoss, the town's most famous son.
"Do you know why the sides of the Neckar val-

fast gebirgig senkrecht ins Land einschneiden?" fragte der Schäfer, als er Karl am anderen Morgen bis unter die Autobahnbrücke nahe der Eyachmündung nach Mühlen mitnahm. Dort war die Antwort im noch nicht allzu steilen Muschelkalk abzulesen, durch den sich der Fluß mühsam von seiner Quelle bis Rottenburg und, noch mühsamer und steiler, von Stuttgart an bis Lauffen durchnagt. Im weichen Keuper zwischen Tübingen und Stuttgart sind die Talhänge flacher und im roten Buntsandstein des Odenwaldes nochmals steil und oft senkrecht. Für Geologen ist die Gesteinskarte natürlich noch viel bunter, da kommt Vulkangestein dazu am Katzenbuckel im Odenwald, da wölbt sich Granit bei Heidelberg oder Porphyr am Rheintalrand.
Auch die Autobahnbrücke bei Mühlen überspannt das Tal in wunderbar leichten Bögen; Milane durchschweben die Stützstreben, als ob das natürliche Gebilde wären. Und wie in einem Bilderbuch schnurren die Triebwagen der Eisenbahn durchs Tal. Den schönsten Blick in diese Landschaft haben sich die Erbauer der Weitenburg herausgesucht. Deren Gebäude sind zwar neugotisch verfremdet worden, doch hier in der Burgkapelle zu heiraten, reizt sogar die Stuttgarter. Nicht minder verwunschen ist Bad Niedernau, eines der winzigsten Heilbäder des Landes im schmalen Katzenbachtal nahe Rottenburg. „Römerquelle" heißt einer der Säuerlinge, seit auf seinem Grund ein Münzschatz gefunden worden ist, den wohl ein geheilter Römer dem Quellgott geopfert hatte. Heute dienen in Bad Niedernau zwei Fontänen, Enten

rer le précédent démodé. La collégiale de la Sainte-Croix a même été une fois débarrassée de tous ses ornements baroques et rococo soidisant inadaptés. Jusqu'à la Vierge d'Horb de style gothique rayonnant, aujourd'hui célèbre, qui a été remisée dans un débarras. C'est là qu'elle a été retrouvée par hasard en 1917 sous un fatras de vieilleries par le peintre qui devait recouvrir par la suite la façade de l'hôtel de ville de fresques, véritable livre d'images de la ville. Le mystérieux créateur de cette Vierge n'a laissé pour toute indication à la postérité qu'un W barré d'une croix – une signature que les habitants d'Horb voudraient bien attribuer à Veit Stoss qu'ils vénèrent du reste comme le plus important de leurs concitoyens.
«Sais-tu au fait pourquoi les versants de la vallée du Neckar parfois ondulent comme de petites collines et parfois entaillent presque verticalement le paysage?» demanda le berger alors qu'il emmenait Karl le lendemain matin jusque sous le pont autoroutier près de l'embouchure de l'Eyach en direction de Mühlen. A cet endroit, on pouvait lire la réponse dans le calcaire coquillier pas très abrupt encore au travers duquel la rivière se fraye laborieusement un passage de sa source jusqu'à Rottenburg et plus péniblement et plus abruptement encore de Stuttgart jusqu'à Lauffen. Dans le trias supérieur tendre entre Tübingen et Stuttgart, les versants de la vallée sont plus plats et dans le grès bigarré rouge de l'Odenwald encore une fois abrupts et souvent verticaux. Pour les géologues la carte des roches est évidemment encore plus variée, s'y ajoute la roche volcanique

ley slope gently in some places, and in others are almost vertical?" asked the shepherd the next morning as he accompanied Karl as far as the motorway bridge near where the River Eyach joins the Neckar. Karl confessed that he did not. "Well," said the shepherd, "it's because it meets with different resistance from the various kinds of rock it has to cut through on its way to the Rhine, and also on how thick they are. Between its source and Rottenburg it's faced with limestone, but later there are stretches of soft keuper, where the valley sides are not so steep. And then, in the Odenwald, it gnaws its way through red sandstone, and the sides are steeper again." Geologists can identify a much greater variety of rocks than this, of course – volcanic rock in the Odenwald, granite near Heidelberg, or porphyry along the edge of the Rhine Valley, for example.
The motorway bridge at Mühlen is an elegant construction of arches; kites swoop in and out between the supports as if they were a natural geological formation. And the trains roll through the valley as in a picture-book. But it was the builders of Weitenburg Castle who chose the site with the best view of the area. Its buildings have had neo-Gothic elements grafted on to them, but it is considered chic to marry in the Castle Chapel, and some people even come all the way from Stuttgart for that purpose. No less out-of-this-world is Bad Niedernau, one of the region's tiniest spas, in the narrow Katzenbach Valley near Rottenburg. One of the sources has been called "Roman Spring" since a treasure trove of coins was

Im Mostland. *Die Apfelmost-Ernte ist am Oberlauf des Neckars noch nicht in Gefahr, weil dort noch viele Streuobstwiesen gedeihen. Der gute Most gehört nach wie vor zur Arbeit auf dem Feld und im Haus – selbstgemostet natürlich.*

Dans la région du cidre. *La récolte du cidre n'est pas encore compromise sur le cours supérieur du Neckar car les vergers y sont toujours abondants. Le cidre fait maison reste la boisson courante au travail dans les champs et à la maison.*

Cider country. *The many apple orchards along the upper reaches of the Neckar ensure a good cider harvest every year. Home-made cider is still the common drink at work in the fields and at home.*

und Libellen auf einem Seelein als Mittelpunkt des winzigen Kurparks. Erholung ist hier zwangsläufig.
Rottenburg hat von Westen her einen seltsamen Stadteingang. Dort liegt die „Porta Suevica", die Schwäbische Pforte, denn dort prallt der Neckar gerade in der letzten Flußbiegung vor dem Blick auf die Stadt nochmals gegen eine senkrechte Muschelkalkwand. Hier endet das wunderhübsche Bild vom schwitisierenden, das heißt umherziehenden Flüßlein in Sebastian Blaus dialekttrunkenem, unübersetzbarem Neckargedicht. Karl liebte diese Zeilen schon des Wörtchens „Walz" wegen.

> Iatz schwitisiert 'r's Täle ra,
> iatz ist 'r uf dr Walz,
> ond wenn 'r kö't, noh feng 'r a'
> ond säng aus volem Hals!
> 'r waalet en de Wiese' rom
> ond babblet mit de Büsch,
> 'r lachet älle Städtlen a'
> ond schnalzget mit de Fisch.

Zu der Römer Zeiten war Rottenburg so wichtig, daß für die Siedlung sogar eine 7100 Meter lange Wasserleitung von Obernau her gebaut wurde, aus der den Bewohnern in jeder Sekunde 74 Liter frisches Quellwasser in die öffentlichen Brunnen zufloß. Dem Stadtwanderer wird schnell deutlich, daß in dieser heutigen Bischofsstadt bis 1806 der in den vorderösterreichischen Landen maßgebende Wiener Architektur- und Kunstgeschmack gegolten hat. Nach dem letzten verheerenden Stadtbrand

au Katzenbuckel dans l'Odenwald, du granit se bombe près de Heidelberg ou du porphyre en bordure de la vallée du Rhin.
Près de Mühlen, le pont autoroutier enjambe la vallée de ses arches aériennes; des milans planent entre les arcs-boutants comme s'il s'agissait de créations naturelles. Et les motrices des trains ronronnent à travers la vallée comme dans un livre d'images. La plus belle vue sur ce paysage a sans conteste été choisie par les constructeurs du Weitenburg. Les bâtiments de ce château ont certes été dénaturés avec du néo-gothique mais se marier dans la chapelle est une entreprise qui séduit même les gens de Stuttgart. Non moins enchanteur est Bad Niedernau, une des plus petites stations thermales du pays, dans l'étroite vallée du Katzenbach près de Rottenburg. Une de ses sources a été baptisée «la source des Romains» depuis qu'on a trouvé à cet endroit un tas de pièces de monnaie laissées sans doute là par un Romain pour remercier le dieu de la source d'avoir été guéri. Aujourd'hui, deux fontaines, des canards et des libellules sur un petit lac servent de centre au minuscule parc de Bad Niedernau. La détente est ici de rigueur.
Rottenburg est dotée à l'ouest d'une curieuse entrée. C'est là que se trouve la «Porta Suevica», la porte souabe. A cet endroit, dans la dernière boucle qu'il décrit avant de voir la ville, le Neckar se heurte encore une fois contre une paroi verticale de calcaire coquillier. Dans son poème sur le Neckar, Sebastian Blau a célébré la beauté de ce paysage, de cette rivière vagabonde qui descend la vallée et «qui, si elle le

found there – presumably sacrificed to the god of the spring by some Roman grateful for the healing effect of the waters. Today the main attractions in the miniature spa gardens are two fountains, and the ducks and dragonflies on the little ornamental lake. Here recuperation is virtually unavoidable.
Entering Rottenburg from the west is an interesting experience. There we find the "Porta Suevica", the Swabian Gate, where the Neckar is confronted with a vertical wall of limestone rock in the last bend of the river before the town.
In Roman times Rottenburg was so important that a pipeline 7,100 metres long was constructed from Obernau, to provide 74 litres of fresh spring water per second for the public wells of the town. The visitor will soon notice that Rottenburg, now a cathedral town, was under the influence of Austria for several centuries until 1806. After the last devastating fire of 1735 the town, capital of an Austrian county, was rebuilt in truly Habsburgian style. Only the strongest structures – the churches, monasteries, and patrician houses, and the wonderfully exuberant pilgrimage church in the Weggen Valley, plus the portraits of former local princes on the late-Gothic market fountain, provide older evidence of the town's history. It seems that the oldest church is not the Cathedral, with its surprising tracery work in the spire depicting warriors, but St Moritz's on the other side of the Neckar. There a reliquary recalls a modern witness of the Christian faith – the Franciscan monk Maximilian Kolbe, who was

von 1735 hatte das Städtchen vollends ein habsburgisches Gesicht bekommen. Nur die festesten Steinbauten der Kirchen, Klöster und Adelshöfe und die herrlich schwungvolle Wallfahrtskirche im Weggental samt den Fürstenbildern auf dem hochgotischen Marktbrunnen sind noch ältere Zeugnisse der Stadtgeschichte. Die älteste Kirche scheint nicht einmal der Dom mit dem überraschenden Maßwerk kämpfender Männer in der Turmspitze zu sein, sondern die Stiftskirche St. Moritz auf der anderen Neckarseite. Dort wird mit einem Reliquiar auch eines heutigen Zeugen christlichen Glaubens gedacht, nämlich des heiliggesprochenen Franziskaners Maximilian Kolbe, der 1941 im Konzentrationslager Auschwitz freiwillig für einen Familienvater in den Hungertod gegangen ist. Inmitten der Verehrung von abertausend Heiliggesprochenen, deren Lebensgeschichte oft höchst märchenhaft geschildert wird, wird hier ein faßbar großer Mensch verehrt.
Breit und in einer Aue fließt der Neckar von da an gen Tübingen, und daß dieses ebene Bekken ein Überschwemmungsgebiet war, zeigt schon der Augenschein. Deshalb ist hier auch der für die Mitte des 18. Jahrhunderts bemerkenswerte Versuch gemacht worden, einen sieben Kilometer langen Kanal zu graben, in dem der breit mäandernde Neckar eingefangen und die Hochwasser gebändigt werden sollten, die die Dörfer in der fruchtbaren Aue immer wieder überfallen hatten. Doch im Ernstfall ist das sonst so zahme Flüßlein Neckar bis heute noch nicht zu bändigen. Deswegen hat des schwäbischen Neckars Poet Sebastian Blau auch den Heiligen

pouvait, se mettrait maintenant à chanter à tue-tête! Elle se vautre dans les prés et bavarde avec les buissons, elle sourit à toutes les villes et clapote avec les poissons.»
A l'époque des Romains, Rottenburg était une agglomération si importante qu'on avait même construit pour elle à partir d'Obernau une conduite d'eau de 7100 mètres de longueur qui amenait 74 litres d'eau de source par seconde dans les fontaines publiques. Le promeneur constatera rapidement que, dans cet actuelle ville épiscopale, l'architecture et le goût viennois prépondérants dans les territoires autrichiens occidentaux ont prévalu jusqu'en 1806. Après le dernier incendie dévastateur de 1735, la physionomie de la petite ville devint tout à fait habsbourgeoise. Seuls les édifices en pierre les plus robustes des églises, couvents et demeures seigneuriales et la merveilleuse église de pèlerinage dans le Weggental ainsi que les figures des princes sur la fontaine de style gothique rayonnant de la place du Marché sont des témoins plus anciens de l'histoire de la ville. L'église la plus ancienne ne semble même pas être la cathédrale avec le surprenant réseau d'hommes luttant dans la flèche de la tour mais la collégiale Saint-Maurice de l'autre côté du Neckar. Un reliquaire commémore ici la mémoire d'un témoin contemporain de la foi chrétienne, le Franciscain Maximilian Kolbe canonisé en 1982 qui, au camp de concentration d'Auschwitz en 1941, avait choisi volontairement de mourir de faim à la place d'un père de famille. Au milieu de milliers de saints dont l'histoire est souvent décrite de la manière la plus

canonized for sacrificing himself to save a fellow-prisoner from death in the Auschwitz concentration camp in 1941. Here, instead of one of thousands of saints whose biographies often read more like fairytales than anything else, a real-life hero is honoured.
From Rottenburg onwards the Neckar flows in a broad, meadow-lined valley towards Tübingen, and it is clear at first sight that this flat basin was once a flood-plain. That is why an attempt – remarkable for the period – was made in the 18th century to build a seven-kilometre-long canal to contain the broadly meandering Neckar and protect the villages in the fertile valley from the frequent floods they were subject to. But when it is determined to break its banks, the Neckar, otherwise so tame, cannot be controlled, not even today. That is why the Swabian poet from the Neckar region, Sebastian Blau, appeals in one of his poems to St John of Nepomuk, whose statue stands on the Neckar bridge in his hometown, saying that if he cannot stop the flood altogether then he should at least confine it if possible to a stretch further down river in the direction of Tübingen, because:

> ... they really ain't particular,
> And Neckar water in their wine
> Will help to cut the vinegar;
> Moreover they are protestant,
> and possibly pedicular ...

... which probably says all that is necessary about the traditional relationship between the people of Rottenburg and those of Tübingen.

Wallfahrt ins Weggental. *Für eine wundertätige Pietà von 1517 wurde im 17. Jahrhundert die Barockkirche im Weggental vor den Toren Rottenburgs gebaut. Den goldenprächtigen Hochaltar stiftete die damalige Herrschaft, das österreichische Kaiserhaus.*

Pèlerinage dans la vallée de Weggen. *Une église baroque a été érigée au XVIIe siècle dans la vallée de Weggen devant les portes de Rottenburg pour abriter une Vierge miraculeuse de 1517. Le splendide maître-autel doré est un don de l'empereur d'Autriche qui régnait à l'époque sur la région.*

Pilgrimage to the Weggen Valley. *In the 17th century a Baroque church was built in the Weggen Valley outside Rottenburg to house a miraculous Pietà of 1517. The splendid golden high altar was donated by the Austrian emperor, at that time the ruler of the region.*

St. Nepomuk auf der Neckarbrücke seiner Heimatstadt gebeten, er solle, wenn sich ein Hochwasser gar nicht zurückhalten lasse, wenigstens mit dem Überschwemmen ein wenig weiter drunten, Tübingen zu, anfangen. Denn:

... die Goge' nemmets et so gnau,
en deane ihren saure' Wei'
därf wohl e bißle Wasser nei'
– ond evangelisch send se ao ...

Womit schon alles gesagt ist zum traditionellen Verhältnis der Rottenburger zu den Tübingern. Und umgekehrt.

romanesque, c'est un grand homme dont on connaît vraiment la vie que l'on vénère ici.
De là, le Neckar s'élargit et coule dans une prairie en direction de Tübingen. Un coup d'œil sur ce bassin plat suffit pour comprendre qu'il a été une région d'inondations. Aussi a-t-on tenté – une expérience remarquable pour le milieu du XVIIIe siècle – de creuser un canal de sept kilomètres de long pour capter le Neckar, qui dessine de larges méandres à cet endroit, et dompter ses hautes eaux qui envahissaient régulièrement les villages de cette fertile prairie. Mais jusqu'à présent on n'a pas réussi à assagir, lorsqu'elle est en crue, la rivière si paisible d'ordinaire. C'est pourquoi le poète souabe Sebastian Blau avait prié le Saint-Népomucène qui se trouve sur le pont du Neckar de sa ville natale de bien vouloir, au cas où une inondation ne pouvait vraiment pas être arrêtée, de la faire commencer du moins un peu plus bas, vers Tübingen car «... les gens de Tübingen n'y regardent pas de si près, il peut bien y avoir un peu d'eau dans leur piquette et de surcroît ils sont protestants ...» Ce qui en dit long sur les relations traditionnelles entre les gens de Rottenburg et ceux de Tübingen. Et inversement.

◀ ***Die Burg Zimmern über Talhausen.*** *Die Herren von Zimmern waren ein gebildetes Geschlecht. Im 16. Jahrhundert schrieb Graf Froben Christoph mit der heute berühmten „Zimmerschen Chronik" die unverblümte Geschichte seiner Familie auf.*
▶ ***Ein Mühlenwehr am Oberlauf des Neckars***

◀ ***Le château des Zimmern au-dessus de Talhausen.*** *Les comtes de Zimmern étaient des gens cultivés. Au XVIe siècle, le comte Froben Christoph écrivit la «Chronique des comtes de Zimmern», une histoire de sa famille racontée sans détours et aujourd'hui célèbre.*
▶ ***Barrage devant un moulin sur le cours supérieur du Neckar***

◀ ***Zimmern Castle above Talhausen.*** *The Counts of Zimmern were of a scholarly disposition. In the 16th century Count Froben Christoph wrote the "Chronicles of the Counts of Zimmern" an outspoken, and now famous, history of his family.*
▶ ***Weir for a mill-race in the upper reaches of the Neckar***

◀ ***Sulz, das alte Siederstädtchen.*** *Sulz ist bis auf seine spätgotische Pfarrkirche vor zweihundert Jahren völlig abgebrannt. Deshalb zeigt sein Kern das biedermeierliche Bild des damaligen Wiederaufbaus, zu dem auch die Steine der nahen und immer noch imposanten Burg Albeck benützt worden sind.*

▶ ***Die Kirche von Fischingen.*** *In dem vom Mühlbach durchflossenen Ort wird den Neckartälern seit 1819 an der Mühle geraten: „Sei fromm, wenn Gott dich segnen soll, sein Segen macht die Mühle voll!"*

◀ ***Sulz, l'ancienne ville du sel.*** *A l'exception de son église paroissiale de style gothique tardif, la ville de Sulz a été entièrement détruite par un incendie voici deux cents ans. Son centre, reconstruit dans le style de l'époque, Biedermeier, a gardé sa forme originale. Des pierres du château d'Albeck, un édifice situé à proximité et encore imposant, ont été utilisées pour certains travaux de reconstruction.*

▶ ***L'église de Fischingen.*** *Le ruisseau qui traverse la localité fait marcher un moulin sur lequel on peut lire en guise d'avertissement cette inscription datant de 1819: «Sois pieux afin que Dieu te bénisse, Sa bénédiction remplira le moulin!»*

◀ ***Sulz, a former salt town.*** *The whole of Sulz, except for its late-Gothic parish church, was destroyed by fire two-hundred years ago. The town centre, rebuilt in the style of the times – Biedermeier – is preserved in its original form today. Stones from nearby Albeck Castle, which is still an impressive edifice, were used for some of the reconstruction work.*

▶ ***Fischingen Church.*** *The stream that flows through Fischingen drives a mill on which an inscription dating back to 1819 admonishes: "Be Pious to deserve God's Blessing; His Blessing will surely Fill the Mill!"*

◀ ***Klostergarten von Kirchberg.*** *Das ehemalige Nonnenkloster ist heute eine Staatsdomäne.*
▶ ***Schloß und Schloßkirche von Haigerloch.*** *Die Schloßkirche über einem engen Nebental des Neckars wäre 1945 nach Kriegsende beinahe gesprengt worden. In einem Felsenkeller darunter war nämlich die einzige deutsche Kernversuchsanlage versteckt.*

◀ ***Le jardin du couvent de Kirchberg.*** *L'ancien couvent de religieuses appartient aujourd'hui à l'Etat.*
▶ ***Le château et la chapelle du château de Haigerloch.*** *La chapelle du château, construite au-dessus d'une étroite vallée latérale du Neckar, a failli sauter en 1945 après la fin de la guerre parce qu'une cave creusée dans le rocher au-dessous renfermait l'unique installation d'expérimentation nucléaire d'Allemagne.*

◀ ***Kirchberg Convent garden.*** *The former convent is now a state-owned farm.*
▶ ***Haigerloch Palace and Palace Chapel.*** *The Palace Chapel, built above a narrow side-valley of the Neckar, was nearly blown up in 1945 after the end of the war, because a cellar hewn out of the rock beneath it contained Germany's only experimental nuclear plant.*

◀ ***Die Burg Hohenzollern.*** *Ende des 18. Jahrhunderts war diese Burg eine Ruine. Erst Mitte des 19. Jahrhunderts wurde der Hohenzollern nach dem Geschmack der Zeit aufgebaut. Die Burg ist im Neckarland von weithin zu sehen.*
▶ ***Blick vom Zollern hinaus ins Land***

◀ ***Château de Hohenzollern.*** *A la fin du XVIIIe siècle, ce château n'était plus qu'une ruine. Ce n'est qu'au milieu du XIXe siècle que les Hohenzollern l'ont fait reconstruire dans le goût de l'époque. On le voit de loin dans la région du Neckar.*
▶ ***Vue sur la région avoisinante du château de Hohenzollern***

◀ ***Hohenzollern Castle.*** *In ruins at the end of the 18th century, the castle was rebuilt in the middle of the 19th century in the style of that period. It dominates a large expanse of the Neckar countryside.*
▶ ***View of the surrounding region from the hill on which Hohenzollern Castle stands***

▶ ***Das hochgetürmte Horb.*** *„Tor zum Schwarzwald" nennt sich Horb heute. Früher war es abwehrend wehrhaft wie eine Festung gewesen.*
◀ ***Das Rathaus von Horb.*** *In diesem „Bilderbuch" stellt die kleine Stadt mit der großen Neckarfront ihre berühmten Söhne vor und zeigt die Tugenden ihrer Bürger.*

▶ ***La ville d'Horb surplombant le Neckar.*** *Fortifiée autrefois comme une véritable forteresse, Horb se nomme aujourd'hui «La porte de la Forêt-Noire».*
◀ ***L'hôtel de ville d'Horb.*** *Dans ce «livre d'images», la petite ville présente les plus célèbres de ses fils et vante les vertus de ses habitants.*

▶ ***Horb, rising above the Neckar.*** *Horb, which was once a heavily fortified little town, now calls itself "The Gateway to the Black Forest".*
◀ ***Horb Town Hall.*** *This "picture book" façade presents the town's most famous sons, and praises the virtues of the townspeople.*

▲ ***Rottenburg, die Bischofsstadt.*** *Die Rottenburger feilen am Aussehen ihres heimeligen Stadtkerns, in dem man sich gern verirrt, weil hinter jeder Gassenecke ein reizvoller Hauswinkel liegt.*
▶ ***Das Priesterseminar im ehemaligen Karmeliterkloster von Rottenburg***

▲ ***Rottenburg, la ville épiscopale.*** *Rottenburg entretient son centre historique aux ruelles pittoresques où l'on s'égare facilement.*
▶ ***Le séminaire dans l'ancien couvent de carmélites de Rottenburg***

▲ ***The Cathedral City of Rottenburg.*** *Rottenburg is proud of its historical centre with its maze of picturesque streets.*
▶ ***The Seminary in Rottenburg's former Carmelite Monastery***

Von Wurmlingen bis Köngen: Dichter- und Fabrikenland

Karl hatte in Rottenburg, wie es der Zünfte Brauch erlaubt, zuerst bei einem Bäcker und dann bei einem Metzger wegen einer Wegzehrung vorgesprochen, weil er eigentlich am Abend noch weiter nach Sülchen oder Wurmlingen wollte, um seinem Treffpunkt, der Kapelle, möglichst nahe zu sein. Doch der Metzgermeister war so gerührt über den jungen Mann, der wider alle Lehren der Bequemlichkeit zu Fuß walzte, daß er Karl gleich ein Quartier anbot. Und ihn weidlich ausfragte, ihm aber auch bei mehreren Viertele Rottenburger (dem der Quelle zu obersten Neckarwein) von der berühmten Schlacht bei Sülchen im Jahre 368 erzählte, bei der die Alamannen des oberen Neckars vom römischen Kaiser Valentinian ihrer vielen Raubzüge über den Rhein wegen nach allen Regeln der besseren römischen Kriegskunst fürchterlich verdroschen worden waren. Auf dem Wurmlinger Berg seien die Alamannen gesessen, und das müsse wahr sein, auch wenn alle Professoren zusammen etwas anderes behaupteten.

Über den Christe Späth, den großen Dichter, Philosophen, Sonnenwirt, Viehhändler und, notabene, Metzger in Tübingen, hätten sich die Professoren auch das Maul verrissen, wenn er im letzten Jahrhundert seinen Immanuel Kant auf neckartälerisch zitiert habe: „Wenn i nachts von Luschtnau reifahr': de geschtirnte Hemmel ieber mir, das moralische Gesetz en mir ond meine Säu' henter mir –, no kommet mir ällemol meine beschte Gedanka ..." Ob das nicht ebenfalls Philosophie sei? Und vor allem habe doch schon der Vater des großen Christian

De Wurmlingen à Köngen: la région des poètes et des fabriques

A Rottenburg, comme l'autorisent les coutumes des corporations, Karl s'était d'abord présenté chez un boulanger puis chez un boucher pour avoir des provisions de bouche car il voulait, le soir même, poursuivre sa route en direction de Sülchen ou de Wurmlingen pour être si possible tout près de son lieu de rendez-vous, la chapelle. Mais le boucher fut si touché par l'attitude du jeune homme, qui faisant fi de toute règle de confort faisait son tour à pied, qu'il lui proposa sur-le-champ de le loger pour la nuit. Et qu'il le questionna abondamment mais lui raconta également, après plusieurs petits quarts de vin de Rottenburg (le vin de la région la plus proche de la source du Neckar), l'histoire de la célèbre bataille de Sülchen en l'an 368 au cours de laquelle les Alamans du Neckar supérieur furent battus à plate couture, selon toutes les règles de l'art militaire romain par l'empereur Valentinien qui voulait les punir de leurs incursions au-delà du Rhin. Les Alamans s'étaient établis sur la colline de Wurmlingen et ce doit être vrai même si tous les professeurs réunis prétendent le contraire.

Et le boucher de poursuivre sa conversation à bâtons rompus et de faire l'éloge d'un grand poète, philosophe, aubergiste, marchand de bestiaux et, nota bene, boucher à Tübingen, Christe Späth, qui avait donné bien du fil à retordre aux professeurs, au siècle dernier, quand il interprétait Emmanuel Kant en patois du Neckar: «Quand je rentre la nuit de Lustnau, le ciel étoilé au-dessus de moi, la loi morale en moi et mes cochons derrière moi, c'est là que me viennent les meilleures idées ...» N'était-ce

From Wurmlingen to Köngen: poets and factories

In Rottenburg Karl had, as the guild rules permit, visited a baker and a butcher, to pick up some rations for the route, because he wanted to move on to Sülchen or Wurmlingen that evening in order to be as close as possible to his place of rendezvous with Dorle. But the butcher was so taken by the young man who, in defiance of all convenience, was actually travelling on foot, that he immediately offered Karl lodgings for the night. And then he not only asked him a lot of questions, but also spent a long time – over several glasses of Rottenburger (the Neckar wine grown nearest to the river's source) – telling him about the famous battle near Sülchen in the year 368, when the Alemanni of the Upper Neckar region were given a severe thrashing by an army under the Roman Emperor Valentinian in revenge for their raids into Roman territory across the Rhine. The Alemanni had their settlement on Wurmlingen Hill, and that is certainly the truth, asserted Karl's host, whatever the professors may say. The professors had done their worst, continued the butcher, with Christian Späth, the great last-century poet, philosopher, cattle-dealer, and – nota bene – butcher of Tübingen, when he paraphrased Immanuel Kant in Neckar dialect: "When I drive home at night from Lustnau: the starry sky above me, the moral law inside me, and me pigs behind me – that's when I have my very best thoughts ..." Surely that was philosophy, too? And, above all, the father of the great Christian Späth had put the pencil-sharpening intellectuals in their place when he had refused to let his son study because:

Späth die Gewichte zwischen den Handwerkern und den Bleistiftspitzern richtig gesetzt, als er seinem Buben das Studium verweigerte. Weil: „... es muß auch gescheite Metzger geben!“
Und ob Karl auch schon von der Bissula gehört habe, der ersten Schwäbin, die jemals, eben wegen dieser Schlacht bei Sülchen, in der Geschichte auftauche? Diese schöne Gefangene hatte der Kaiser seinem Hofpoeten Decimus Magnus Ausonius geschenkt, einem älteren Herren, der dem blauäugigen und blonden Barbarenmädchen römische Sitte, Mode und Sprache beibringen ließ. Und dann verliebte er sich unsterblich in seine *Virguncula Sueba*, sein schwäbisches Jüngferlein; Bissula wurde ihm zum „Inbegriff alles Lieben und Schönen“.
Da hatte nun Karl sein Stichwort, um an sein Dorle und an den kommenden Tag zu denken, doch es war schon lang nach Mitternacht, und er mußte auch noch von China erzählen. Kurzum, er kam am Morgen viel zu spät auf die Straße hinaus. Und dort dachte er zuerst trotzig daran, daß er, wenn er nun zur Kapelle hinaufstürmte, danach nie mehr so herrlich ungebunden sein würde wie gerade jetzt in diesem Augenblick, da er so frei war wie der Mäusebussard dort über dem Schönbuch und bis nach Feuerland walzen könnte. Darüber wurde es halb zehn, Karl war schon fast in Hirschau, und da spürte er plötzlich ein Ziehen in der Herzgegend und eine wilde Hoffnung. Vielleicht war das Dorle doch noch da, wenn er direkt den Kapellenberg hinaufrannte? Also hastete er zurück und hinauf bis zum Passionsweg, der zu

pas là de la philosophie aussi? De surcroît, le grand Christian Späth avait un père qui avait déjà su faire la différence entre les artisans et les tailleurs de crayons lorsqu'il avait refusé à son fils de faire des études. Car, disait-il, «... il doit également y avoir des bouchers intelligents!» Karl avait-il déjà entendu parler de Bissula, la première Souabe à faire son apparition dans l'histoire, précisément à cause de cette bataille? L'empereur avait offert cette belle prisonnière au poète de la cour, Decimus Magnus Ausonius, un vieux monsieur qui fit enseigner à la jeune et blonde Barbare aux yeux bleus les coutumes, la mode et la langue des Romains. Et qui par la suite tomba follement amoureux de sa *Virguncula Sueba*, sa vierge souabe; Bissula devint pour lui la quintessence de la beauté et de l'amabilité.
Cela rappela à Karl sa Dorle et son rendez-vous du lendemain. Mais il était déjà minuit passé et il lui fallait encore parler de la Chine. Bref, le lendemain matin il partit bien tard. Ce qui ne l'empêcha pas de penser tout d'abord que lorsqu'il serait monté à la chapelle, il ne serait plus aussi merveilleusement libre qu'en ce moment, libre comme le busard là au-dessus du Schönbuch, libre d'aller faire son tour jusqu'au bout du monde. Il était maintenant neuf heures et demie, Karl était presque arrivé à Hirschau et soudain il sentit un pincement au cœur et un fol espoir. Dorle serait peut-être encore là s'il prenait un raccourci? Il fit donc demi-tour et gravit en toute hâte le chemin de la Croix qui mène à la chapelle préférée des Souabes. – Nikolaus Lenau a comparé cette chapelle à

"... we need intelligent butchers, too!"
And had Karl heard of Bissula – the first Swabian woman to make her mark on history? – in the battle near Sülchen, as it happened. The emperor had presented this beautiful slave to his court poet Decimus Magnus Ausonius, an elderly gentleman who had the blue-eyed, blonde barbarian girl instructed in Roman customs, fashions, and language. And then he fell head over heels in love with his *Virguncula Sueba*, his little Swabian maiden, and Bissula became his "epitome of everything dear and beautiful".
This should have reminded Karl of his Dorle and the coming day – but it was already past midnight, and he still had to tell his new friend about China. In short, he was on the road much too late the next morning. And then his first defiant thought was that once he got to the Chapel he would never again be as free as he was at this moment – as free as the buzzard up there above Schönbuch Hill, free to travel anywhere he wanted. By nine thirty, when Karl was already half-an-hour late but had almost reached Hirschau, he suddenly felt a pang in his heart and a wild surging hope. Maybe Dorle would still be there if he were to take the quick way up Chapel Hill – up past the Stations of the Cross that led to Swabia's most popular chapel. Nikolaus Lenau saw it floating towards heaven "like a light barque on the green wave of the hill", and Ludwig Uhland evokes feelings of mortality in his poem about a shepherd boy who would one day be carried to his grave up there. Although Karl knew very well that a girl like Dorle would not wait humbly for him, he was

der Schwaben liebster Kapelle hinaufführt. Nikolaus Lenau hat sie „wie ein leichter Kahn auf des Hügels grüner Welle“ himmelan schweben sehen, und Ludwig Uhland hat die Vergänglichkeit beschworen, als er den Hirtenknaben besang, der auch einmal dort oben zu Grabe gebracht werde. Obwohl Karl wußte, daß ein Mädchen wie dieses Dorle nicht ergeben auf ihn warten würde, war er doch traurig erschrocken, als der Kirchenplatz leer war. Am Kirchhofseck aber hing ein Zettel: „D. an K. Auch recht. Wenn's mir paßt, in einer Woche am Morgen auf der Esslinger Burg.“
Karl hockte sich auf die Mauer und war nun ebenfalls in der Stimmung der vielen elegischen Dichter, die diese friedhofumsäumte Kirchenhalle besungen haben. Rotgelbblaues Kinderspielzeug lag unter dem Holzkreuz eines Kindergrabes. Hier ruhen bis heute die Dörfler von Wurmlingen drunten, „freudig auferstehungsbereit“, wie der Ehrenbürger Tübingens, der Philosoph Theodor Haering, in seinem romantischen nächtlichen Spaziergang durch Tübingen geschrieben hat. Dieser Spaziergang beginnt gegen Abend an der Wurmlinger Kapelle, hinter der gen Nordosten der Schönbuch als letzte große Barriere der Natur vor dem Industrie-

«une barque légère flottant sur la vague verte de la colline» en direction du ciel et Ludwig Uhland a évoqué la précarité des choses en célébrant le jeune berger qui, un jour aussi, serait porté en terre là-haut. Karl savait bien que Dorle n'était pas du genre à l'attendre patiemment, il fut cependant surpris et triste à la fois de voir que la place de l'Eglise était vide. Mais au coin du cimetière il trouva un billet: «D. à K. C'est aussi bien comme ça. On se reverra, si j'en ai envie, dans une semaine au château d'Esslingen, dans la matinée.»
Karl s'assit sur le mur et il était maintenant de la même humeur que les nombreux poètes élégiaques qui avaient célébré la beauté de cette église. Un jouet d'enfant multicolore était placé sous la croix en bois d'une tombe d'enfant. C'est ici que reposent jusqu'à maintenant les habitants de Wurmlingen «en attendant joyeusement leur résurrection» comme l'a écrit le citoyen d'honneur de Tübingen, le philosophe Theodor Haering dans sa description romantique d'une promenade nocturne à travers Tübingen. Cette promenade commence vers le soir à la chapelle de Wurmlingen derrière laquelle, en direction du nord-est, le Schönbuch constitue la dernière grande barrière de la na-

nevertheless sadly disappointed when he saw that the spot where they had arranged to meet was empty. But what he did find was a note: "D to K. OK then. I'll be at Esslingen Castle in a week's time in the morning if I feel like it."
Karl sat down on the wall in the same sort of mood as the many elegiac poets who had mused on this little chapel. A colourful toy had been placed under the wooden cross on a child's grave. The villagers from Wurmlingen down in the valley are still buried in the graveyard here, "joyfully awaiting their resurrection", as the philosopher Theodor Haering, Freeman of Tübingen, wrote in his romantic description of a walk through that town at night. The walk he describes begins towards evening at the Wurmlingen Chapel behind which, to the north-east, Schönbuch Hill rises as the last great natural barrier before the industrial part of the Neckar Valley begins. To the south the slopes are covered in vineyards, and on the horizon behind the Neckar Valley tower the rocky bastions of the Swabian Uplands which gradually recede as the river flows northwards.
Haering's well-known book is called "The Moon Roars Through the Neckar Valley", but this idea of the roaring moon is also ascribed to C. Späth.

▶ ***Die Wurmlinger Kapelle.*** *Jahrhundertelang war diese von weither sichtbare Kapelle ein Wallfahrtsziel. Heute ist sie schon wegen der Friedhöfe zu ihren Füßen eine Stätte der Besinnung. Wenigstens einmal dort oben gewesen zu sein, ist schwäbische Tradition.*

▶ ***La chapelle de Wurmlingen.*** *Pendant des siècles, cette chapelle, visible de loin, a été un lieu de pèlerinage. Elle reste aujourd'hui un lieu de recueillement et tout Souabe qui se respecte y a été au moins une fois dans sa vie.*

▶ ***Wurmlingen Chapel.*** *For centuries, the chapel, visible for miles around, was a place of pilgrimage. It is still a place of contemplation, and there is surely no Swabian who has not visited the chapel at least once in his lifetime.*

becken des Neckartales liegt. Nach Süden breiten sich Weinberge am Hang, und am Horizont hinter dem Neckartal reihen sich die Felsen am Trauf der Schwäbischen Alb, von der der Fluß jetzt immer weiter wegrückt.
Haerings berühmtes Buch heißt „Der Mond braust durch das Neckartal", und dieser brausende Mond wird ebenfalls dem Christe zugeschrieben. Doch damit läßt eine der vier anderen Universitäten am Neckar grüßen: Heidelberg. Dort hatte einmal ein Odenwälder Student gereimt:

Der Mond braust durch das Neckartal,
die Wolken sehen aus wie Stahl,
und in den Straßen sieht man nix,
als nur die Tücke des Geschicks.

Den Tübingern ist der Urheberwirrwarr gleichgültig, sie lieben das Buch, weil es die angebliche Versöhnung der schon fast ausgestorbenen Gogen, der bodenständigen Tübinger Ureinwohner, mit ihren Widersachern feiert, mit den Studenten und Professoren und ihrem Anhang aus betulich-satten Bildungsbürgern. Mindestens im Idealbild Tübingens soll Eintracht herrschen zwischen der 1477 gegründeten Universität, dem Staat in der Stadt, und den Tübinger Bürgern. Die behäbige Neckarfront mit dem Stift, der Kirche und dem Schloß darüber und die Gäßchen im dorfartigen Hausgewirr der Ammerseite sollen eine friedliche Einheit sein. Die erträglichen Unverträglichkeiten Tübingens folgen jedenfalls alle der Behauptung, Tübingens Größe sei seine Kleinheit. Symbolisch sind

ture avant le bassin industriel de la vallée du Neckar. Vers le sud, des vignobles s'étalent sur les versants et, à l'horizon, se profile la corniche accidentée du Jura souabe dont le Neckar s'éloigne à présent toujours plus.
Le livre le plus célèbre de Th. Hearing s'intitule «Der Mond braust durch das Neckartal» (La lune file à travers la vallée du Neckar) mais cette lune impétueuse qui est également attribuée à Christian Späth fait aussi songer à l'une des quatre autres universités de la région du Neckar: à celle d'Heidelberg. Un étudiant de l'Odenwald y a une fois écrit:

La lune file à travers la vallée du Neckar,
Les nuages semblent d'acier
Et dans les rues on ne voit rien d'autre
Que la malignité du sort.

Toutes ces discussions à propos du véritable auteur de cette fameuse lune laissent en tout cas les gens de Tübingen indifférents, ils aiment tout simplement le livre parce qu'il célèbre la prétendue réconciliation des *Gogen*, les autochtones de Tübingen, aujourd'hui presque en voie de disparition, avec leurs adversaires, les étudiants, les professeurs et toute leur cohorte de bourgeois imbus de savoir. D'après l'image idéaliste de Tübingen, l'entente règne entre l'université fondée en 1477, l'Etat dans la ville, et les habitants de Tübingen. La rive tranquille du Neckar avec le *Stift*, l'église et le château qui les surplombe et les ruelles au milieu du dédale de maisons à l'aspect villageois au bord de l'Ammer sont censés former une unité paisible.

Which brings one of the four universities on the Neckar into the picture: Heidelberg. There a student from the Odenwald once wrote a doggerel rhyme that ran something like this:

The Moon roars through the Neckar Valley,
As if it were a narrow alley,
And in the streets when it's so late,
Nought is seen but malignant fate.

The disagreement over authorship leaves the people of Tübingen cold – they love the book because it celebrates the alleged reconciliation between the "Gogen", the by now almost extinct indigenous Tübingen people, and their antagonists, the students and professors and their supporting cast drawn from the pretentious members of the bourgeoisie. The idealistic view of Tübingen is that perfect peace prevails between the university, founded in 1477, and all-powerful in the town, and the people of Tübingen. The picturesque stretch along the Neckar, with the Protestant Seminary, the Church, and the Castle above, and the maze of narrow alleys in the village-like part of town near the River Ammer, are reckoned to form a peaceful unity. Strife there is, but it stays at a bearable level, in keeping with the assertion that Tübingen's greatness lies in its smallness. The two staircases leading into the Bursa – built in 1479 to accommodate students and lecture halls – might be called symbolic, because in order to keep two rival professorial factions apart, separate entrances were provided for them, and inside the building the antagonists

sogar die beiden Treppen an der Burse von 1479, dem akademischen Wohn- und Kosthaus. Um die sich streitenden Scholastiker und Humanisten sowohl voneinander zu trennen als auch zu vereinen, bekamen die Professoren damals zwei verschiedene Eingänge, und im Haus drinnen wurden die Streithähne noch zusätzlich durch eine Brandmauer getrennt. Auch der als erste „festlandseuropäische Garantie menschlicher Grundrechte" gefeierte Tübinger Vertrag von 1514 war nur eine Einigung zwischen der vermögenden Ehrbarkeit und dem Landesherrn, dem Herzog Ulrich. Die Bauern, die den Fürsten, die Ritterschaft und die Ehrbarkeit in jedem Sinne aushalten mußten, waren zu diesem Tübinger Vertrag überhaupt nicht gefragt worden.

Der Ideenvulkan, der sich in drei Gedankenströmen in die Welt ergoß, als die späteren Philosophen Hegel und Schelling und der früh gereifte Hölderlin 1790 zusammen eine Stube des Tübinger Stifts zugeteilt bekamen, ist überhaupt nicht zu ermessen. Hölderlin hat später selbstkritisch gesagt, er sei schon in diesen Jahren als ein gefährlicher, aufbrausender Melancholiker angesehen worden. Nach schöpferisch genialen Jahren blieben davon Jahrzehnte des raum- und zeitlosen Dahinlebens übrig. 1843 ist er im meistfotografierten Gebäude Tübingens, im Hölderlinturm, gestorben. Doch selbst in dieser geistigen Einsamkeit schrieb er über den Herbst: „Das Glänzen der Natur ist höheres Erscheinen ..."

Karl war von den riesigen hölzernen Galerien im Innenhof des Schlosses begeistert, er bewun-

De Tübingen, on affirme volontiers que son insociabilité est supportable et que sa grandeur réside précisément dans sa petitesse. Les deux escaliers de la *Bursa*, l'ancienne université où étaient logés les étudiants et qui date de 1479, ont valeur de symbole à cet égard. Pour séparer comme pour réunir les scolastiques et les humanistes qui se querellaient, on ménagea la fois-là aux professeurs deux entrées séparées et à l'intérieur du bâtiment les antagonistes furent gratifiés de surcroît d'un mur mitoyen. La charte de Tübingen de 1514 célébrée comme la première «garantie des droits fondamentaux de l'homme sur le continent européen» n'était en fait qu'un accord entre les notables et le prince, le duc Ulrich. Les paysans qui devaient supporter dans tous les sens du terme les princes, les nobles et les notables n'eurent pas voix au chapitre pour cette charte.

Le torrent d'idées qui se déversait dans le monde en trois courants de pensée à partir du moment où une chambre commune fut attribuée en 1790 aux futurs philosophes Hegel et Schelling et au précoce Hölderlin au Tübinger Stift est incommensurable. Hölderlin a lui-même confessé plus tard qu'à l'époque déjà on le considérait comme un personnage mélancolique, dangereux et emporté. Après des années de création géniale, le poète allait peu à peu sombrer dans la folie. Il est mort en 1843 dans l'édifice le plus photographié de Tübingen, la tour de Hölderlin. Mais même dans sa solitude mentale, il écrivait encore à propos de l'automne: «L'éclat de la nature exalte l'apparence...»

Karl était fasciné par les immenses galeries en

were partitioned off from one another by a fireproof wall. The Tübingen Contract of 1514, too, celebrated as the first "continental European guarantee of basic human rights," was only an agreement between the well-to-do and the local prince, Duke Ulrich. It totally ignored the peasants, whose labours supported the duke, the aristocracy, and the burghers.

When the future philosophers Hegel and Schelling and the precociously mature Hölderlin were allotted a room together in the Tübingen Seminary, an extraordinary eruption of ideas, channelled in three directions, took place. Hölderlin was later to say that even in those early days he was regarded as a dangerous, choleric melancholiac. Creative years of genius were followed by decades of harmless insanity during which, however, he still produced some memorable lines. He died in 1843 in the Hölderlin Tower, now Tübingen's most photographed building.

Karl was amazed and delighted by the great wooden galleries in the inner courtyard of the Castle; he admired the stone-masons' work on the tombs of the Württemberg family, and laughed out loud at a sign on a house next to the Cotta House (where a plaque announces that J. W. Goethe stayed there for ten days) which proclaims: "Goethe retched here". The people of Tübingen are just as used to such disrespectful remarks as they are to the often ludicrous cult erected round the great men that once lived in their town.

In the nearby former imperial town of Reutlingen, many fine buildings were destroyed by fire,

derte in der Stiftskirche die Steinmetzkunstwerke der Grablegen des Hauses Württemberg und lachte von Herzen darüber, daß am Cottahaus der ihm völlig gleichgültige Umstand verkündet wird, hier habe J. W. Goethe zehn Tage lang logiert, während am Nebenhaus unter einem Fenster ein Schild hängt „Hier kotzte Goethe". Die Tübinger sind solche studentischen Respektlosigkeiten ebenso gewöhnt wie den oft lächerlichen Kult um die Alltäglichkeiten der großen Geister, die einmal in ihrer Stadt gelebt haben.
In der nahen freien Reichsstadt Reutlingen sind im 18. Jahrhundert und im letzten Kriege viele der Glanz- und Trutzbauten von Flächenbränden vernichtet worden. Doch alle erhalten gebliebenen Gebäude aus Reutlingens stolzester und mächtigster Zeit zeigen einen überwältigenden Bürgergeist. Die hochgotische Marienkirche, mit deren Bau die Reutlinger im Jahre 1247 begannen, wurde sogar ein Vorbild für andere repräsentative Kirchenbauten im Neckarland. Selbst der immer kritische Friedrich List hat die bis 1803 währende Herrschaft der zwölf Zünfte in seiner Heimatstadt trotz all ihrer „kuriosen Schnörkel" ein „äußerst schönes, zusammenhängendes und demokratisches Munizipalgebäude" genannt. List, der „Deutsche ohne Deutschland", der Nationalökonom, Eisenbahnpionier und Rebell gegen Unvernunft und Willkür, war, fast unglaublich, der einsame Vordenker der europäischen Wirtschaftsunion. Im Prachtbau eines ehemaligen Klosterhofes wird seiner gedacht, dort ist auch die traditionsschwere Zunfttruhe der Weingärtner erhalten geblieben.

bois de la cour intérieure du château; dans le chœur de la collégiale devenu la sépulture des princes de la famille de Wurtemberg, il admira les gisants qui constituent une œuvre monumentale, et rit de bon cœur en apprenant, ce qui lui était tout à fait indifférent, que J. W. Goethe avait logé pendant dix jours à la maison Cotta tandis que sous la fenêtre de l'annexe une plaque indiquait «Goethe a vomi ici». Les habitants de Tübingen sont habitués à cette sorte d'irrespect tout comme au culte souvent ridicule qui entoure les banalités de la vie des grands esprits.
Dans la ville voisine de Reutlingen, une autre ville impériale libre, une grande partie des somptueux édifices et des ouvrages défensifs a été détruite par des incendies au XVIIIe siècle et au cours de la dernière guerre. Mais tous les bâtiments que Reutlingen a conservés de son époque glorieuse témoignent de la fierté de ses habitants. La Marienkirche, un édifice gothique dont la construction fut commencée en 1247, devint même un modèle pour toutes les autres églises que l'on allait construire dans la région du Neckar. Même le toujours critique Friedrich List a qualifié le régime des douze corporations qui allait se maintenir jusqu'en 1803 dans sa ville natale «d'institution municipale homogène et démocratique extrêmement belle» malgré toutes «ses bizarreries». List, l'«Allemand sans l'Allemagne», l'économiste politique, le pionnier du chemin de fer, l'homme qui se rebellait contre les absurdités et l'arbitraire, fut, ce qui est presque incroyable, le précurseur solitaire de l'union économique européenne.

first in the 18th century, and secondly in the last war. But all the surviving buildings from Reutlingen's most glorious period display an overwhelming sense of civic pride. The high-Gothic Church of St Mary, begun in 1247, was taken as a model for other important buildings in Neckarland. Even the always critical Friedrich List said that, despite all its "curious arabesques", the power of the twelve guilds, which survived in his hometown until 1803, amounted to an "extremely fine, cohesive and democratic municipal institution". List, the "German without Germany", political economist, railway pioneer, and rebel against irrationality and despotism, also, amazing though it may seem, pioneered the idea of a European economic union. A room in the Local History Museum, a splendid former monastery building, is devoted to his memory, and here the visitor will also find the traditional guild chest of the Reutlingen vintners.
Reutlingen wine was once good business, but it has long since given way to the even better business of industry, and the Reutlingen people have long since accustomed themselves to drinking "foreign Neckar wine" – as they call wine from other parts of the Neckar –, which at one time only the rich could afford as a treat to go with their Sunday dinner. If visitors take Goethe's advice to heart that strange towns should first be viewed from their towers, they will here look down on a small huddle of houses that once formed the imperial city surrounded by a ring of modern buildings consisting of offices, factories, and residential quarters – and this extends from the foot of

Die drei Portale der Marienkirche in Reutlingen. *Mitte des 13. Jahrhunderts haben die Reutlinger mit dem Bau ihrer großartigen Marienkirche begonnen, die dann zum Vorbild der Hochgotik im Neckarland geworden ist. Die Prunkkirche ist samt dem goldenen Engel auf der Turmspitze bis heute der Stolz der Stadt.*

Les trois portails de la Marienkirche à Reutlingen. *La construction de cette merveilleuse église, qui est devenue un modèle du style gothique dans la région du Neckar, a été commencée au milieu du XIIIe siècle. Avec son ange doré au sommet de son clocher, cette splendide église continue de faire l'orgueil de la ville.*

The three portals of the Church of St Mary in Reutlingen. *The townspeople began in the middle of the 13th century with the construction of their magnificent St Mary's Church, which became a model for High Gothic architecture in the Neckar region. Crowned with a golden angel at the tip of its steeple, the church is still the pride of the town.*

Doch so einträglich der Reutlinger Weinbau einmal war, längst ist er der noch einträglicheren Industrie gewichen, und längst trinken alle Reutlinger den „ausländischen Neckarwein", den sich früher nur die Reichen zum Sonntagsbraten hatten leisten können. Wer Goethes Ratschlag beherzigt und fremde Städte zuerst von ihren Türmen aus betrachtet, sieht in Reutlingen eine klein zusammenhockende alte Reichsstadt mit schon lückenhaftem Dachgewirr und ringsherum ein neuzeitliches Netzwerk aus Bürohäusern, Produktionshallen und Siedlungen – und dies vom Albfuß bis zum Neckarfluß, an dem von nun an bis Plochingen lauter Siedlungen liegen, die rechte Mischwesen sind aus alten Bauerndörfern, modernen Wohngemeinden und Industrieplätzen.
Der alte Neckar gedeiht hier aber noch überall, wo er's darf, wo alte Steinbrüche zuwuchern, aus denen einmal Bausteine für den Kölner Dom oder das Münster in Ulm gebrochen worden sind, und wo alte Auen und Baggerseen geschützt werden, damit Schwarzerlen, Pappeln, Silberweiden und Eschen den Eisvögeln noch einen Landeast bieten, und wo sich ein Wasserversteck öffnet für Graugänse, Rohrdommeln, Zwergtaucher und Teichrallen. Von Wehr zu Wehr gesundet das Wasser immer wieder in glitzernden Sturzbächen; die großen, rauschenden Schrägwehre sind das sommerliche Bubenglück im Tal, kilometerweit ist der Fluß eine Welt für sich zwischen grünen Mauern aus Bäumen und Büschen, die den Alltagslärm abschirmen.
Ringsum aber hält sich die Holz- und Ziegelgemütlichkeit oft nur krampfhaft gegen die Beton-

On honore sa mémoire dans le merveilleux édifice d'un ancien couvent où l'on conserve également le local riche de traditions de la corporation des vignerons.
Mais quelque lucrative qu'ait été autrefois la viticulture de Reutlingen, il y a bien longtemps qu'elle a dû céder le terrain à l'industrie encore plus lucrative. Et il y a belle lurette que tous les habitants de Reutlingen boivent le «vin étranger du Neckar» que seuls les riches pouvaient jadis se permettre avec leur rôti du dimanche. Celui qui suit le conseil de Goethe et contemple tout d'abord les villes étrangères du haut de leurs tours, voit en Reutlingen une ancienne petite ville impériale recroquevillée sur elle-même dont l'enchevêtrement des toits présente déjà quelques vides et tout autour un réseau moderne d'immeubles administratifs, de fabriques et de lotissements s'étendant du pied du Jura souabe jusqu'au Neckar sur les bords duquel on trouve maintenant jusqu'à Plochingen des agglomérations qui sont un véritable mélange d'anciens villages, de zones résidentielles et de zones industrielles.
Toutefois, le vieux Neckar s'étale encore ici partout où on le lui permet, là où abondent les vieilles carrières dont on a extrait autrefois les pierres à bâtir pour la cathédrale de Cologne ou celle d'Ulm, où les anciennes prairies et les lacs de décantation sont protégés afin que les aulnes noirs, les peupliers, les saules argentés et les frênes puissent encore offrir aux martins-pêcheurs une branche pour se poser et où les oies sauvages, les butors, les canards plongeurs et les râles trouvent des cachettes. De barrage

the Uplands to the Neckar, along which, from now on until Plochingen, a succession of settlements follows, each of which is a mixture of old farming villages, modern housing estates, and industrial sites.
But the old Neckar still flourishes wherever it is allowed to, where former quarries – from which the stone for Cologne Cathedral or Ulm Minster were once taken – are now gradually being reclaimed by the vegetation, where old riverside woods and lakes have been turned into protected areas, so that the common alder, poplars, white willows and ash-trees survive to provide a refuge for kingfishers, and where there is water enough for the grey lag goose, bitterns, little grebes, and water rails. From weir to weir the water regenerates again and again in glittering torrents; the large, diagonal weirs over which the water roars, are popular adventure courses for boys in summer, and for miles the river is a world of its own, enclosed by green walls of trees and bushes which keep out the noises of civilization.
But outside these areas, attempts to preserve the charm of the "half-timbered culture" of an earlier age against the onslaught of the modern concrete world are sometimes rather self-conscious – and such things as the bronze figure of a horn-blowing Royal Württemberg Postillion on the bridge at Neckartailfingen, though pleasant enough, are not a great help. This was a place once subject to severe floods, which is why the tall, austerely Romanesque parish church is built high above the river bed – like all the original villages and settlements along the

welt; daran ändern auch liebenswürdige Erinnerungen nichts wie der hornblasende königlich-württembergische Postillion aus Bronze auf der Brücke von Neckartailfingen. Früher wütete hier das Hochwasser, weshalb die hohe, strenge romanische Pfarrkirche wie alle alten Siedlungskerne noch am Hang liegt; heute sind selbst die Bäche gebändigt, die von der Alb heruntersprudeln, so die Erms, die Lauter oder die bedächtige Fils.
Karl wurde im Regen von einem hilfreichen Bierwagenfahrer in Nürtingen abgesetzt, durch das die Steinach plätschert und den Fischen das Leben im Neckar leichter macht. Nürtingen ist längst über sein Wehrgemäuer hinausgewachsen, und daß sich seine Bürger immer noch als eine „Rass' für sich" ansehen, hängt wohl mit der harten Obrigkeit zusammen, die sie mit altwürttembergischer Strenge zu erziehen versucht hatte. Ein Ochs' auf den Fildern soll es früher besser gehabt haben als eine Nürtinger Bauersfrau, und da paßt wohl der „Wilde Mann" dazu, der auf einem der vielen Brunnen aus vielen Jahrhunderten steht. Friedrich Hölderlin, der hier aufgewachsen ist, hat zu seinem Glück einen vermögenden Stiefvater gehabt, der bald nachdem der kleine Friedrich mit vier Jahren in die berühmte Lateinschule mußte, Bürgermeister wurde in Nürtingen. Die Unterrichtssprache der Kinder war Latein, mit sieben Jahren kam das Griechische dazu. Für seine Tübinger Studienzeit bekam Hölderlin von seiner Stadt zwar ein Stipendium, doch der Rat bekam keinen braven Pfarrer aus der geistlichen Zuchtanstalt des Stifts zurück. Hölderlin, der durch

en barrage, l'eau se clarifie en torrents étincelants; les grands barrages en diagonale où l'eau mugit font l'été le bonheur des gamins dans la vallée, sur des kilomètres la rivière est un petit monde à part entre les murs de verdure des arbres et des buissons. Tout autour cependant, l'intimité du bois et des briques résiste à grand-peine à l'univers de béton; même les charmantes réminiscences d'une époque révolue comme la statue en bronze d'un postillon du royaume de Wurtemberg qui sonne du cor sur le pont de Neckartailfingen ne changent rien à cela. Autrefois, en période de crue, la rivière se déchaînait ici, c'est pourquoi la haute église paroissiale romane aux lignes sévères a été construite en haut du versant comme tous les noyaux des anciennes agglomérations; aujourd'hui cependant les ruisseaux qui dévalent les pentes du Jura souabe comme l'Erms, la Lauter ou la Fils sont domptés.
Un aimable et serviable chauffeur d'une voiture de brasserie déposa Karl à Nürtingen que traverse la Steinach pour aller faire le bonheur des poissons dans le Neckar avec son apport d'eau fraîche. Depuis longtemps, Nürtingen s'est étendu au-delà de ses murs d'enceinte et le fait que ses habitants se considèrent toujours comme «une race à part» tient sans doute à la rigueur avec laquelle les autorités du Wurtemberg ont essayé autrefois de les éduquer. Un bœuf dans les champs était autrefois plus heureux, dit-on, qu'une paysanne de Nürtingen et «L'homme sauvage», qui se trouve sur l'un des nombreux puits, est certainement à sa place ici. Friedrich Hölderlin, qui a grandi dans cette ville, eut la

Neckar; in the meantime even the streams that pour down from the Swabian Uplands, such as the Erms, Lauter, or Fils, have all been tamed.
Karl was given a lift by a friendly lorry driver as far as Nürtingen, through which the River Steinach runs, providing the Neckar fish with a pick-me-up of fresher water. Nürtingen has long since grown beyond the limits of its old town walls, and the fact that its citizens still consider themselves to be a "race apart" is surely a result of the tough discipline imposed on them in earlier times by the authorities of Old Württemberg. It is said that a hard-working ox had an easier time of it then than a Nürtingen peasant woman. The figure of the "Wild Man" on one of the many wells in the town would seem to fit well into this picture of the hard old days. Friedrich Hölderlin, who grew up here, was fortunate in having a wealthy step-father, who became mayor of Nürtingen shortly after little Friedrich entered the famous Latin School at the age of four. The teaching language was Latin, and at the age of seven Greek was added. The town council awarded Hölderlin a scholarship to study at the Protestant Seminary in Tübingen, but they did not get a tame parson back. Hölderlin, the restless poet, had to be kept in permanent confinement from the age of 37. His Nürtingen contemporaries probably knew little about the genius their town had produced, and it is probable that the parson and poet Eduard Mörike was better known to them, despite the fact that he, sensitive and impatient as he was, could not stand living in the little town for long. Nürtingen still cherishes

die Lande irrende Dichter, wurde mit 37 Jahren ein Pflegefall. Die meisten seiner Nürtinger Zeitgenossen erfuhren wohl kaum etwas von seinem Genie, der Pfarrer Eduard Mörike mag ihnen bekannter gewesen sein, obwohl es der empfindsam-unduldsame Mörike nur wenige Jahre in dem Städtchen aushielt. Die Nürtinger bewahren liebevoll eine seltsame Devotionalie von ihm auf, einen Fensterscherben, in den Mörike eingeritzt hatte: „E M – 22. Apr. 70". Hinter dieser Scheibe hat er betrübt resigniert die Zeilen geschrieben: „Mein Wappen ist nicht adelig, mein Leben nicht untadelig, und was da wert sei mein Gedicht, fürwahr, ich weiß es selber nicht." Karl, der an das Wiedersehen in Esslingen dachte und nicht schlafen konnte, stand in der Nacht auf dem Schloßberg unter der domgleichen Stadtkirche St. Laurentius, als romantisch-entrückte Mädchen aus einer der vielen weiterbildenden Schulen Nürtingens vor dem Glockenschlag der Mitternacht auf der Treppenbrüstung Mörikes unvergängliches Nachtgedicht zu zitieren begannen:

> Gelassen stieg die Nacht ans Land,
> Lehnt träumend an der Berge Wand …

Nächtlicher Blick von der Wurmlinger Kapelle gen Süden. *Friedrich Hölderlin hat mit seinem Freunde Friedrich Hegel ähnliches gesehen bei seinem berühmten „Nachtgang auf die Wurmlinger Kapelle". Jahre später hat der junge Ludwig Uhland unter solchen Eindrücken die schwäbische Landschaftshymne „Droben stehet die Kapelle" geschrieben.*

chance d'avoir un beau-père fortuné qui peu après son entrée, à l'âge de quatre ans, dans la célèbre école de latin devint maire de Nürtingen. L'enseignement dispensé aux enfants se faisait en latin, à l'âge de sept ans, on leur enseignait en plus le grec. Pour ses études à Tübingen, Hölderlin obtint certes une bourse de sa ville mais celle-ci n'obtint pas en retour un brave pasteur du séminaire protestant. Hölderlin, le poète qui erra dans son pays, devint fou à 37 ans. Ses contemporains de Nürtingen n'eurent guère vent de son génie, ils ont sans doute mieux connu le sensible et impatient pasteur Edouard Mörike bien que celui-ci ne soit resté que quelques années dans leur ville. Les habitants de Nürtingen conservent avec dévotion une curieuse relique, un morceau de vitre sur laquelle Mörike avait gravé ceci: «E M – 22. Apr. 70». C'est derrière cette fenêtre qu'il a sans doute écrit plein d'amère résignation ces lignes: «Mes armes ne sont pas nobles, ma vie n'est pas sans défaut, mais ce que vaut mon poème, pour vrai, je ne le sais pas moi-même.» Karl, qui songeait aux retrouvailles à Esslingen et qui ne pouvait dormir se trouvait sur la colline du château au-dessous de l'église paroissiale Saint-Laurent lorsque sur le coup de

Vue nocturne de la chapelle de Wurmlingen. *Friedrich Hölderlin, qui a visité la chapelle avec son ami Friedrich Hegel, a dû jouir d'une vue semblable. Celle-ci lui a inspiré sa célèbre «Promenade nocturne à la chapelle de Wurmlingen». Des années plus tard, le jeune Ludwig Uhland, sous le coup d'impressions analogues, écrivit l'hymne au paysage souabe «Là-haut sur la colline, il y a une chapelle».*

a strange Mörike memento: a piece of a window-pane on which he had inscribed: "E M – 22. Apr. 70". Sitting behind that pane, he wrote ironic lines expressing considerable doubt about his worth as both man and poet. Karl, who could not sleep for thinking about the rendezvous in Esslingen, was on Castle Hill beneath the cathedral-like church of St Lawrence, when, just before the church clock struck midnight, a group of romantically-minded girls from one of the many higher educational establishments in Nürtingen began to recite Mörike's immortal night poem. He found it difficult to follow the verses, but as he returned to his lodgings he softly repeated to himself the last lines:

> "The waters still sing in their sleep as they flow
> Of the day,
> The day that is already past."

The Roman milestone at Köngen seemed to him to be just as ageless. There, in 1911, the Swabian Uplands Association rebuilt part of a stone fort in more or less the original style, and the learned local historians announced – in Latin, naturally – that the "Sodalitas Albanae Sue-

Nocturnal view from Wurmlingen Chapel to the south. *Friedrich Hölderlin, who visited the chapel with his friend Friedrich Hegel, commemorated the occasion by writing his famous "Nocturnal Walk to Wurmlingen Chapel". Years later, Ludwig Uhland was inspired by a visit here to write the Swabian 'anthem': "On the hill there stands a chapel".*

Er tat sich schwer, den Versen zu folgen, doch als er heimging in sein Quartier, wiederholte er unterwegs leise die letzten Zeilen:

... es singen die Wasser im Schlafe noch fort
Vom Tage,
Vom heute gewesenen Tage.

Ebenso zeitlos erschien ihm auch der römische Meilenstein von Köngen. Dort hat der Schwäbische Albverein im Jahre 1911 ein steinernes Kastell-Eck fast wirklichkeitsgetreu wieder aufgebaut, und die humanistisch gebildeten Heimatfreunde haben selbstverständlich in Latein verkündet, die „*Sodalitas Albanae Suebica*" habe dieses Werk vollbracht. Der dunkelbraune, stumpige Eckturm steht heute recht bescheiden zwischen den Wohnburgen der Gegenwart und über den Industriedächern im Neckartal. Vor 1900 Jahren war diese Festung über einer Neckarfurt wohl uneinnehmbar gewesen für die Waffen der Barbaren. Was die Legionäre erwartete, wenn sie den Befehl bekamen, von Grinario/Köngen nach Sumelocenna/Rottenburg zu marschieren, stand auf dem Meilenstein vor dem Rottenburger Tor; die Männer, die die Welt zu Fuß erobern mußten, hatten 29 000 Doppelschritte zu machen für die 42,86 Kilometer. Das Kastellgelände ist heute ein archäologischer Park mit einem winzigen, aber vorzüglichen Museum. Liebevoll werden die sandigen Kastellstraßen mit Rechen bearbeitet – kein Kohortenfeldwebel hätte mehr verlangen können vom römischen Kasernendienst. Das Kastell und die Siedlung waren Oasen des Luxus. Dort

minuit des jeunes filles à l'esprit romantique et sorties d'une des nombreuses écoles de Nürtingen se mirent à réciter sur le parvis l'immortel poème que Mörike a consacré à la nuit:

Tranquille, la nuit s'est levée sur le pays
Elle s'appuie, rêveuse, contre le flanc de la montagne ...

Il avait du mal à suivre les vers mais en rentrant à son logis, il répéta tout doucement, chemin faisant, les derniers mots:

Dans son sommeil, l'eau chante encore,
Elle chante le jour,
Le jour qui a été.

La borne romaine de Köngen lui parut également intemporelle. L'Association du Jura souabe a reconstitué presque fidèlement à cet endroit en 1911 une partie d'un fort romain en pierre et ses membres, de formation humaniste, ont évidemment fait savoir en latin que la *Sodalitas Albanae Suebica* avait réalisé cet ouvrage. La tour d'angle tronquée d'un brun foncé a aujourd'hui un aspect bien modeste au milieu des immeubles d'habitation modernes et au-dessus des toits des bâtiments industriels de la vallée du Neckar. Il y a 1900 ans, cette forteresse surplombant un gué du Neckar devait sans doute être imprenable pour les armes des Barbares. Lorsque les légionnaires recevaient l'ordre de marcher de Grinario/Köngen en direction de Sumelocenna/Rottenburg, ils savaient ce qui les attendait en consultant la borne devant la

bica" had been responsible for the deed. The dark-brown, stumpy corner tower looks rather modest today amidst the modern high-rise blocks and above the industrial buildings in the Neckar Valley. 1900 years ago this fort guarding a ford across the Neckar was probably impregnable for the barbarians. What the legionaries had to expect when they got orders to march from Grinario/Köngen to Sumelocenna/Rottenburg could be read on the milestone outside the Rottenburg Gate in Köngen: the men who conquered the world on foot had to take 29,000 double steps to cover the 42.86 kilometres. The grounds of the fort are now an archaeological park with a tiny, but excellent museum. The sandy streets within the fort are carefully raked – no cohort sergeant-major could have demanded more from his fatigue-party. The fort and settlement were luxurious oases. Oysters from Brittany and from the Rhine delta were on the menu; India supplied spices, incense and myrrh, rice, red carnelian, indigo, and ivory; cotton and papyrus came from Africa, oil from Andalusia, sweet wine from Southern France, and cut glass from Cologne. No Swabian prince was later to live as well as had the Roman citizens who dwelt here at the edge of the Germanic forests among the Suebi Nicretes, the Neckar Swabians. Hidden between a maze of roads and the industrial sites that from now on cover the floor of the valley, lies Köngen's stone bridge, a jewel among bridges, built by Heinrich Schickhardt. Karl tried to decide what was more practical and what more beautiful – the bridge built in 1602, with its

wurden Austern aus der Bretagne und von der Rheinmündung verspeist, gewürzt wurde mit Spezereien aus Indien, von dorther kamen auch Weihrauch und Myrrhe, Reis, der rote Schmuckstein Karneol, Indigo und Elfenbein; aus Afrika stammten Baumwolle und Papyrus, Andalusien lieferte Öl, Südfrankreich den süßen Wein und Köln das geschliffene Glas. Kein schwäbischer Herzog hat später so gut gelebt wie die römischen Bürger, die hier am Rande der germanischen Urwälder unter den *Suebi Nicretes,* den Neckarschwaben, lebten. Versteckt zwischen Straßenschlingen und den von jetzt an den Talboden überwuchernden Industriebauten liegt das Kleinod der steinernen Köngener Neckarbrücke von Heinrich Schickhardt. Karl versuchte abzuwägen, was zweckmäßiger und was schöner sei, die in all ihren Teilen geschwungene Brücke aus dem Jahre 1602 oder die schnurgerade neue Stahlbetonbrücke, die heute als Autobrett schräg daneben läuft. Das alte Bauwerk mit seinen Pfeiler-Erkern und Ausbuchtungen schien ihm natürlich, wunderschön und wie aus Fels hochgewachsen zu sein.

porte de Rottenburg; les hommes qui devaient conquérir le monde à pied avaient à faire 29 000 doubles pas pour les 42,86 kilomètres. L'emplacement du castel romain est aujourd'hui un parc archéologique avec un musée, minuscule mais excellent. Les allées sablées du castel sont soigneusement râtissées – un centurion n'aurait pas pu exiger plus de ses hommes.

Le castel et sa colonie étaient des oasis de luxe. On y mangeait des huîtres de Bretagne et de l'embouchure du Rhin, les mets étaient assaisonnés avec des épices des Indes d'où venaient également l'encens et la myrrhe, le riz, une pierre précieuse, la cornaline, l'indigo et l'ivoire; l'Afrique fournissait le coton et le papyrus, l'Andalousie livrait l'huile, le Midi de la France le vin doux et Cologne le verre poli. Aucun duc souabe n'a vécu plus tard aussi bien que les citoyens romains qui vivaient ici en bordure des forêts vierges germaniques sous les *Suebi Nicretes*, les Souabes du Neckar. Caché entre les lacets de la route et les édifices industriels qui dès maintenant prolifèrent dans la vallée se trouve le ravissant pont de pierre de Köngen sur le Neckar, un ouvrage dû à Heinrich Schickhardt. Karl se demandait lequel était le plus approprié et le plus beau, le pont de 1602 tout en lignes incurvées ou le nouveau pont en béton armé rectiligne que l'on a construit en diagonale à côté. L'ancienne construction avec ses encorbellements, ses piliers et ses renflements lui parut merveilleuse et comme jaillie du rocher.

elegantly curved masonry, or the flat, brand-new reinforced concrete bridge which now crosses diagonally next to it. To him the old one, with its ornamented piers, seemed to possess a natural beauty, as if it grew straight from the rock.

◀ ***Der Marktplatz von Tübingen.*** *Jede Ecke ist erinnerungsträchtig: Das Rathaus von 1435 mit der Kanzel, „darauf man der Bürgerschaft die Ordnungen und Befehle abliest"; davor der Neptunbrunnen.*
▶ ***Stocherkähne vor dem Tübinger Hölderlinturm.*** *Neben dem Eingang wird das neuzeitliche Graffitto konserviert: „Dr Hölderlin isch fei et verruckt gwä" (Der Hölderlin ist wahrlich nicht verrückt gewesen).*

◀ ***La place du Marché de Tübingen.*** *Chaque coin est chargé d'histoire. L'hôtel de ville de 1435 avec sa chaire «d'où l'on lit aux citoyens les ordres et les instructions»; devant, la fontaine de Neptune.*
▶ ***Bachots devant le Hölderlinturm.*** *A côté de la porte de la tour où vécut Hölderlin, un graffito moderne affirme: «Hölderlin n'était absolument pas fou».*

◀ ***Tübingen Market Square.*** *Every corner of the town is steeped in history. Here we see the Town Hall of 1435, with its pulpit "from which regulations and instructions are read to the citizens", and, in the foreground, the Neptune Fountain.*
▶ ***Punts beneath Tübingen's Hölderlin Tower.*** *Next to the door of the tower a modern graffito reads: "Hölderlin was anything but mad, OK?".*

◀ **Das Dachgewirr von Tübingen.** *Über dem Sattel zwischen Burg und Österberg erhebt sich die alles überragende Stiftskirche, in der sich die württembergischen Herzöge haben prunkvoll bestatten lassen.*
▼ **Das untere Tor von Schloß Hohentübingen.** *Dieses Renaissancetor des Schlosses zur Stadt hin ist von Herzog Friedrich mit seinem englischen Hosenbandorden verziert worden, den er 1603 bekommen hatte.*

◀ **L'enchevêtrement des toits de Tübingen.** *La tour de la collégiale Saint-Georges, somptueuse sépulture des princes de la famille de Wurtemberg, s'élève au-dessus de la ville.*
▲ **La Porte inférieure du château de Hohentübingen.** *Cette porte Renaissance du château, côté ville, est ornée de l'ordre de la Jarretière dont le duc Frédéric fut décoré en 1603.*

◀ **The rooftops of Tübingen.** *The tower of the Collegiate Church of St George, the mortuary church of the Dukes of Württemberg, rises high above the town.*
▲ **The Lower Gate of Hohentübingen Palace.** *This Renaissance gateway on the town side of the palace is decorated with the English Order of the Garter, which was awarded to Duke Friedrich in 1603.*

▶ ***Das ehemalige Kloster Bebenhausen.*** *Zisterzienser Mönche haben in dieser fast völlig erhaltenen Abtei gebetet und gearbeitet. Daß das 1187 gestiftete Kloster einmal im Wortsinn reich begütert gewesen ist, zeigt der kunstvolle hochgotische Dachreiter, der den von der Ordensregel verbotenen Turm ersetzt hat.*
▼ ***Das wunderschöne zweischiffige hochgotische Sommerrefektorium von 1335***

▶ ***L'ancien monastère de Bebenhausen.*** *Des moines cisterciens ont prié et travaillé dans ce monastère presque entièrement conservé. Le fait que celui-ci ait été riche autrefois est attesté par le splendide lanterneau gothique qui remplaçait la tour interdite par les règles de l'ordre.*
▼ ***Le merveilleux réfectoire d'été gothique de 1335***

▶ ***The former Monastery of Bebenhausen.*** *Cistercian monks were at home in this abbey, which is almost completely preserved. The fact that the monastery was at one time rich is demonstrated by the highly ornamental High Gothic spirelet which substituted for a tower – towers being forbidden by the rules of the Order.*
▼ ***The High Gothic summer refectory of 1335***

Nürtingen, der Blockturm und die Neckarfront.
„Nürtingen stand schon, wo man von Stuttgart nichts wußte." So steht's in einer alten „Statistik Württembergs". Johannes R. Becher empfand die Neckarpartie Nürtingens so: „Die Ufer sind so flach, daß auch die Wiesen sanft mitzufließen scheinen mit dem Fluß." Im einzigen Rest der Stadtbefestigung wird auch der Blockturm erhalten als Erinnerung an die mittelalterliche Geschichte einer modernen Gewerbestadt.

Nürtingen, la tour bloc et les rives du Neckar.
«Nürtingen était déjà là lorsqu'on ne savait encore rien de Stuttgart.» C'est ce que l'on peut lire dans une ancienne «Etude statistique du Wurtemberg». Johannes R. Becher dit à propos des bords du Neckar à Nürtingen: «Les rives sont si plates que les prés semblent couler doucement avec la rivière.» L'unique vestige des fortifications de la ville atteste du passé médiéval de cette ville industrielle moderne.

Nürtingen, Block Tower, and the Neckar front.
"Nürtingen was already there when no one had heard of Stuttgart", as an old "Statistical Survey of Württemberg" says. Johannes R. Becher said of the Neckar front in Nürtingen: "The banks are so flat that the meadows seem to flow along gently with the river." The sole remnant of the town's fortifications recalls the medieval history of what is now a modern industrial town.

Werkhallen von Plochingen bis Stuttgart: Grün umrahmte Industrie

In Plochingen endet der Neckar. Hier beginnt, überwältigend zweckverhaftet, mit dem „Nordseekai" die Bundesschiffahrtsstraße auf dem „Neckarkanal"; das lebende Wasser wird jetzt zum Transportmittel. Wer diesem Kanal romantische Gefühle entgegenbringen will, muß sich hinausträumen in die Meere der Welt. Das Denken der Binnenschiffer, die auf dieser Wasserrinne zu Hause sind, endet allerdings bestenfalls in Rotterdam.
Karl war schon am Sonntagmorgen um sieben Uhr auf der Esslinger Burg, die gar keine Burg ist, sondern nur ein besonders herausragender Teil der Stadtbefestigung. Dem Dorle traute er zu, daß sie schon so früh die Burgstaffel heraufstänzeln würde. Und heute mußten sie sich doch treffen! Doch Stunde um Stunde verging, und Karl konnte nach vielen Rundgängen im Burggelände den Burgweinberg und die Altstadt zu seinen Füßen schon ebenso beschreiben wie die Kirche St. Dionys und das alte Rathaus mit dem prunkvollen Giebel, der astronomischen Uhr, dem Glockenspiel und dem reichsstädtischen Reichsadler darunter, der zur vollen Stunde mit den Flügeln schlägt.
„Du mußt der Karl sein, Kamrud!" sprach ihn dann auf einmal ein Mann von hinten an. Karl fuhr herum und stand einem anderen Wandergesellen gegenüber. „Kamrud", das ist schon fast ein Losungswort der Gesellen, und der andere machte auch gleich keine Umstände. „Dein Mädchen hat mich aufgegabelt und hierhergeschickt. Erstens könn' sie genauso bocken wie du, und zweitens wär' sie bestimmt in einer Woche in Heilbronn, falls du nicht vorher nach

Des fabriques de Plochingen à Stuttgart: une industrie dans un cadre de verdure

Le Neckar prend fin à Plochingen. Ici commence, avec le «quai de la mer du Nord», la voie navigable sur le «canal du Neckar»; l'eau se voit assigner ici une tâche bien précise, elle devient moyen de transport. Et celui qui veut se faire une idée romantique de ce canal doit rêver aux océans auxquels il mène. Mais les pensées de ceux qui naviguent sur cette voie de navigation ne vont en tout cas pas plus loin que Rotterdam.
Le dimanche, dès sept heures du matin, Karl était déjà au château d'Esslingen qui n'est en fait pas un château mais une partie particulièrement saillante de l'enceinte de la ville. Il croyait Dorle bien capable de descendre les marches du château de si bonne heure. Car c'est aujourd'hui qu'ils devaient se rencontrer. Mais les heures passèrent et Karl, qui avait fait plusieurs fois le tour des lieux, pouvait déjà tout aussi bien décrire les vignobles du château et la vieille ville à ses pieds que l'église Saint-Denis et le vieil hôtel de ville avec le magnifique fronton, l'horloge astronomique, le carillon et l'aigle impérial de la ville impériale au-dessous qui, toutes les heures, bat des ailes.
«Tu dois être Karl, camarade!» dit soudain une voix derrière lui. Karl se retourna et se trouva face à face avec un autre compagnon. «Camarade», c'est presque déjà un mot de passe des compagnons et l'autre ne fit d'ailleurs guère d'embarras. «Ta copine m'a demandé de venir ici et de te dire que: premièrement, elle peut être aussi têtue que toi et deuxièmement elle sera certainement à Heilbronn dans une semaine à moins que tu ne prennes avant la direc-

Factories from Plochingen to Stuttgart: industry framed in green

The Neckar ends in Plochingen, and here begins, with the "North Sea Quay", the overwhelmingly functional Federal Shipping Route on the "Neckar Canal"; the living water now becomes merely a means of transport. Anyone wishing to take a romantic view of this canal must project his dreams to the oceans to which it gives access. But the men who work the boats on this inland waterway think no further than Rotterdam at best.
On Sunday morning Karl was up at Esslingen Castle – which is in fact not a castle, but a particularly prominent part of the town fortifications – by seven o'clock. He would not put it past Dorle to come dancing up there at such an early hour. And today they simply had to meet! But hour after hour passed, by the end of which, after walking round the Castle premises time after time, Karl was in a position to give a detailed description of the vineyard on the slopes below and the Old Town below that, and the Church of St Denis, and the Old Town Hall with its splendid gable and astronomical clock, its carillon, and, beneath these, the imperial eagle, which beats its wings on the hour.
"You must be Karl, Kamrud!" said a male voice behind him all of a sudden. Karl whirled round to find another travelling journeyman standing there. "Kamrud", for comrade, is as good as a pass-word among journeymen, and the other man came straight to the point. "Your girl asked me to come up here and give you a message. She said first of all, that she could be just as obstinate as you, and secondly she would definitely be in Heilbronn in a week's time – in

Echterdingen zum Flughafen abbiegst!" – Dieses Dorle!
Karl fragte diesen Kamruden nach hundert Einzelheiten aus, aber der verriet nur noch, daß Karl zu Mittag auf dem Heilbronner Wartberg sein solle, und zog ihn in den Dicken Turm, weil er Durst hatte. Karl folgte ihm benommen, am liebsten wäre er jetzt zurückgefahren zu diesem widerborstigen, lockenden, geliebten, eigensinnigen Mädchen, aber das durfte er nicht. Liebe ist kein Grund, die Walz zu unterbrechen. Und wen hatte sie ihm da als Boten geschickt? „Du hättest dich doch wohl schon lang einheimisch melden müssen?!" fragte Karl mißtrauisch, denn der andere, der Thomas hieß, war wohl fast doppelt so alt wie er. Und „einheimisch melden" heißt, die Wanderschaft beenden und seßhaft werden, wie es der Brauch ist – aber keine Pflicht. Wer nach allen Regeln der Zunft weiterwandern will, kann das ein Leben lang tun. Thomas schien es jedoch gerade recht zu sein, daß er auf Karl gestoßen war. Er war ein ruheloser, neugieriger Maurer aus Haßmersheim, der Schifferstadt am Neckar, und wollte vor Mannheim sowieso nicht „anschieben", das heißt, eine Arbeit suchen. „Den Neckar entlang willst du? Grad recht, ich kenn' die schönsten Weg'!" sagte er und lud sich selber als Begleiter ein, zumal da es Brauch ist, daß die Gesellen nicht allein unterwegs sind. Und schließlich war ja gerade hier in Esslingen sofort etwas Großartiges zu sehen, das Fachwerk-Hinterteil des stolzen Renaissance-Rathauses mit dem flatternden Reichsadler. Dieser noch ältere Hausteil ist schon 1420 errichtet worden als sechs-

tion d'Echterdingen et de l'aéroport!» – Cette Dorle!
Karl demanda mille détails à ce compagnon mais celui-ci se contenta de lui dire qu'il devait se trouver à midi sur le Wartberg à Heilbronn et il l'entraîna dans la Grosse Tour, car il avait soif. Karl le suivit tout abasourdi, il aurait préféré retourner maintenant chez cette fille récalcitrante, séduisante, aimée, volontaire mais il n'en avait pas le droit. L'amour n'est pas une raison pour un compagnon d'interrompre son tour. Et qui lui avait-elle donc envoyé comme messager?
«Tu aurais dû sans doute te déclarer depuis longtemps?!» demanda Karl avec méfiance car l'autre, qui s'appelait Thomas, avait bien le double de son âge. Et «se déclarer», c'est terminer son tour de compagnon et devenir sédentaire comme il est d'usage – mais pas obligatoire. Celui qui veut continuer son tour selon toutes les règles de la corporation peut le faire sa vie durant. Thomas semblait être content d'avoir rencontré Karl. C'était un maçon curieux, qui ne tenait pas en place; il venait d'Hassmersheim, la ville des mariniers sur les bords du Neckar, et de toute façon il ne voulait pas chercher du travail avant Mannheim. «Tu veux suivre le Neckar, dis-tu? Ca tombe bien car je connais les plus beaux chemins!» dit-il en s'invitant à l'accompagner puisqu'il est de coutume que les compagnons ne voyagent pas seuls. Et puis il y avait à Esslingen même quelque chose de sensationnel à voir, l'arrière-corps à colombage du bel immeuble Renaissance avec l'aigle impérial. Cette partie avait été érigée en 1420 et avec

case you don't decide to cut across to the airport at Echterdingen!" – What a girl!
Karl asked his "Kamrud" a hundred questions, but all he was prepared to add was that Karl should show up at midday on Wartberg Hill in Heilbronn; he then dragged him into a pub called "Dicker Turm" (Stout Tower), to quench his thirst. Karl followed him in a daze – his first instinct was to go back home to that contrary, seductive, beloved, headstrong girl. But that would not do. Love was not a sufficient reason for breaking off the travel period laid down by his guild. And who was this type that she had sent to find him?
"Shouldn't you have reported back long ago?", asked Karl – for the other man, called Thomas, was surely twice his own age. And "reporting back" means bringing the travelling time to an end and settling down according to tradition, although this is only a tradition, and not a duty. Anyone who decides to spend his whole life travelling according to the rules of the guild is free to do so. Thomas seemed delighted to have come across Karl. He was a restless, inquisitive mason from Hassmersheim, an inland port on the Neckar, and had no intention of looking for work before reaching Mannheim. "You want to walk along the Neckar? Great, I know the best route," he said, and offered to accompany Karl – especially as it is not normal for journeymen to travel alone. But first of all there was something special to look at here in Esslingen – the older, half-timbered, end of the great Renaissance house with the flapping imperial eagle. This part of the house was built in

◀ ***Das Alte Rathaus von Esslingen.*** *So wie dieses ehemalige Kauf- und Steuerhaus haben viele repräsentative Gemeindebauten aus Fachwerk im Land vor sechshundert Jahren ausgesehen. Esslingen tut heute alles, um dieses Zeugnis seiner ehrwürdigen Stadtkultur zu erhalten.*
▶ ***Die Esslinger Stadtkirche St. Dionys.*** *Allein schon der wohlerhaltene hochgotische Lettner vor dem gleichaltrigen Chor versetzt den Besucher in eine spätmittelalterliche Welt voll architektonischer Strenge und Einheitlichkeit.*

◀ ***L'ancien hôtel de ville d'Esslingen.*** *Il y a six cents ans, de nombreux édifices municipaux à colombage de la région ressemblaient à cette ancienne maison des Marchands et des Impôts. Aujourd'hui, Esslingen fait tout pour préserver les témoignages de son passé historique.*
▶ ***L'église St-Denis à Esslingen.*** *Le jubé gothique fort bien conservé devant le chœur de la même période transporte le visiteur dans le monde d'austérité et d'unité architecturales de la fin du moyen âge.*

◀ ***Esslingen's Old Town Hall.*** *Six hundred years ago many of the principal municipal half-timbered houses in the region resembled this former Merchant's Hall and Tax Office. Esslingen lovingly preserves monuments that testify its importance through the ages.*
▶ ***St Denis's Church in Esslingen.*** *The well-preserved High Gothic rood screen before the chancel dating back to the same period recreates the atmosphere of a late medieval world of architectural austereness and unity.*

stöckiges Fachwerk-Prunkhaus von so stolzer Höhe, daß der Maurer sagte: „Solch ein Gitterwerk fast ohne einen Eisennagel müßtet ihr Zimmerleut' heut erst mal hinstellen können!"
In diesem Steuer- und Kaufhaus inmitten Deutschlands ältester Fachwerkhauszeile war auch der Wein verhandelt worden, der die freie Reichsstadt Esslingen so bekannt gemacht hatte, daß sogar sein Weinmaß, der Esslinger Eimer, in Mitteleuropa ein verbindliches Maß gewesen war. Esslingen war schon seines Marktrechtes von 866 wegen immer reicher gewesen als alle Städte ringsum; seine Bürger konnten sich sogar den Luxus leisten, eine eigene gotische Kirchenhalle zu errichten, die prachtvolle Frauenkirche.
Die Ur- und Keimzelle der Stadt aber ist St. Dionys auf einem seit dreitausend Jahren besiedelten Platz. Die Grundmauern der heutigen Kirche umschließen zwiebelschalengleich die Mauern von zwei Vorgängerkirchen, das ist bis heute im Untergrund der Kirche zu sehen. Dort liegen die Gräber der alamannischen Gründer und der ersten Mönche; der Maurer brauchte keinen Plan, um zu entziffern, wie hier am selben Platz eine Kirche nach der anderen errichtet worden war. Oben in der Kirche aber war Karl stolz über das von Handwerkern geschaffene Farbwunder der blau, rot, gelb und grün schimmernden Chorfenster aus dem 14. Jahrhundert. „Ein guter Handwerker ist immer ein Künstler!" sagte er so laut, daß es alle Touristen neben ihm hören mußten. Seinen Lieblingsspruch, meinte er, sei er seinem Gesellenkleid schuldig.
An der Dominikanerkirche, dem Münster

ses six étages elle était d'une hauteur si impressionnante que le maçon ne put s'empêcher de dire: «Vous autres charpentiers, je voudrais vous voir aujourd'hui monter une charpente pareille presque sans un clou!»
Un des produits qui se négociait dans cet hôtel des impôts et des marchands situé au milieu de la plus ancienne rangée de maisons à colombage d'Allemagne était le vin qui rendit la ville impériale libre d'Esslingen si célèbre que sa mesure de vin, le seau d'Esslingen, devint une mesure obligatoire en Europe centrale. Grâce au droit de tenir marché obtenu en 866, Esslingen avait toujours été plus riche que toutes les autres villes alentour; ses habitants purent même se payer le luxe d'ériger une église gothique, la magnifique église Notre-Dame. La cellule germinale, le noyau de la ville est toutefois constitué par l'église Saint-Denis construite sur un site colonisé depuis trois mille ans. Les fondations de l'église actuelle entourent celles des deux églises précédentes, ce que l'on peut voir dans la crypte de l'église qui abrite également les tombeaux des fondateurs alémaniques de l'église et des premiers moines; le maçon n'avait pas besoin de plan pour comprendre comment on avait pu construire une église après l'autre au même endroit. Dans le chœur, Karl admirait, lui, les merveilleux vitraux du XIVe siècle qui scintillaient dans des tons bleus, rouges, jaunes et verts. «Un bon artisan est toujours un artiste!» dit-il si haut que tous les touristes autour de lui durent l'entendre. C'était sa phrase préférée et elle seyait, pensait-il, à sa tenue de compagnon.

1420, and with its six stories is so impressively high that the mason could not help saying: "I'd like to see you modern carpenters build such a framework using practically no iron nails at all!"
One of the trading commodities in this so-called "Tax House and Merchants' Hall" next to Germany's oldest row of half-timbered houses, was wine, and the imperial town of Esslingen became so well-known for this commodity that the Esslingen Pail became the standard measure for wine throughout Central Europe. Thanks to its market privilege, awarded in 866, Esslingen had always been richer than all the other towns around; its citizens could even allow themselves the luxury of erecting their own Gothic church: the magnificent Church of Our Lady.
But the most historical place in Esslingen is St Denis's, built on a spot that has been settled for three thousand years. The foundations of the present church enclose the foundations of two previous churches, as can be seen in the crypt, which also contains the graves of the Alemannic founders of the church and of the first monks; the mason Thomas did not need a guide in order to be able to tell that several churches had been built in succession on the same spot. Up in the chancel, Karl looked proudly at the wonderful 14th century stained glass windows glowing in blue, red, yellow, and green. "A good craftsman is always an artist!" he said, and so loudly that all the tourists standing around must have heard him. It was his favourite saying, and one that he considered went well with his journeyman's clothes.
A beggar can sometimes be seen sitting in front

St. Paul, sitzt manchmal ein Bettler vor der Kirchentür, und gerade so muß es auch im 13. Jahrhundert gewesen sein, als der große Albertus Magnus, *Doctor universalis* und heute der Patron aller Naturwissenschaften, diese Kirche geweiht hatte. Albertus hatte auch schon das Brückenwunderwerk der Pliensaubrücke gesehen, die damals mit zwölf großartigen Bögen das ganze Neckartal überspannte, ja überschwang. Heute stehen nur noch drei Bögen wie nutzlose Ruinenteile im Tal – obwohl sie benützt werden. „Es gibt Leute", brummte der Maurer, „die gescheiter sind als wir, und die sagen, die Pliensaubrücke sei seit über hundert Jahren Bogen um Bogen geschändet worden!" Das mag stimmen; die Neckartäler zwischen Plochingen und Stuttgart haben sich buchstäblich nichts dabei gedacht, als sie den Talboden ihren wirtschaftlichen Wünschen opferten. Nur ihre Rebhänge haben sie nicht hergegeben, und so konnten die beiden Gesellen auf Weinbergwegen bis zu den Stuttgarter Weinvororten walzen.
In Uhlbach fanden sie auf einem Faß im Weinmuseum den Spruch: „An jedem Tag zu jeder Stund ist dir der Neckarwein gesund." Gemeint ist dort der selbst angebaute Neckarwein, denn sogar das gilt in dieser Großstadt noch. Gut die Hälfte des Stuttgarter Bodens ist von Wald, Obstanlagen, Gärten, Weingärten, Äckern und Grünanlagen bedeckt. Waldsäume bekränzen den Talkessel, Naturlandschaft, Kulturland und Industrieflächen stehen hier eng beisammen, und die alten Dörfer im Neckartal liegen wie Dachinseln vor den steilen Weinberghängen

Devant l'église des dominicains, la cathédrale Saint-Paul, il y a parfois un mendiant devant le portail de l'église et il devait en être exactement ainsi au XIIIe siècle lorsque le grand Albertus Magnus, *Doctor universalis* et aujourd'hui patron de tous les étudiants en sciences naturelles, consacra cette église. Albertus avait certainement aussi vu le pont de Pliensau, un merveilleux ouvrage qui enjambait la fois-là toute la vallée du Neckar de ses douze grandes arches. Aujourd'hui, il n'en subsiste que trois, semblables à des ruines inutiles bien qu'elles soient encore utilisées. «Il y a des gens», murmura le maçon, «qui sont plus savants que nous et qui disent que le pont de Pliensau a été mutilé arche après arche pendant plus d'un siècle!» C'est possible; les habitants de la vallée du Neckar entre Plochingen et Stuttgart n'ont pas réfléchi plus loin lorsqu'ils ont sacrifié le sol de leur vallée à leurs ambitions économiques. Il n'y a que leurs vignobles auxquels ils n'ont pas renoncé de sorte que les deux compagnons purent emprunter des chemins à travers les vignes jusqu'aux banlieues viticoles de Stuttgart. A Uhlbach, ils purent lire sur un tonneau au musée du vin cette sentence: «A chaque jour, à chaque heure, le vin du Neckar te fera du bien.» Le vin dont il est question ici est le vin du Neckar que l'on produit à Stuttgart même, une chose possible dans cette grande ville parce qu'une bonne moitié de son sol est recouverte de forêts, de plantations d'arbres fruitiers, de jardins, de vignobles, de champs et d'espaces verts. Des forêts ourlent la cuvette de la vallée, un paysage naturel, des terres cultivées et des

of St Paul's Minster, a former Dominican church; and that is how it no doubt was in the 13th century, when the great Albertus Magnus, or Albert the Great, *Doctor universalis*, and today patron saint of all students of the natural sciences, consecrated this church. Albert no doubt also saw the Pliensau Bridge, a masterpiece of 13th century engineering, which originally spanned – leaped across – the whole of the Neckar Valley in twelve magnificent arches. Today, after its piece-by-piece adaptation to modern traffic requirements over the course of more than a century, only three arches remain, sad remnants of the former glory.
But the people along the Neckar gave no thought to such things as they sacrificed the valley to their economic ambitions. The only thing they did not give up was their wine, and so the two journeymen were able to walk through vineyards all the way to the outskirts of Stuttgart. In the Uhlbach Wine Museum they found an inscription on a barrel: "Neckar wine preserves your health – every day, at any hour." The Neckar wine meant here is the wine grown in Stuttgart itself, something that is only possible because a good half of the urban district consists of woodland, orchards, vineyards, arable land, and parks. The river basin is fringed with trees: nature, cultivated land, and industrial areas merge into one another, and the old villages in the valley look like islands of roofs in front of the slopes of the vineyards and in the middle of an ocean of factories, warehouses, petrol tanks, office blocks, and storage areas. The river can only occasionally be seen blinking

Das Tal des Weins. *Von Esslingen bis hinter Heilbronn finden Küfer noch ihr Brot, und Kellermeister herrschen über Fässer, Tanks und Sektflaschenregale.*

La vallée du vin. *Dans la région qui s'étend d'Esslingen à la contrée derrière Heilbronn les tonneliers ont encore ici du travail et les sommeliers règnent sur des rangées de tonneaux et de bouteilles de champagne.*

The Valley of Wine. *In the area extending from Esslingen to beyond Heilbronn coopers still find work to do, and cellarers reign over armies of barrels, tanks, and wine racks.*

inmitten des Blockmeers der Fabriken, Lagerhallen, Benzintanks, Speicherhochhäuser, Büroschachteln und Lagerplätze. Der Fluß blitzt nur gelegentlich aus diesem Beton- und Stahlgewirr hervor, das ganze Tal ist eine einzige Werkshalle. Seine grünen Ränder jedoch sehen aus wie seit jeher und sind keine neumodischen Dekorationen. Die Trollinger und die Weißrieslinge von diesen Hängen sind edle, unvergleichbare Tropfen, auch wenn sie anderswo kaum bekannt sind. Die Schwaben trinken sie selber und tun dies keineswegs aus überschäumender Heimatliebe, sondern weil diese Weine unvergleichbar duften, vor allem wenn sie trocken ausgebaut sind.
Vorortidyllen wie die Obertürkheimer Petruskirche inmitten ihres ummauerten Bergfriedhofs und der Grabtempel von 1824 für die württembergische Königin Katharina auf dem Rotenberg sind noch immer Teile des gegenwärtigen Lebens. „Seiner Vollendeten Ewig Geliebten Gemahlin" zuliebe hatte der württembergische König Wilhelm I. an diesem Platz sogar die Stammburg Wirtemberg seines Geschlechts einreißen lassen. Beim Blick gen Westen liegt heute ganz Stuttgart mit all seiner Betriebsamkeit vor dem Mausoleum, gen Osten aber verliert sich das Dorf Rotenberg wie ein Wassergerinnsel in den Weinbergen und herrscht schon die Stille der nahen Schurwaldhöhen.
Wer dann aber hinabsteigt ins Tal, gerät unversehens von den steilen Weinbergstaffeln mit ihren reibeisenartig nach oben gerichteten Pflastersteinen, die den Hufen der Ochsen einen Halt geben sollten, in das maschinenglatte Ver-

zones industrielles se côtoient ici et les vieux villages dans la vallée du Neckar sont comme des îlots de toits devant les versants raides couverts de vignobles au milieu de la mer de béton des fabriques, dépôts, entrepôts, réservoirs à essence, immeubles administratifs et parcs de stockage. La rivière ne miroite qu'occasionnellement au milieu de ce dédale de béton et d'acier, la vallée toute entière n'est qu'une immense usine. Ses ourlets de verdure sont toutefois restés les mêmes et ne sont nullement un ajout moderne. Les *Trollinger* et les *Weissriesling* qui proviennent de ces versants sont des vins nobles, incomparables même s'ils ne sont guère connus ailleurs. Les Souabes les boivent eux-mêmes, non pas par excès de patriotisme mais tout simplement parce qu'ils ont un arôme incomparable, surtout les vins secs.
Les endroits idylliques en banlieue comme l'église Saint-Pierre au milieu d'un cimetière entouré de murs à Obertürkheim et le mausolée construit sur le Rotenberg en 1824 pour la reine Katharina de Wurtemberg font encore partie du décor actuel. Pour l'amour de son «épouse décédée, éternellement chérie», le roi Guillaume Ier de Wurtemberg avait même fait détruire à cet endroit le château familial, le Wirtemberg. Lorsqu'on dirige son regard vers l'ouest, on aperçoit tout Stuttgart avec son activité trépidante devant le mausolée mais, vers l'est, le village de Rotenberg se confond avec les vignobles et à cet endroit règne déjà la tranquillité du Schurwald tout proche.
Mais en descendant dans la vallée, on sort soudain des vignobles raides, étagés avec leurs

from within this maze of concrete and steel; the whole valley is one huge workshop. But its green fringes are the same as they have always been, and are not modern decorative additions. The *Trollingers* and *Weissrieslings* from these slopes are fine, distinctive wines, even if they are not very well-known elsewhere. The Swabians drink these wines themselves, and certainly not out of local pride, but because they have an incomparable aroma, especially the dry varieties.
Suburban idylls such as St Peter's Church in the middle of its walled graveyard on a hill in Obertürkheim, and the mausoleum on Rotenberg Hill built for Queen Katharina of Württemberg in 1824 are still part of the Neckar scene. King Wilhelm I went so far as to have his ancestral castle, Wirtemberg, demolished in order to build this memorial for his "deceased, eternally-beloved spouse". Westwards from the mausoleum lies the whole of Stuttgart, with all its urban activity, but eastwards there is nothing but the village of Rotenberg fading away into the vineyards, and the rural tranquillity of the Schurwald Heights.
Walking down into the valley, the visitor suddenly emerges from the steep, terraced vineyards, with their grater-like paths in which the paving stones are set edge upwards to give a better grip for the hooves of the draught-oxen that used to toil here, into the bustle of modern traffic. Karl had just read in passing the quotation from the Bible which some pious winegrower had chiselled into his wall: "Whatsoever a man soweth, that he shall also reap", when

kehrsgewühl. Karl las gerade noch den Bibelspruch, den ein frommer Wengerter in sein Mäuerle gemeißelt hatte: „Was der Mensch sät, das wird er ernten", da standen die beiden schon als verirrte Wanderer auf einer Straßenkreuzung und kannten sich nicht mehr aus.
„Was willst du sehen?" fragte Thomas, der schon oft gearbeitet hatte in Stuttgart und liebend gern ein Architekt geworden wäre, „den Fernsehturm, den allerersten auf der Welt in der wunderschönen Grashalmbauweise, die Schlösser, die Plätze, die Kirchen und Brunnen, die Theater, die Museen und Konzerthäuser oder all das alltägliche Gemäuer, das sie gleich nach dem Krieg, als alles hier kaputt war, schnell hochgezogen haben? Oder aber die guten Sachen, die gebaut worden sind, als wieder Geld da war?"
Karl guckte ihn schief an. Er meinte, mit einem Gewerbelehrer unterwegs zu sein, und wollte eigentlich nur die Automuseen in dieser Stadt sehen. Das Dorle hatte ihm zwar den Innenhof des Alten Schlosses wegen seiner wunderschönen Arkaden, die Schloßplatzfront des Neuen Schlosses, den Schillerplatz und Bauten wie die neue Staatsgalerie und das neue Naturkundemuseum aufgeschrieben auf einen Zettel, aber er kapitulierte vor der Fülle, die ihn bis zum Wald- und Aussichtsschloß Solitude geführt hätte. „Vor allem möcht' ich mit einem Neckarschiff bis Heilbronn weiterfahren!" sagte er bestimmt, und da wußte sein Begleiter, wie fest ihn dieses Dorle schon in ihren Händen hatte.
Die Stuttgarter führen ihre schnaufenden Gäste

chemins râpeux aux pavés posés de telle sorte que les fers des bœufs pouvaient y prendre appui, pour se trouver plongé dans l'agitation du trafic moderne. Karl venait juste de lire la citation de la Bible qu'un pieux vigneron avait gravée dans son muret: «L'homme récoltera ce qu'il a semé» que nos deux voyageurs se trouvaient à la croisée de chemins sans savoir lequel prendre.
«Que veux-tu voir?» demanda Thomas qui avait déjà souvent travaillé à Stuttgart et aurait bien voulu devenir architecte, «la tour de télévision, qui a la forme d'un immense brin d'herbe, les châteaux, les places, les églises et les fontaines, le théâtre, les musées et les salles de concert ou tous ces immeubles banals que l'on s'est empressé de bâtir ici tout de suite après la guerre, lorsque tout était détruit? Ou les édifices plus élaborés que l'on a construits lorsqu'il y a de nouveau eu de l'argent?» – Karl lui jeta un regard en coin. Il se serait cru en compagnie d'un de ses maîtres. En fait, il voulait simplement visiter les musées de l'automobile. Dorle lui avait certes fait une liste de tout ce qu'il y avait à voir, la cour intérieure du Vieux Château avec ses merveilleuses galeries ouvertes, la façade du Nouveau Château, le Schillerplatz et quelques édifices comme la nouvelle Galerie Nationale et le nouveau Musée d'histoire naturelle mais il préférait capituler devant cette profusion de choses qui l'aurait conduit jusqu'au château de la Solitude. «Je voudrais surtout aller en bateau sur le Neckar jusqu'à Heilbronn!» dit-il et son compagnon comprit qu'il était bien mordu, l'emprise que cette Dorle avait déjà sur lui.

the two travellers found themselves at a crossroads, and did not know which route to take.
"What would you like to see?" asked Thomas, who had often worked in Stuttgart, and would have loved to become an architect, "the TV Tower, which is just like a concrete needle, the palaces, squares, the churches and fountains, the theatres, the museums and concert halls, or the ordinary buildings that were hurriedly shoved up more or less straight after the war – or the better ones that were only built when there was money around again?"
Karl stared at him for a moment, amazed at his enthusiasm – for he himself really only wanted to see the car museums. Dorle had written him a short list of things to see – the inner courtyard of the Alte Schloß (Old Palace), because of its marvellous arcades, the front of the Neue Schloß (New Palace), Schillerplatz, and a few buildings like the new State Art Gallery and the new Natural History Museum, but he simply capitulated before the profusion of sights which extended from the town centre all the way to Schloss Solitude, a Rococo palace built on a high hill with fine views, six miles outside the town. "What I most want, is to go on a Neckar steamer to Heilbronn," he said, resolutely, and then his companion realized what a firm grip that girl Dorle had on him.
The Stuttgarters love to take their panting guests up and down the many steep roads to the various vantage points offering views of the town, but most visitors have the automobile museums at the top of their list of priorities. And there they find out all about Gottlieb

zwar mit Vorliebe über ihre vielen steilen Stäffele auf die Aussichtsterrassen über ihrer Stadt, doch selbst Staatsmänner suchen hier weniger die schönen Ausblicke samt allen anderen Sehenswürdigkeiten, sondern wollen ebenfalls in die berühmten Automuseen. Und dort erfahren sie von Gottlieb Daimlers knatternder erster Motorradfahrt am 10. November 1885 von Bad Cannstatt nach Untertürkheim, von Benzens Ratterfahrt im dreirädrigen Patentmotorwagen am 3. Juli 1886 in Mannheim und von der Konstruktion des ersten Volkswagens durch Ferdinand Porsche in Stuttgart. Die allerersten Fahrten mit den Motorfahrzeugen in Bad Cannstatt und Mannheim waren noch revolutionäre Straßen-Schrecken für die Zeitgenossen. Das Benzin hieß damals noch „Ligroin" und galt als so gefährlich, daß Daimler das erste Motorboot mit auffälligen Isolatoren und mit Drähten garnierte. Die Zuschauer am Neckarufer sollten im August 1886 glauben, dieses Boot werde elektrisch bewegt.

Die Altstadt Stuttgarts ist im Krieg untergegangen, und was dann um die Jahrhundertmitte im Talkessel als Ersatz schneller gebaut als geplant wurde, wird heute vielfach verbessert bis zum glücklich erretteten Geburtshaus von Georg Wilhelm Friedrich Hegel, der mit dem dialektischen Dreischritt von These, Antithese und Synthese in das Denken der Gegenwart eingegriffen hat. Vom Dichterglanz des Landes ist allerdings wenig in Stuttgart hängengeblieben, nur heimlich konnte Friedrich Schiller seine „Räuber" vor den Kameraden der Hohen Carls-Schule rezitieren, und nur der schon mit fünfund-

Les habitants de Stuttgart conduisent volontiers leurs hôtes ahanant par les nombreux raidillons qui mènent aux terrasses panoramiques au-dessus de leur ville, mais la plupart des visiteurs, hommes d'Etat compris, préfèrent se rendre dans les célèbres musées de l'automobile. Là, ils apprennent que Gottlieb Daimler a fait son premier voyage pétaradant à motocyclette le 10 novembre 1885 de Bad Cannstatt à Untertürkheim, que Benz a conduit un trois roues à moteur breveté, également fort bruyant, le 3 juillet 1886 et que Ferdinand Porsche a construit la première Volkswagen à Stuttgart. Ces tout premiers voyages avec des véhicules à moteur à Bad Cannstatt et Mannheim faisaient encore figure d'événements effrayants et révolutionnaires aux yeux des contemporains. L'essence passait pour une substance si dangereuse que Daimler avait équipé son premier bateau à moteur d'isolateurs et de fils métalliques bien visibles pour faire croire aux spectateurs massés sur les rives du Neckar en ce mois d'août 1886 que le bateau était à propulsion électrique.

La vieille ville de Stuttgart a été détruite pendant la guerre et les immeubles qui ont été construits presque encore plus vite qu'ils n'avaient été conçus par les architectes vers le milieu du siècle sont à présent rénovés: c'est le cas de la maison natale, fort heureusement épargnée, de Georg Wilhelm Friedrich Hegel qui allait introduire dans la philosophie contemporaine la triade dialectique de la thèse, antithèse et synthèse. Stuttgart ne semble pas avoir exercé un attrait particulier sur

Daimler's first noisy motorbike ride on 10th November 1885 from Bad Cannstatt to Untertürkheim, about Benz's bumpy drive in his patented three-wheeler in Mannheim on 3rd July 1886, and about the construction of the first VW Beetle by Ferdinand Porsche in Stuttgart. The very first trips with motorized vehicles in Bad Cannstatt and Mannheim were frightening, revolutionary events for most contemporaries. Petrol was considered such a dangerous substance that Daimler garnished his first motorboat with prominent insulators and wires – onlookers on the banks of the Neckar in August 1886 were supposed to gain the impression that the boat was driven by electricity.

The old part of Stuttgart was destroyed during the war, and many of the buildings that were rushed up around the middle of the century without much planning are now being improved, including the house, luckily saved, in which Georg Wilhelm Friedrich Hegel was born, who was later to introduce to the world of philosophy the concept of the dialectic triad of thesis, antithesis, and synthesis. Stuttgart does not seem to have been particularly congenial to the region's poets. Schiller had to recite his "Räuber" (Robbers) to his schoolfriends in secret, and only Wilhelm Hauff (1802–1827), that brilliant novelist and writer of fairytales, spent the whole of his short life – apart from his student days in Tübingen and a few journeys – in Stuttgart.

If you do not feel the need for metropolitan flair, you can happily live in Stuttgart and with the Stuttgarters, who make little effort to create

zwanzig Jahren gestorbene geniale Märchendichter Wilhelm Hauff hat bis auf die Tübinger Studentenzeit und einige Reisen sein ganzes Leben in Stuttgart verbracht.
Wer auch ohne Weltstadtflair glücklich sein kann, ist in Stuttgart und bei den Stuttgartern gut aufgehoben. Die bemühen sich nämlich trotz vieler Aufforderungen nicht allzusehr, zu Großstädtern zu werden. Deshalb kamen die beiden Gesellen am Neckarufer auch gerade recht zu einem der vielen winzigen Festle, mit denen die Schwaben heutzutage zeigen, daß sie sehr wohl, und entgegen ihrem pietistischen Ruf, zu feiern imstande sind – solange sie unter sich sind. Vor Mühlhausen, wo die gotischen Fresken in der Veitskapelle die Besucher in mittelalterliche Kirchenstimmung versetzen, trafen sich die starken Männer aus der Umgebung, um einen Zweizentnerstein möglichst weit zu schleppen. Ein sagenhaftes Ereignis wird dort regelmäßig nachgespielt, und meistens sind Bauhandwerker die Sieger. Also war es Ehrensache, daß Karl und Thomas ihre Bündel ablegten, sich einen Maurerschurz umbinden ließen, den Stein ebenfalls hochstemmten und damit losliefen. Doch beiden rutschte das Ungetüm zu früh aus den Fingern – der alte Wengerter, der dem Spektakel am Ufer zusah, schüttelte nur den Kopf und brummte: „Wenn wir früher au so lommelig g'wese wäret, na gäb's am ganze Neckar keine Wengerts-Mäuerla!"

les poètes de la région. Schiller a dû y réciter ses «Brigands» en secret devant ses camarades de classe et seul le génial poète et conteur mort à 25 ans, Wilhelm Hauff a passé toute sa vie à Stuttgart à l'exception de la période où il a fait ses études à Tübingen et de quelques voyages.
Si, pour être heureux, vous n'avez pas besoin de l'atmosphère d'une métropole, vous vous sentirez à l'aise à Stuttgart et avec ses habitants qui ne s'efforcent guère de créer chez eux une ambiance de grande ville. Nos deux compagnons allaient s'en rendre compte, ils venaient d'arriver à l'une des nombreuses petites fêtes avec lesquelles les Souabes montrent que, contrairement à leur réputation de piétistes, ils savent fort bien fêter – aussi longtemps qu'ils sont entre eux. Avant Mühlhausen, où les fresques gothiques de la chapelle Saint-Guy transportent le visiteur dans une atmosphère toute médiévale, les hommes forts des environs se réunissent pour voir lequel d'entre eux transportera le plus loin possible une pierre de cent kilos. Cette compétition, qui tire son origine d'une légende locale, est généralement remportée par des ouvriers du bâtiment. Pour Karl et Thomas, c'était donc une affaire d'honneur; aussi posèrent-ils leur baluchon et, un tablier de maçon noué à la ceinture, ils essayèrent de transporter la pierre mais celle-ci leur glissa bien trop tôt des mains, ce qui fit dire au vieux vigneron qui observait la scène sur la rive du Neckar en grommelant: «Si nous avions été aussi mollassons autrefois, il n'y aurait pas de murs autour des vignobles du Neckar!»

a big-city atmosphere in their big city. Our two travellers discovered the truth of this when they came across one of the many little festivities with which the Swabians nowadays prove that – in contradiction to their reputation for being pietistic – they are perfectly capable of having a good time – so long as they are among themselves. Just outside Mühlhausen, where the Gothic frescoes in St Vitus's Chapel create a truly medieval atmosphere, the strong men of the region meet to see who can carry a two-hundredweight stone the furthest. The competition, which has its roots in a local saga, is usually won by men from the building trade, so it was a matter of honour for Karl and Thomas to put down their bundles, and, with a mason's apron tied round their middles, to show what they could do. But neither of them succeeded in carrying it far, and the old wine-grower, who was watching the fun on the bank of the Neckar, was heard to grumble: "If we'd been such weaklings in the old days there wouldn't be no wall round any of the vineyards!"

▲ ***Die Innere Brücke in Esslingen.*** *Auch hier floß einmal Neckarwasser und trug Schiffe und Flöße. Auf den noch übriggebliebenen Kanälen können Kanuten bis heute quer durch die Stadt paddeln.*
▶ ***Blick von der Esslinger „Burg" auf die Frauenkirche und die vordere Fassade des Alten Rathauses***

▲ ***Le pont intérieur à Esslingen.*** *Les eaux du Neckar ont également coulé ici autrefois et ont porté bateaux et radeaux. Mais les canoës peuvent encore traverser la ville aujourd'hui sur les canaux qui subsistent.*
▶ ***Vue du «château» d'Esslingen sur la Frauenkirche et la façade de l'ancien hôtel de ville***

▲ ***The Inner Bridge in Esslingen.*** *Neckar water once flowed here, too, and carried plenty of commercial traffic. The surviving channels still permit canoes to be paddled right through the town.*
▶ ***View from Esslingen "Castle" of the Church of Our Lady and the shaped gable façade of the Old Town Hall***

KESSLER
KLEINER MARKT

Seifenfabrikation Alfred Kielmeyer. Colonialwaren
Bistro am Markt

Markttag auf dem Esslinger Marktplatz. *Bürgerhäuser aus mehreren Jahrhunderten säumen den Platz, und von oben guckt der Dicke Turm der sogenannten Burg herunter, der zur Stadtbefestigung gehört hat.*

Jour de marché sur la place du Marché d'Esslingen. *Des maisons bourgeoises datant de différents siècles bordent la place que surplombe la Grosse Tour de ce que l'on appelle le château et qui faisait partie autrefois des fortifications de la ville.*

Market Day on Esslingen's Market Square. *Burgher's houses of various periods line the square, surveyed from above by the Stout Tower – which is part of what is called The Castle, but is actually a remnant of the town's fortifications.*

Die Grabkapelle über Stuttgart-Rotenberg. *Für die Grabkapelle seiner geliebten Ehefrau Catarina Pawlowna ließ König Wilhelm I. von Württemberg im Jahre 1820 die Reste seiner Stammburg auf dem Wirtemberg über Rotenberg abreißen. Catarina hatte den Blick ins Neckartal über alles geliebt – heute breitet sich dort eine der Stuttgarter Industrielandschaften aus.*

La chapelle mortuaire au-dessus de Stuttgart-Rotenberg. *En 1820, le roi Guillaume Ier de Wurtemberg fit démolir les vestiges de son château ancestral sur le Wirtemberg au-dessus de Rotenberg pour pouvoir ériger une chapelle mortuaire pour son épouse bien-aimée Catarina Pavlovna. Catarina aimait la vue sur la vallée du Neckar – où s'étend aujourd'hui une des zones industrielles de Stuttgart.*

The Mortuary Chapel above Stuttgart-Rotenberg. *In 1820, King Wilhelm I of Württemberg had the remains of his ancestral castle on Wirtemberg Hill above Rotenberg demolished to make room for a mortuary chapel for his beloved wife Catarina Pavlovna. Catarina had always admired the rural view from here into the Neckar Valley – into which the outposts of Stuttgart's industry have now spread.*

Stuttgart, gesehen von seinen Höhen im Südosten. *Nahezu alle älteren Häuser auf diesem Bild waren nach dem Ende des Zweiten Weltkrieges zerstört. Auch von Bauten wie dem Neuen Schloß in der rechten Bildmitte standen nur noch die Umfassungsmauern mit kahlen Fensterhöhlen. So zeigt das heutige Bild eine fast neue Stadt.*

Stuttgart, vu de ses hauteurs au sud-est. *Presque toutes les anciennes maisons que l'on voit sur cette photo ont été démolies au cours de la Deuxième guerre mondiale. De bâtiments comme le Nouveau Château, sur la moitié droite de la photo, il ne restait également plus que les murs d'enceinte. Aussi c'est pratiquement une ville nouvelle que nous voyons aujourd'hui.*

Stuttgart, from the hills in the south-east. *Nearly all the older houses to be seen on this photograph were destroyed in the last war. Of buildings such as the New Palace, in the right-hand half of the picture, only the outer walls remained. So what we see today is an almost new town.*

Stuttgarts wiedererstandener Mittelpunkt. *Links das Neue Schloß mit einem der beiden Springbrunnen, unter deren Brunnenschalen Bubenfiguren die Flüsse des Landes symbolisieren. Rechts das Denkmal Friedrich Schillers von Bertel Thorvaldsen vor dem ehemaligen Stiftsfruchtkasten.*

Le centre restauré de Stuttgart. *A gauche, le Nouveau Château avec une des deux fontaines dont les putti au-dessous de la vasque symbolisent les rivières du pays. A droite, le monument de Friedrich Schiller de Bertel Thorvaldsen devant un bâtiment Renaissance nommé Stiftsfruchtkasten (car on y percevait jadis la dîme).*

Stuttgart's restored focal point. *On the left is the New Palace with one of the two fountains, whose putti symbolize the country's rivers. On the right is the Friedrich Schiller monument by Bertel Thorvaldsen in front of a late 14th century building destroyed in the war, but completely restored.*

Die Neue Staatsgalerie in Stuttgart. *Unter Stuttgarts neuen großen Museen (zu denen auch das Museum für Naturkunde mit seinen Saurier-Schätzen gehört) hat der Bau der Neuen Staatsgalerie von James Stirling besonderes Aufsehen erregt wegen seiner kühnen Verbindung von ganz neuen und ganz alten Baustoffen.*
Nächste Doppelseite: Der Anlagensee vor dem Opernhaus der Staatstheater Stuttgart

La nouvelle Galerie Nationale à Stuttgart. *Parmi les nouveaux grands musées de Stuttgart (dont fait également partie le Musée d'histoire naturelle avec son importante collection de dinosaures) la nouvelle Galerie Nationale, construite par James Stirling, a suscité beaucoup d'intérêt en raison de son mélange audacieux d'anciens et de nouveaux matériaux.*
Double page suivante: le lac devant l'Opéra d'Etat de Stuttgart

The New State Gallery in Stuttgart. *Among Stuttgart's new large museums (which include the Natural History Museum, with its important dinosaur collection), the New State Gallery, by James Stirling, with its bold mixture of old and new materials, has attracted particular attention.*
Next double page: The State Opera House in Stuttgart

Das Unterland bis vor Heilbronn: Reben und ein Ku(h)riosum

Das umständlich aufzuschichtende Weinbergmäuerle, das den kostbaren Boden vor den Regenfluten schützt, die ihn sonst fortschwemmen würden, ist das Sinnbild der kaum vorstellbaren Mühen aller Wengerter am Neckar. Die Trockenmauern schwinden zwar überall zu Gunsten maschinengerechter Weganlagen, doch die Hänge selber bleiben vor allem im Muschelkalk so steil wie jemals zuvor. Die ein wenig flacheren Weinberge dagegen wurzeln zumeist im Gipskeuper, und wo über dem Keuper dicke Sandsteinschichten liegen, auf denen nur Wald wächst, sind im Unterland die lieblichen weinbestandenen Hügelketten mit den Waldschöpfen entstanden. Auf jedem der vielen Weinlehrpfade ist zu lernen, wie der hier heißgeliebte rote Trollinger auf den schweren Böden des Gipskeupers angepflanzt wird, während die weißen Rieslinge und Silvaner auf den leichteren Böden gedeihen. In den vielen Flußschleifen ändern sich der Boden und die Lage der Hänge zur Sonne jedoch so oft, daß jeder Rebsorte ein Plätzchen geboten werden kann. Wer die Weine der Nebentäler, der Rems, der Enz, des Kocher und der Jagst, dazunimmt, hat schon die ganze schwäbische Weinkarte vor sich.

Von den wunderschönen Höhenwegen entlang den Talkanten lassen sich manchmal noch kunstvoll verwilderte Baggerseen oder alte Neckarschleifen entdecken, in denen der dem Kanal geopferte Fluß wenigstens noch als lebensvolle Flußruine gedeihen kann. Unter der Brücke von Freiberg-Beihingen zum Beispiel liegen in trockenen Sommern die Muschelkalk-

Le Neckar inférieur jusqu'à Heilbronn: des vignobles et une curiosité

Les murets, qui entourent les vignobles pour empêcher que la précieuse terre ne soit emportée par les pluies, symbolisent le patient travail de tous les vignerons le long du Neckar. Les murs secs cèdent certes presque partout la place à des chemins plus accessibles aux machines mais les versants, surtout ceux constitués de calcaire coquillier, sont toujours aussi raides. Les pentes qui sont moins abruptes sont généralement situées sur du gypse keupérien et, là où le keuper est recouvert de couches de grès où ne poussent que des arbres, nous avons ces charmantes chaînes de collines du Neckar inférieur aux versants couverts de vignobles et aux sommets surmontés de touffes de forêts. Sur les nombreux sentiers fléchés qui traversent le vignoble, le visiteur pourra apprendre que le *Trollinger* rouge si populaire dans le coin provient d'un sol lourd en gypse keupérien tandis que le *Riesling* et le *Silvaner* blancs ont besoin de sols plus légers. Cependant, dans les nombreuses boucles de la rivière, le sol et l'ensoleillement des versants varient si souvent qu'un endroit approprié peut être offert à chaque cru. Et quand on compte les vins de toutes les vallées secondaires, celles de la Rems, de l'Enz, du Kocher et de la Jagst, on a toute la carte des vins souabes.

A partir des merveilleux chemins sur les hauteurs, le long des escarpements de la vallée, on découvre parfois encore des lacs à l'aspect sauvage ou d'anciennes méandres du Neckar, vestiges du cours suivi par la rivière avant sa canalisation. Sous le pont de Freiberg-Beihingen par exemple, les étés secs, le calcaire coquillier du

The Lower Neckar as far as Heilbronn: vineyards, and a curiosity

The walls that protect the vineyard terraces, preventing the precious earth from being washed away by the rain, symbolize the laborious work of wine-growing along the Neckar. The dry walls are fast disappearing to make the use of modern machinery easier, but the slopes, especially in the fossiliferous limestone areas, are as steep as ever. Those slopes that are less steep are usually on gypsum keuper, and wherever the keuper is surmounted by a thick strata of sandstone, on which only trees will grow, we have the charming, characteristic Lower Neckar landscape with vines on the lower slopes and clumps of woodland on the summits. There are many informative wine routes in the area, where the visitor can see how the locally popular red *Trollinger* is planted on the heavy gypsum keuper soil, while the white *Riesling* and *Silvaner* flourish on the lighter soils. But the soils and the positions of the slopes with regard to the sun change so often in the many bends of the river that a suitable place can be found for every kind of grape. The wide range of the Swabian wine list is completed by the wines produced along the Neckar's tributaries – the Rems, the Enz, the Kocher, and the Jagst. From the wonderful high routes along the valley escarpments, the hiker will often catch a glimpse of a lake, or an oxbow left after the canalization of the Neckar cut off parts of the original course of the river. Under the bridge at Freiberg-Beihingen, for example, the limestone is left dry and exposed in hot summers, but where a slight step dams the little water left in the old course, a thousand gleaming rivulets run

platten auf dem Flußgrund nackt und bloß da. Wo eine winzige Stufe das wenige Wasser staut, rinnen tausend glitzernde Bächlein zwischen den Steinbrocken und den Schotterflächen, und bei jedem Schritt huschen Schwärme kleiner Fische durch das Gerinnsel; Krähen und Möwen hüpfen hier herum, suchen nach Eßbarem und stören die Graureiher, die im flachen Wasser lauern und, aufgeschreckt, mit langem Hals unter der nahen Autobahnbrücke in einen noch stilleren Winkel fliehen. Bachstelzen wippen auf dem halbtrockenen Geröll, und im undurchdringlichen Ufergebüsch singen Nachtigallen und Grasmücken. In dieser Auenlandschaft breiten sich wie auf einem Rettungsboot alle Lebewesen aus, die schon immer am Neckar gelebt haben – vor allem schon lange vor den Kanalerbauern, die allein an den Transport nützlicher Güter gedacht hatten.
Die Ortschaften am mittleren Neckar sind nahezu alle wohlrestauriert. Hier am Rande der Industriewelt ist genügend Geld da, um sich voll Behagen an die strengeren Zeiten der Väter zu erinnern. In Beihingen steht gegenüber dem alten Fachwerkschloß und vor der rebenumrankten Kelter ein eiserner schwarz-roter Verkehrspfosten. Sein Schild zeigt einen Radschuh im Halbprofil, also ein Gerät, das als zusätzliche Bremse unter die Räder der Fuhrwerke gelegt werden mußte, ehe die Wagen die steile Gasse zum Fluß hinunter rollten. In Eisen gegossen steht: „Radschuh einlegen oder Strafe", und das gilt theoretisch immer noch; nur kommt kein Ochsenwagen mehr hier vorbei.
Überall ist ähnliches zu entdecken – minde-

lit de la rivière est à nu mais là où une minuscule marche arrête le peu d'eau qui y est resté, des milliers de ruisselets scintillants coulent entre les pierres et chaque mouvement fait surgir des bancs de petits poissons; corneilles et mouettes sautillent ici à qui mieux mieux en quête d'une pâture et dérangent les hérons en train de pêcher dans l'eau peu profonde et qui, effrayés, le cou tendu vont se réfugier dans un endroit encore plus tranquille sous le pont autoroutier tout proche. Des bergeronnettes s'agitent au milieu des galets à moitié secs et les rossignols et les fauvettes chantent dans les buissons impénétrables. Tous les êtres vivants qui peuplaient la région du Neckar bien avant que les constructeurs du canal, soucieux uniquement du transport de marchandises utiles, ne viennent les déloger, se retrouvent ici comme dans un bateau de sauvetage.
Les localités le long du cours moyen du Neckar sont presque toutes très bien restaurées. Ici, en bordure du monde industriel, il y a suffisamment d'argent pour préserver l'héritage des parents. A Beihingen, en face du vieux château à colombage et devant le pressoir recouvert de vigne, il y a un poteau de signalisation en fer rouge et noir. Le signe représente un sabot d'enrayage, c'est-à-dire une cale qui devait être placée sous les roues des voitures pour les empêcher de descendre la pente raide jusqu'à la rivière. Une inscription est gravée dans le fer: «Mettre la cale sous peine d'amende», un avertissement qui théoriquement est encore de mise aujourd'hui bien qu'il n'y ait plus de chars à bœufs pour emprunter ce chemin.

between the boulders and pebbles, and every movement causes a swarm of tiny fish to dart along them. Crows and gulls hop about, seeking titbits, and disturb the herons patiently fishing in the shallow water, so that they fly off, necks outstretched, under the nearby motorway bridge to find a still quieter spot. White wagtails bob about among the half-dry pebbles, and nightingales and warblers sing in the impenetrable undergrowth along the banks. Deprived of their former extensive habitat by the canal builders, the flora and fauna that used to live all along the Neckar gather in this stretch of riverside landscape, as if on the ark.
Nearly all the places along the middle reaches of the Neckar have been well restored. Here, at the fringe of the industrial world, there is enough money to preserve the local heritage. In Beihingen, opposite the old half-timbered castle, and in front of the wine-press overgrown with vines, is an iron, black-and-red traffic sign. The sign shows, in half profile, a skid – a metal shoe which was fixed under the wheels of carts to prevent them from turning when descending the steep slope to the river. The inscription, cast in iron, reads: "Use skid or risk penalty", and this still applies theoretically today, although nowadays no oxcarts come this way any more.
There are similar curiosities to be found everywhere – at least by someone who takes more time than our two journeymen, who caught a boat at Stuttgart-Münster, and could only see the interesting sights that were directly adjacent to the river – the modern, elegant, filigree

stens für jemanden, der sich mehr Zeit nähme als unsere beiden Handwerker, die sich in Stuttgart-Münster einschifften und nur die allernächsten Schönheiten und Merkwürdigkeiten vom Schiff aus sehen konnten. Die moderne, fröhlich geschwungene, filigrane Fußgängerbrücke zum Max-Eyth-See zum Beispiel, die ihre Benützer „'s Nommdapperle" getauft haben oder „Golden Gatele", sofern sie weltläufiger sind. Dieser Brücke zeitgenössische Gegenstücke sind die gläsern überdachten Holzstege bei der verwunschenen Remsmündung. Ausgerechnet am Ende des weintrunkenen Remstales sind auf den Hängen vor dem stillen Zerfließen des Flüßchens in den Neckar alle Weinberge aufgegeben worden, und nun überwuchert die Wildnis eines großen Schutzgebietes die alten Terrassen. Wie schön, daß bald danach in der Schleusenkammer von Poppenweiler Zeit bleibt für einen Augenspaziergang durch die Felsenweingärten und den kirchturmspitzen Dorfumriß über der Talkante – doch schon im nahen Hoheneck erinnert nur das Schild an der Schiffslände, daß gleich hinter diesem Heilbad das historisch so junge und reizvolle Ludwigsburg liegt.
Herzogliche Laune hatte diese Stadt geschaffen; vom Jahre 1705 an wurde ein schloßähnliches Hofgut an dieser Stelle „Ludwigsburg" genannt, und als dann Herzog Eberhard Ludwig mit seiner Maitresse Wilhelmine von Graevenitz dort hinauszog, wurde das Schloß von Jahrzehnt zu Jahrzehnt immer ansehnlicher, bis es das größte Barockschloß eines deutschen Fürstenhofes war. Von 1709 an entstand auch die

Partout, on rencontre semblables curiosités – à condition bien sûr que l'on prenne plus de temps que nos deux artisans qui montèrent sur le bateau à Stuttgart-Münster et ne purent voir que celles toutes proches de la rivière. Le pont pour piétons, par exemple, moderne, élégant, filigrané du lac Max Eyth, appelé parfois dans le coin le «petit Golden Gate». Plus bas, près de la ravissante embouchure de la Rems, on rencontre deux autres ponts contemporains pour piétons en bois avec des toits en verre. Malheureusement, à la fin de la vallée de la Rems toute imbibée de vin, juste avant l'endroit où la petite rivière se jette dans le Neckar, tous les vignobles ont été abandonnés, une végétation sauvage a envahi les anciennes terrasses dans ce coin devenu un immense site protégé. Il est agréable que peu après, dans le sas de Poppenweiler, le regard puisse à loisir errer parmi les vignobles rocheux et s'attarder sur la silhouette du village et la pointe de son église qui les surplombent. Non loin de là, près de la petite station thermale de Hoheneck, un panneau au débarcadère rappelle au visiteur qu'il est presque arrivé à Ludwigsburg, cette petite ville encore si jeune et pourtant si charmante.
Ludwigsburg doit sa naissance à un caprice ducal; à partir de 1705, le duc Eberhard Ludwig de Wurtemberg y fit construire pour sa maîtresse, Wilhelmine von Graevenitz, un château qui, de décennie en décennie, se fit de plus en plus imposant jusqu'à devenir le plus grand château baroque d'une cour princière allemande. La ville, construite à partir de 1709, se mit à prospérer lorsque le duc détrôna Stutt-

footbridge across to Lake Max Eyth, for example, sometimes locally called the "Little Golden Gate". Further downriver near the picturesque confluence with the Rems, are two other contemporary footbridges of wood with glass roofs. It seems a pity that here, at the end of the wine-flushed Rems Valley, just before the Rems enters the Neckar, all the vineyards have been abandoned, and the wilderness is taking over the terraces in what is now a nature reserve. It is good that soon after, in the lock at Poppenweiler, there is time for the eye to wander at leisure across the rocky vineyards and the silhouette of the village and church above. Not far from here, in the little spa called Hoheneck, a sign on the landing stage reminds the traveller that he has almost arrived at Ludwigsburg, that relatively young and yet so charming town.
Ludwigsburg owes its name to Duke Eberhard Ludwig of Württemberg, who built a palace here from 1705 onwards to accommodate his mistress Wilhelmine von Grävenitz, who wished to reside at a respectable distance from her rival, the Duchess. The palace grew from decade to decade until it became the largest Baroque palace of any German prince. The town, built from 1709 to an overall plan, flourished when the Duke transferred his capital here from Stuttgart in 1724. Such moves to new palaces were a bit of a fashion among the princely families of that time; the Elector of the Palatinate also transferred his residence in the same period from Heidelberg to his new palace in Mannheim. Eberhard Ludwig's prestigious ambitions were a severe burden on the sub-

Stadt, und die blühte auf, als der Herzog 1724 Stuttgart entthronte und das modernere Ludwigsburg zu seiner Residenzstadt machte. Solche Umzüge in neue Schlösser waren Fürstenmode damals; auch der Kurfürst von der Pfalz siedelte zu dieser Zeit von Heidelberg in sein neues Schloß in Mannheim um. Für das kleine Württemberg war die Repräsentationslust seiner Herrscher eine so fürchterliche Last, daß keine Zeile übertreibt, die in Friedrich Schillers Dramen die Leiden derer schildert, die im 18. Jahrhundert die Schlösser und die Lustbarkeiten der Höfe zu bezahlen hatten. Der übernächste Nachfolger des Gründers von Ludwigsburg war Carl Eugen, der in seiner Stuttgarter Hohen Carls-Schule sklavische Genies oder mindestens hochbegabte Untertanentreiber zu züchten versuchte. Seine Residenz war nun wieder Stuttgart, doch er wohnte und hielt so lange Hof im Ludwigsburger Schloß, bis sein neues Schloß in Stuttgart fertig war. Auch er lud seinen Untertanen Unsägliches auf; er baute sogar ein prachtvolles Opernhaus in die Schloßgärten von Ludwigsburg, in denen allein schon die schnurgeraden Alleen, die vom Schloß in die Landschaft hinausgehen, wie Befehlsstränge der Fürstenmacht wirken.
An der nördlichen Stadtgrenze Ludwigsburgs beginnt wieder die Dialektgrenze, jetzt fließt der Neckar zunächst ins schwäbisch-fränkische Übergangsgebiet. Schon die Heilbronner wissen nicht genau, ob sie nun Franken sind oder eine schwäbisch-rheinfränkische Mischung. Gen Osten aber ist deutlich das Hohenlohisch-Ostfränkische zu hören, während flußabwärts

gart en 1724 pour faire de Ludwigsburg, plus moderne, sa résidence. Ce genre de déménagement dans de nouveaux châteaux était à la mode la fois-là chez les princes; le prince électeur du Palatinat transféra également sa résidence à la même époque de Heidelberg dans son nouveau château à Mannheim. Pour le petit Wurtemberg, ce besoin de prestige de son souverain constituait une lourde charge et la description que fait Schiller dans ses drames des souffrances endurées par ceux qui devaient payer pour les palais et les plaisirs des cours au XVIIIe siècle n'est nullement exagérée. Un des successeurs du fondateur de Ludwigsburg fut Carl Eugen qui, dans sa Hohe Carls-Schule, tenta de former des génies apprivoisés ou du moins des conducteurs extrêmement doués pour ses sujets. Sa résidence était de nouveau Stuttgart mais il habita et tint sa cour au château de Ludwigsburg jusqu'à l'achèvement de son nouveau château à Stuttgart. Il imposa également de lourdes charges à ses sujets, il construisit même un opéra dans les jardins du château de Ludwigsburg où les allées rectilignes qui partaient du château en direction de la campagne alentour faisaient figure de rênes tenues par un prince despotique.
La frontière septentrionale de Ludwigsburg coïncide avec une frontière des dialectes, le Neckar coule d'abord dans la région de transition souabe-franconienne. Les habitants de Heilbronn ne savent déjà plus s'ils sont des Franconiens ou un mélange souabe-rhénan-franconien. Mais vers l'est, on entend nettement un parler du Hohenlohe teinté de franco-

jects of his small dukedom, and the descriptions in Schiller's dramas of the sufferings of the people who had to pay for the palaces and pleasures of the courts in the 18th century are in no way exaggerated. The next-but-one successor of the founder of Ludwigsburg was Carl Eugen, who in his Hohe Carls-Schule (Carl's Grammar School) in Stuttgart tried to train tame geniuses or at least efficient taskmasters for his subjects. His court was in Stuttgart, but he resided and held court in Ludwigsburg temporarily until his new palace in Stuttgart was ready. He, too, grossly overtaxed his subjects – he even built a magnificent opera house in the palace gardens at Ludwigsburg, where the dead-straight avenues that lead from the palace into the surrounding countryside seem like a stream of commands issued by a princely tyrant.
The northern boundary of Ludwigsburg coincides with a dialect boundary, so the Neckar now flows into the transitional Swabian-Frankish area. The people of Heilbronn, only forty kilometres downriver from Ludwigsburg, are not sure whether they are Frankish by origin, or a Swabian/Rhine-Frankish mixture. But eastwards the accent is distinctly Hohenlohe/East-Frankish, while further downriver towards Heidelberg the transition to Palatinate/Rhine-Frankish begins. Close relations are often at odds with one another, and so it is not surprising that the "Alemanni" of Baden like to accuse the Swabians of being book-worms – by which they mean that the Swabians are interested in only one book, their savings bank passbook –

Im Schiller-Nationalmuseum Marbach. *In der Geburtsstadt des Dichters ist 1903 ein schloßgleicher Bau eröffnet worden, der mit seinen Sammlungen zum umfassendsten Dichterarchiv der schwäbischen Literatur des 18. und 19. Jahrhunderts geworden ist. Angegliedert wurde 1955 der „unterirdische Himmel" der Magazine des Deutschen Literaturarchivs für die deutsche Literatur bis zur Gegenwart.*

Le Musée national de Schiller à Marbach. *Dans la ville natale du poète, on a inauguré en 1903 un édifice aux allures de château dont les collections constituent les archives les plus importantes de la littérature souabe des XVIIIe et XIXe siècles. Depuis 1955, il renferme également les archives de la littérature allemande jusqu'à maintenant.*

The Schiller National Museum, in Marbach. *Schiller was born in this little town in 1759, and in 1903 a palatial building was erected in his memory. It contains a comprehensive collection of portraits, manuscripts and first editions of works by Schiller, Hölderlin, Mörike, and other Swabian Romantic writers, and, since 1955, an immense literary archive covering German literature up to the present time.*

das Südfränkische schon vor Heidelberg ins Pfälzisch-Rheinfränkische übergeht. Und je nach den Ortstraditionen fühlen sich die Neckartäler dort als Neckarfranken oder, in der ehemaligen Kurzpfalz, als Neckarpfälzer. Weil eng Verwandte oft mißliebig-mißtrauisch untereinander sind, werfen die badischen Alemannen den Schwaben gern ihren eigenartigen Bildungshunger vor, nämlich den zu ihrem einzigen Buch, dem Sparbuch, während die Schwaben ihrerseits den heutigen Nordbadenern jeglicher Herkunft (also samt den Kurpfälzern) ihre leichtere Lebensart oder gar die laute Lebenslust mißgönnen. Doch es wär' ja langweilig, wenn's anders wär'.

Von Marbach ist vom Schiff aus nur die alte Stadtmauer hinter den Bäumen zu ahnen; hier steigen viele Fahrgäste aus, die nicht einmal in Schillers Geburtshaus den Reliquienkram (vom Taufhäubchen bis zur Haarlocke) sehen wollen und die auch viel zu schnell durch die wohlrestaurierte Altstadt eilen. Ihr Ziel ist schnurstracks das Schiller-Nationalmuseum und das dort angebaute Deutsche Literaturarchiv. Das Nationalmuseum hat der Schwäbische Schillerverein im Stil des Schlosses Solitude zu Beginn dieses Jahrhunderts bauen lassen; das Literaturarchiv ist 1955 gegründet worden. Dort werden die Dichter- und Schriftstellerschätze des Museums und des Verlegers Cotta gehortet und gepflegt. Dichternachlässe aus zweieinhalb Jahrhunderten wecken prickelnde Gefühle beim Anblick eines Stückes Papier, auf dem die Hand eines Genies vielleicht Unvergängliches geschrieben hat. Das Schiller-Nationalmuseum

nien oriental tandis qu'en aval on passe déjà avant Heidelberg du sud-franconien au franconien du Palatinat aux accents rhénans. Comme il en va de proches parents qui sont souvent méfiants entre eux, les Alémans badois reprochent volontiers aux Souabes de ne s'intéresser qu'à leur carnet d'épargne tandis que de leur côté les Souabes critiquent les habitants du pays de Bade septentrional pour leur mode de vie insouciant. Mais la vie serait bien monotone sans toutes ces bisbilles.

Du bateau, on n'entrevoit de Marbach que le vieux mur d'enceinte dissimulé derrière les arbres. De nombreux passagers débarquent ici sans même vouloir visiter la maison de Schiller avec toutes ses reliques (du bonnet de baptême à la boucle de cheveux); sans prendre la peine également d'admirer la vieille ville fort bien restaurée, ils se dirigent tout droit vers le Schiller-National-Museum construit au début de ce siècle dans le style du château Solitude et les Archives de la littérature allemande fondées en 1955 qui se trouvent à côté. Celles-ci renferment les trésors littéraires du musée et de l'éditeur Cotta. Deux siècles et demi d'œuvres littéraires y sont entreposés ici et la vue d'une feuille de papier sur laquelle la main d'un génie a tracé des lignes immortelles a de quoi émouvoir. Le Schiller-National-Museum agit en tout cas dans l'esprit de Goethe qui affirmait: «C'est tout le poète qui est dans l'écriture!» et expose uniquement des lettres et des manuscrits originaux. A côté des témoignages de la vie et de l'œuvre de Schiller, on peut voir des documents d'égale valeur écrits de la main de

while the Swabians, for their part, begrudge the people of North Baden their more happy-go-lucky life-style. But such rivalries are the spice of life!

From the ship, all that can be seen of Marbach is a glimpse of the old town wall behind the trees. Here many people disembark who have no intention of visiting the house where Schiller was born to see the relics assembled there (from baptismal bonnet to lock of hair); hardly taking in the well-preserved Old Town, they make their way straight to the Schiller National Museum (built at the beginning of this century in the style of Solitude Palace), and the adjacent Archives of German Literature, founded in 1955, where the literary treasures of the museum and of the publisher Cotta, friend of Schiller and Goethe, are preserved. Two and a half centuries of literary effort are documented here; the sight of a manuscript on which the hand of a genius wrote some immortal lines can set the imagination on fire. The Schiller National Museum certainly agrees with Goethe's dictum: "I have the whole of the writer in the handwriting!", and exhibits only original letters and manuscripts. The documentation of Schiller's life and work is matched by similar originals written by Wieland, Schubart, Hölderlin, Kerner, Uhland, Mörike, and Hesse. The sentiment: "I write as a citizen of the world who serves no prince", in Schiller's fair hand, applies to all these great Swabians. Love was the reason why Marbach became the Schiller Mecca. When stopping off at an inn in the town, Schiller's father, Johann Caspar, fell in love at first sight with the inn-

handelt jedenfalls nach Goethes Einsicht: „In der Handschrift habe ich den Dichter ganz!" und legt ausschließlich originale Briefe und Manuskriptblätter vor. Den Zeugnissen von Schillers Lebens- und Werkgeschichte ebenbürtig werden die Dokumente von der Hand Wielands, Schubarts, Hölderlins, Kerners, Uhlands, Mörikes und Hesses ausgebreitet. Für alle diese großen Schwaben steht, geschrieben mit Schillers schöner Handschrift: „Ich schreibe als Weltbürger, der keinem Fürsten dient." Daß Marbach zur berühmten Schillerstadt wurde, war ausschließlich der Liebe zu verdanken. Schillers Vater Johann Caspar hatte sich bei einer Einkehr in Marbach „ums Numgucke" in das siebzehnjährige Töchterlein des Wirtes verliebt, und von da an pressierte es ihm so, daß er das Mädchen drei Monate später heiratete und dazubleiben beschloß.
Klein und bescheiden fließt die Murr hinter Marbach dem Neckar zu. „Eigentlich hätten wir hier aussteigen sollen und wenigstens den Schädel unserer Urgroßmutter aus dem Murr-Kies ansehen sollen in Steinheim", sagte der stets bildungsbeflissene Maurer, „die ist rund 300 000 Jahre alt, und immerhin ist droben in Mauer bei Heidelberg sogar der älteste Europäer im Neckarschotter gelegen – 600 000 Jahre mindestens soll der alt sein!" Karl konnte sich unter solchen Zeiten nichts vorstellen, und deshalb schupfte ihn der Maurer: „Das heißt, das Neckartal ist für uns alle wichtig!"
Doch Karl guckte nur mal einem Reiher und mal einem fliegenden Schwan nach, die das Schiff überholten. Auch Radfahrern gelang das auf

Wieland, Schubart, Hölderlin, Kerner, Uhland, Mörike et Hesse. Et ce qu'a écrit Schiller de sa belle écriture: «J'écris comme citoyen du monde qui ne sert aucun prince» s'applique à tous ces grands Souabes. Marbach doit à l'amour le fait d'être devenu la célèbre ville de Schiller. En descendant dans une auberge de Marbach, le père de Schiller, Johann Caspar avait eu le coup de foudre pour la fille de l'aubergiste, une jeune fille de dix-sept ans. Il devait l'épouser trois mois plus tard et rester toute sa vie dans cette ville.
Derrière Marbach, la Murr, une rivière petite et modeste, rejoint le Neckar. «En fait, nous aurions dû nous arrêter ici pour voir au moins le crâne de notre arrière-arrière-grand-mère de Steinheim que l'on a découvert dans le gravier de la Murr», dit le maçon toujours prêt à s'instruire. «Il a environ 300 000 ans et à Mauer près d'Heidelberg, on a même trouvé dans les cailloux du Neckar le plus vieil Européen connu jusqu'à présent – il aurait au moins 600 000 ans!» Des périodes aussi énormes ne disaient pas grand-chose à Karl, aussi le maçon ajouta: «Cela veut dire que la vallée du Neckar est importante pour nous tous!»
Mais Karl préférait suivre des yeux tantôt le vol d'un héron, tantôt celui d'un cygne qui dépassaient le bateau. Les cyclistes y parvenaient aussi sur certains chemins de halage – un voyage en bateau sur le Neckar est après tout une excursion de tout repos. Cela ne devient passionnant qu'au passage des immenses péniches qui laissent dans leur sillage de hautes vagues. Avec leurs 105 mètres de long et 11,40 mètres de

keeper's seventeen-year-old daughter, married her three months later, and stayed in Marbach for good.
Soon after Marbach the Neckar is joined by the modest Murr River. "We really ought to have got off the boat here to look at the skull of our great-great-grandmother from Steinheim," said Thomas, always interested in extending his knowledge and experience. "It's about 300,000 years old, and was found in the Murr gravel beds – another lot of bones found up at Mauer near Heidelberg is supposed to be at least 600,000 years old, which means that a Neckar man is the oldest known European!" Such huge figures did not really mean anything to Karl, so the mason added: "That means that the Neckar Valley is important to us all!"
But Karl hardly responded; he just watched the occasional flying heron or swan, overtaking their boat. Cyclists also sometimes overtook them on one of the old tow-paths – a boat-trip on the Neckar is, after all, a leisurely experience. The only exciting moments are when one of the huge barges ploughs past, leaving a high wake behind it. These barges, 105 metres long and 11.40 metres wide, fit precisely into the locks. "By the way – that little castle up there in Kleiningersheim is something every carpenter ought to see, it's 16th century, and has an inner courtyard with carved wooden arcades!" – Yes, the mason really was a bit of a schoolmaster! Mundelsheim, robed in vines, passed by – there, the vines in the best sites are watered individually, drop by drop, like plants in an oasis. Small boats serve for crossing the river

manchem der alten Treidelpfade; eine Neckarschiffahrt ist eben ein gemächliches Erlebnis. Aufregend wird es erst, wenn einer der Riesenkähne mit hoher Bugwelle vorbeifährt. Diese Kähne passen mit ihren 105 Meter Länge und 11,40 Meter Breite gerade noch in die Schleusen. „Aber das Schlößchen dort oben in Kleiningersheim, das mußt du als Zimmermann mal angucken, das ist aus dem 16. Jahrhundert und hat einen holzgeschnitzten Arkadenhof!" – Ja, an dem Maurer schien wirklich ein Schulmeister verlorengegangen zu sein!
Mundelsheim in seinem Rebenmantel zog vorüber, dort werden die Trauben in den besten Lagen einzeln und tröpfchenweise wie Wüstenpflanzen bewässert. Am Ufer lagen kleine Nachen, die bis zum ebenfalls von Reben umschmeichelten Hessigheim die Brücke ersetzen. In dessen Steilhängen wird der Wein von der Sonne gekocht, während in den Felsen darüber von Bergsteigern alpin geklettert wird.
Nur von dem regsamen und ganz nahen Bietigheim ist vom Fluß aus nichts zu sehen. Dessen Altstadt kann niemals schöner gewesen sein als heute. Wohl weiß der Verstand, daß alle die kunstvoll geschnitzten Holzfronten der prachtvoll vorkragenden Häuser der Wengerter, Bürger und Adligen niemals alle zusammen hatten so bau- und farbenfrisch wie heute aussehen können. Dennoch wandert der Besucher beglückt auf dem „Altstadt-Lehrpfad" vom Hexengäßlein bis zum begeisternden Zierfachwerk des Hornmoldhauses, zur Lateinschule aus dem 15. Jahrhundert oder zum Physikatshaus (dort hat der Stadtarzt gewohnt). Schon

large, ces péniches passent tout juste dans les écluses. «Mais toi, comme maçon, tu devrais au moins voir le petit château là-haut, à Kleiningersheim, il date du XVIe siècle et a une cour à arcades en bois sculpté!» – oui, le maçon tenait vraiment du maître d'école!
Ils passèrent Mundelsheim habillé de vignes – là, les ceps de vignes qui sont situés aux meilleurs endroits sont arrosés un par un, goutte à goutte comme des plantes du désert. Au bord de la rive, il y avait de petites barques qui remplacent les ponts absents jusqu'à Hessigheim, un autre village entouré de vignes. Sur ces versants abrupts, les raisins sont dorés par le soleil tandis que les rochers au-dessus offrent des possibilités d'escalade alpine.
De la rivière, on ne peut rien voir de Bietigheim, une petite ville animée pourtant toute proche. Son vieux centre n'a jamais pu être plus beau qu'aujourd'hui. Il est certain que toutes ces maisons à colombage et encorbellement, aux merveilleux ornements sculptés, qui ont appartenu à des vignerons, bourgeois et patriciens n'ont eu à aucun moment dans le passé cet air d'avoir été fraîchement construites et peintes qu'elles ont maintenant. Néanmoins, le visiteur se promène ravi dans la ville allant de la ruelle des sorcières jusqu'à la maison Hornmold, une splendide construction à colombage, de l'école de latin du XVe siècle jusqu'à la maison du physicien (où habitait autrefois le médecin de la ville). Les précieux carreaux des minuscules fenêtres coulissantes témoignent de l'importance des anciens habitants. Bietigheim comptait de riches et honorables bourgeois dans ses

here, as the next bridge is not until Hessigheim, another village nestled among the vines. On these steep slopes the grapes bask in the sun, while the summits above provide sport for Alpine-standard rock-climbers.
Although it is so close, nothing can be seen of the lively little town of Bietigheim from the river. Its old centre can never have been more beautiful than it is today. It is clear that all the ornately carved half-timberings of the jettied houses of the wine-growers, burghers, and patricians never at any one time in the past looked so freshly-built and painted as they do now, but the visitor nevertheless wanders through the town in delight, roving from "Hexengässlein" (Witches' Alley), to the splendid ornamental half-timbering of Hornmold House, from the 15th century Latin School to the Physikat's House, where the town's physician used to live. The precious window-panes in the tiny sliding windows are themselves a clear indication of the standing of the original owners. Bietigheim was full of prosperous burghers – and their spirit still seems to be alive when one looks at the Town Hall, in use since 1507, and the monumental half-timbered house of the town chemist next door; the town chemist's is an institution that has existed since 1559, and has dispensed medicine ever since. Bietigheim has conserved itself, and is not worried about the fact that of many old houses only the ground-plan, the façades, and the crooked beams that support the floors remain as a priceless shell containing all the conveniences of modern life. The main thing, it seems, is that the very irregular roof landscape

das kostbare Fensterglas in den winzigen Schiebefensterchen zeigt die Bedeutung der ehemaligen Bewohner. Bietigheim hatte die vermögende Ehrbarkeit in seinen Mauern, fast meint man ihr zu begegnen, wenn da neben dem seit 1507 benützten Rathaus der zu Recht monumental genannte Fachwerkbau der Stadtapotheke steht. Die ist als Institution 1559 eingerichtet worden und hat seither hier ihre Mörser aufgestellt. Bietigheim hat sich selbst konserviert und geniert sich nicht, daß von vielen alten Häusern nur noch die Grundrisse und die Fassaden samt den krummen Tragbalken zwischen den alten Stockwerken da sind als kostbar polierte Schale für viele moderne Bequemlichkeiten. Hauptsache, das höchst unregelmäßige Dachgewimmel des alten Stadtensembles bleibt erhalten. Das berühmte Ku(h)riosum, ein modernes Kunstwerk vor dem Unteren Tor, ist ein Symbol dieser 1200 Jahre alten und doch jung gebliebenen Stadt. Die Metallkuh auf dem Milchkannenbrunnen hat einen naturalistischen Kopf mit blauen Glotzaugen und goldenen Hörnern. Der Leib aber ist aus platten Eisenscheiben. Denn gerade wie die altschönen kunstvoll erhaltenen Außenseiten der Fachwerkhäuser aus der natürlichen Werkstoffwelt stammen, ist auch der Kuhkopf höchst realistisch. Der Rest aber ist Technik – geliebte, verdammte, längst unverzichtbare Zivilisationsmaterie. Bietigheim hat Erfahrung mit solchen Wandlungen. 1853 ist vor der Stadt der Enzviadukt eingeweiht worden, ein gewaltiges Bauwerk aus Maulbronner Keupersandstein, das einer römischen Wasserleitung gleicht. Der Via-

murs et on respire encore cet air de respectabilité lorsque l'on contemple l'hôtel de ville, construit en 1507 et le monumental édifice à colombage de la pharmacie de la ville. Cette institution a été créée en 1559 et depuis elle a toujours fourni des médicaments. Bietigheim s'est conservée elle-même et n'est pas gênée par le fait que des nombreuses maisons anciennes seuls le plan, les façades et les poutres tordues qui supportent les étages demeurent comme un précieux écrin pour de nombreuses commodités de la vie moderne. L'essentiel, semble-t-il, est que l'enchevêtrement des toits de l'ancien ensemble urbain soit conservé. La célèbre curiosité locale, une œuvre d'art moderne devant la Porte inférieure, est presque un symbole à cet égard. La vache en métal sur la fontaine des bidons de lait a une tête naturaliste avec de gros yeux bleus et des cornes dorées mais son corps est fait de plaques de fer plates. Comme l'extérieur merveilleusement conservé des maisons à colombage réalisées en matériaux naturels, la tête de la vache est des plus réalistes. Le reste toutefois est de la technologie – des matériaux de la civilisation, populaires, damnés mais depuis longtemps indispensables. Bietigheim a fait l'expérience de tels changements. En 1853, on inaugura devant la ville le pont de chemin de fer de l'Enz, une construction colossale en grès keupérien qui ressemble à un viaduc romain. Il relia la région sud du Neckar avec le Nord, ce qui entraîna le déclin de la navigation sur le Neckar.
A Besigheim, où l'Enz traverse d'abord un grand barrage et contourne la moitié de la ville avant

of the old urban ensemble remains intact. A locally famous curiosity, a modern work of art by the Lower Gate – a metal cow on the Milk Churn Fountain – is a symbol of this town which, although 1200 years old, has preserved its youth. The cow has a naturalistic head with bulging blue eyes and golden horns, but its body is made of flat iron plates. Like the well-preserved, fine old exteriors of the half-timbered houses, made of natural materials, the head of the cow is highly realistic: but the rest is technology – popular, frequently cursed, but by now indispensable artificial materials. Bietigheim has seen a number of radical changes in its time. In 1853 the Enz Railway Bridge was built just outside the town: a gigantic construction of Maulbronn keuper masonry, which resembles a Roman viaduct. It connected the southern Neckar region with the north, to the detriment of Neckar shipping. In Besigheim, where the Enz first crosses a large weir, and then flows half way round the town before adding its Black Forest water to the Neckar, time moves more slowly. On the weir bridge across the Neckar stands a stone bull with lowered head, making just the same impression as the town of Besigheim within its medieval fortifications between the two rivers. Towers with walls four metres thick have protected the upper and lower town for eight centuries, and inside the fortified ring things have been well preserved – from the restored Town Church to the names of the little alleyways or the cobbled streets. Corn cobs are still hung to dry outside many houses as they have always

dukt öffnete dem südlichen Neckarland den Eisenbahnweg nach Norden, dafür kümmerte dann die Neckarschiffahrt.
In Besigheim, wo die Enz zuerst noch über ein großes Wehr und dann rings um die halbe Stadt fließt, ehe sie mit all ihrem Schwarzwaldwasser in den Neckar mündet, tropft die Zeit langsamer ab. Auf der Schleusenbrücke über dem Neckar steht ein steinerner Stier mit gesenktem Kopf, und gerade so wirkt das immer noch mittelalterlich befestigte Besigheim zwischen den beiden Flüssen. Burgtürme mit vier Meter dikken Mauern decken die obere und die untere Stadt seit achthundert Jahren, und drinnen sind die alten Verhältnisse wohl bewahrt worden von der restaurierten Stadtkirche bis zu den Namen der Gäßchen aus der Nachtwächterzeit oder dem Holperpflaster – auch wenn dieses neualte Pflaster aus den Alpen herbeigeschafft worden ist. Vor vielen Häusern hängen noch die Maiskolben zum Trocknen wie eh und je, und das Backhäusle von 1820 wird auch noch immer benützt und mit den Holztrieben geheizt, die beim Rebschneiden anfallen. Das Rathaus und die Kelter jedoch sind gleichermaßen auf alten Glanz von außen und auf praktischen neuen Glanz im Innern hergerichtet worden, und mindestens das altertümliche Aussehen hat hier Tradition. Denn schon Herzog Carl Eugen soll gesagt haben, in dieser bereits auf ihn uralt wirkenden Altstadt wäre wohl „eine Feuersbrunst nicht von Übel“. Nicht nur die Maler wären jedoch zu allen Zeiten sehr betrübt gewesen, wenn sich dieser Herzog oder andere, spätere Verächter historisch

de se jeter avec toutes ses eaux de la Forêt-Noire dans le Neckar, le temps passe lentement. Sur le pont du barrage au-dessus du Neckar, il y a un taureau en pierre à la tête baissée et il donne la même impression que la ville de Besigheim avec ses fortifications médiévales entre les deux fleuves. Des tours-portes avec des murs de quatre mètres d'épaisseur gardent depuis 800 ans la ville haute et la ville basse. A l'intérieur de l'enceinte, tout a été bien conservé, de l'église paroissiale restaurée jusqu'aux noms des ruelles de l'époque des veilleurs de nuit en passant par les pavés cahotants – même si ces nouveaux anciens pavés ont été cherchés dans les Alpes. Les épis de maïs sont accrochés pour sécher comme ils le sont depuis toujours à l'extérieur de nombreuses maisons et le petit fournil de 1820 est encore utilisé et chauffé avec des jets de ceps ramassés lors de la taille de la vigne. L'hôtel de ville et le pressoir ont été tous deux modernisés à l'intérieur mais restaurés dans l'ancien style à l'extérieur. L'aspect ancien a une longue tradition ici car le duc Carl Eugène aurait déjà dit que dans cette vieille ville, qui lui paraissait déjà fort ancienne, «un bon incendie ne ferait pas de mal». Les peintres, qui ont trouvé dans cette ville quantité de sujets au cours des siècles, n'auraient pas été les seuls à se lamenter si ce duc ou par la suite d'autres contempteurs d'ensembles architecturaux historiques étaient arrivés à leurs fins.
Ces anciennes localités pleines de vie, aux dimensions humaines, sont en tout cas un excellent contrepoids au développement de la «voie

been, and the bakehouse of 1820 is still used and heated with vine shoots gained by pruning. The Town Hall and the wine press have both been modernized inside but refurbished in the old style outside. Looking old has a long tradition here, for in the second half of the 18th century Duke Carl Eugen is reputed to have said that the old town, which already looked ancient to him, would be “improved by a good fire”. The town has provided countless artists throughout the centuries with motifs, and not only they would have regretted it if the duke or any of the later despisers of organic architectural ensembles had had their way.
These old but flourishing places, whose dimensions are always based on human proportions, help to ameliorate the impression made by large-scale modern developments such as the “Neckar Federal Waterway”. There is a constant struggle here to find the right balance between industry and an environment worth living in, so that even the atomic power station near Neckarwestheim is surrounded by vineyards. And the couples that marry in the chapel of Liebenstein Castle, which itself represents a happy marriage of the Renaissance and Late Gothic styles, are clearly in search of an idyllic setting in contrast to the high-tech part of the valley around Neckarwestheim.
Eight large power stations along the Neckar are not allowed to heat the water to more than 28 degrees Celsius, nevertheless in midsummer the river is sometimes incapable of providing sufficient cool water for these energy producers. Apart from the harbours, it is the power

gewachsener Architektur durchgesetzt hätten. Der „Bundeswasserstraße Neckar“ tut das menschliche Maß solcher alter und lebensvoller Ortschaften jedenfalls gut. Fast täglich wird an ihren Ufern gerungen um die richtige Mischung von Industrie und lebenswerter Kulturlandschaft, und so ist selbst das Kernkraftwerk bei Neckarwestheim von Weinbergen umrahmt geblieben. Und die Brautleute, die in der Kapelle von Schloß Liebenstein heiraten, wo sich die Renaissance mit der Spätgotik vermählt und beide überhöht hat, suchen im hochtechnisierten Neckarwestheimer Talabschnitt die vom Alltag entrückte Idylle.
Die acht Großkraftwerke am Neckarlauf dürfen den Fluß nur noch bis zu 28 Grad Celsius aufheizen, trotzdem ist der Neckar im Hochsommer gelegentlich nicht mehr fähig, das nötige Kühlwasser für diese Energiespender der Industrie zu liefern. Nächst den Häfen haben die Kraftwerke die Neckartal-Landschaft am auffälligsten verändert; der 250 Meter hohe Schornstein des Altbacher Kohlekraftwerkes bei Plochingen überragt sogar die Bergkante des Schurwaldes. Doch jede Generation gewöhnt sich an das Vorgefundene, und so ist auch diese von halb Württemberg aus sichtbare Betonröhre schon zum vertrauten Landschaftsteil geworden – und zugleich zu einem Maßstab dafür, wie gering die vertikalen Höhenunterschiede im Ländle sind.
Schon das auf Felsen thronende Lauffen steht wie eine Talsperre im Tal. Der merkwürdige Ort besteht gleich aus drei befestigten Plätzen, die dennoch zusammengehören. „Laufen“, das sind

navigable fédérale» du Neckar. Presque quotidiennement, on tente de trouver ici un juste équilibre entre l'industrie et un environnement agréable et c'est ainsi que même la centrale nucléaire près de Neckarwestheim est entourée de vignobles. Et les couples qui se marient dans la chapelle du château de Liebenstein, où le style Renaissance et gothique flamboyant forment une heureuse union, viennent chercher ici un endroit idyllique à l'écart de la partie high-tec de la vallée autour de Neckarwestheim.
Huit importantes centrales électriques le long du Neckar ne doivent plus chauffer les eaux de la rivière jusqu'à 28 degrés centigrades. Malgré tout en plein été le Neckar est quelquefois incapable de fournir suffisamment d'eau de réfrigération à ces producteurs d'énergie. Après les ports, ce sont les centrales qui ont le plus modifié le paysage de la vallée du Neckar; la cheminée de 250 mètres de hauteur de la centrale électrique alimentée au charbon de Altbach près de Plochingen dépasse même les escarpements du Schurwald. Mais chaque génération s'habitue à ce qu'elle trouve déjà sur place et cette cheminée de béton visible de la moitié du Wurtemberg est devenue une partie familière du paysage et en même temps une mesure qui montre le peu de différence de hauteur de la contrée. Ceci explique que Lauffen, qui est perchée sur un rocher, ait déjà l'air d'un barrage dans la vallée. Cette curieuse localité est composée de trois places fortes qui sont toutefois réunies. Le nom de la ville vient des rapides qui existaient autrefois à cet en-

stations which have most obviously changed the Neckar landscape; the 250-metre-high chimney of the Altbach coal-fired power station near Plochingen rises even above the level of the bluffs. But each new generation accustoms itself to what is already there, so that even this concrete chimney, visible from half of Württemberg, has become an accepted landmark – and at the same time a measure of how little the height of the countryside varies.
Thus, although it is only slightly elevated, Lauffen, between Bietigheim and Heilbronn, stands out like a landmark in the valley. This strange little town consists of three fortified sections which nevertheless belong together. The name of the town is derived from the rapids that used to present a threat to shipping here, but Lauffen is said to have been still called *Augusta Nicri* during the time of the migration of the peoples, and this name recalls the river god *Nicer*, from whom the Neckar derives its name. It seems that the Neckar was called *Nikra* in Celtic times, because it was a torrent then, *nik* or *neik* meaning "fast, rushing", while *ara* meant water. The Romans turned this into *Nicer*, and from this "Necker, Neckar" derived. Today Lauffen still possesses the remains of a six-arch Neckar bridge built in 1532, an old Palatine Castle – now surrounded by a little wilderness that provides a sanctuary for nightingales –, and downriver on the left-hand side the "Village" and, on the other side, the "Town". Lauffen also has the privilege of having its very own saint, Regiswindis, in the (now long-since Protestant) church of the same name. The saint

Schloß Liebenstein bei Neckarwestheim. *Unter dem Bergfried einer alten Burg steht eine gotische Kapelle, die in der Renaissance überaus reizvoll und verspielt umgebaut worden ist.*

Château de Liebenstein près de Neckarwestheim. *Au-dessous du donjon d'un ancien château se trouve une chapelle gothique qui, à l'époque de la Renaissance, a été transformée d'une façon tout à fait charmante.*

Liebenstein Castle near Neckarwestheim. *Below the keep of an earlier castle is a Gothic chapel which was charmingly converted and extended during the Renaissance period.*

die Stromschnellen früherer Zeiten; noch in der Völkerwanderungszeit soll der Ort aber *Augusta Nicri* geheißen haben, und das erinnert an den Flußgott *Nicer*, der dem Neckar seinen Namen gegeben hat. *Nikra* hatte der Neckar in keltischer Zeit wohl geheißen, denn er war ein reißender Fluß, und *nik* oder *neik* bedeutete „rasch, reißend", *ara* aber war das Wasser. Woraus bei den Römern *Nicer* und seit 765 „Necker, Neckar" geworden ist. Lauffen hat heute noch ein sechsjöchiges Trümmerstück einer Neckarbrücke von 1532, eine alte Pfalzgrafenburg auf einem Felsen inmitten der Wildnis einer wohlgeschützten Nachtigalleninsel und flußabwärts zur linken das „Dorf" und zur rechten das „Städtle". Dazu eine der wenigen Heiligen aus Altwürttemberg, die Regiswindis in der gleichnamigen (längst protestantisch gewordenen) Kirche. Die Heilige hatte als Kind eine rachsüchtige Erzieherin nicht überlebt, das wird dramatisch auf den Kopien bunter Tafelbilder geschildert. Die „Seugam" hatte die Siebenjährige im Schloß erstochen, „würffts tod in Neckher, schwimpt empor", worauf dieser Teil Lauffens alsbald zum Wallfahrtsort wurde.
Ein anderes Wunder, die Geburt eines Genies, hat Lauffen weniger gebracht. Zwar ist der Taufeintrag Friedrich Hölderlins vom März 1770 im Klosterhof-Museum zu sehen, doch die Wallfahrt der Hölderlin-Verehrer mußte ausbleiben. Das Kind Friedrich war zu kurz in Lauffen und konnte nur matte Eindrücke von seiner Geburtsstadt haben. Vielleicht hat es aber schon an der nahen Zaber die Ölmühle gesehen, die noch nach dem letzten Krieg kostbares

droit mais, à l'époque des grandes invasions, la localité se serait encore appelée *Augusta Nicri* et ce nom rappelle le dieu de la rivière *Nicer* dont le Neckar tire son nom. A l'époque celtique, le Neckar se serait appelé *Nikra* car c'était une rivière impétueuse et *nik* ou *neik* signifiait «rapide, impétueux» et *ara* l'eau. Les Romains en auraient fait *Nicer* et depuis 765 ce nom est devenu «Necker, Neckar». Lauffen possède encore les vestiges d'un pont à six arches construit en 1532 sur le Neckar, un ancien château palatin sur un rocher au milieu d'une végétation sauvage, véritable refuge pour les rossignols, et en aval de la rivière à gauche le «village» et à droite la «ville». A cela s'ajoute une des rares saintes de l'ancien Wurtemberg, Regiswindis dans l'église du même nom (protestante depuis longtemps). Cette sainte avait été tuée à l'âge de sept ans par une gouvernante vindicative qui l'avait poignardée avant de la jeter dans le Neckar d'où elle était sortie «en se redressant», ce qui devait faire bientôt de Lauffen un lieu de pèlerinage.
D'un autre miracle, la naissance d'un génie, Lauffen n'a pu tirer parti. Le baptême de Friedrich Hölderlin en mars 1770 figure bien dans les registres de la paroisse exposés au musée du monastère mais les admirateurs de Hölderlin n'y sont pas venus en pèlerinage. Enfant, le poète n'a vécu que trop peu de temps à Lauffen pour avoir eu de sa ville natale autre chose que de vagues souvenirs. Mais peut-être avait-il déjà vu sur la Zaber toute proche le vieux moulin à huile qui produisait encore après la dernière guerre une précieuse huile avec des faines, du

was killed at the age of seven by a revengeful nurse, who stabbed her before throwing her into the river, where she "swam back up", whereupon Lauffen soon became a place of pilgrimage.
Another miracle, the birth of a genius, did not do much for Lauffen. The baptism of Friedrich Hölderlin, dated March 1770, is entered in the parish register, which can be viewed in the Monastery Museum, but there has been no pilgrimage of Hölderlin enthusiasts. The child Friedrich lived for too short a time in Lauffen to have had anything but vague memories of it. He might, however, have seen the old oil mill on the nearby River Zaber, which was still producing delicious oil from beech-nuts, poppy seeds, and sunflower seeds till after the last war – we have arrived in the fertile Zaber region. Thomas wanted to persuade his companion to visit the nearby Roman farmstead – they had already passed the reconstructed princely tomb in the Celtic Museum of Hochdorf and the beautifully conserved villa in the museum of Walheim – but Karl was not to be shifted from the village, where he was fascinated by the inn which had an inscription outside reading: "Family business since 1685". And he thought to himself: if you go walking through the country like a living tradition the way I do, you also have to respect other traditions – especially drinking traditions!

Öl aus Bucheckern, Mohn und Sonnenblumenkernen geschlagen hat – wir sind im fruchtbaren Zabergäu. Thomas wollte seinen Begleiter zwar noch zu dem nahen römischen Gutshof locken, nachdem sie schon am rekonstruierten Fürstengrab im Hochdorfer Keltenmuseum und an der prächtig erhaltenen Villa im Walheimer Museum Römerhaus vorbeigeschwommen waren, doch Karl blieb im Dorf angewurzelt stehen vor dem Erkerhaus, an dem der Wirt stolz angeschrieben hat: „Familienbesitz seit 1685.“ Wer als Geselle und lebende Traditionsfigur durch die Lande walzt, muß auch alle anderen Traditionen ehren. Vor allem, wenn es dort etwas Gutes zu trinken gibt.

pavot et des graines de tournesol – car nous sommes ici dans la fertile région de la Zaber. Après avoir déjà manqué le tombeau princier reconstitué dans le musée celte de Hochdorf et la villa romaine merveilleusement conservée au musée de Walheim, Thomas voulait encore convaincre son compagnon de visiter une ferme romaine voisine mais Karl ne voulait plus quitter le village où il était tombé en arrêt devant une auberge, une construction à encorbellement sur laquelle on pouvait lire l'inscription suivante: «Propriété familiale depuis 1685». Et Karl se mit à penser que lorsque l'on voyage comme lui à travers le pays tel une tradition vivante, il faut aussi respecter d'autres traditions et surtout celle du bien boire.

Schloß Ludwigsburg. *Nach dem Vorbild des Schlosses von Versailles ließ Herzog Eberhard Ludwig von Württemberg ab 1704 einen riesenhaften Schloßkomplex um einen rechteckigen Innenhof errichten, Kernzelle der von 1715 an auf regelmäßigem Grundriß wachsenden Residenzstadt Ludwigsburg. Der weitläufige Schloßpark lockt alljährlich mit dem „Blühenden Barock" Besucher aus nah und fern an. Schloßtheater und Schloßhof bieten stimmungsvolle Kulissen für die Ludwigsburger Schloßfestspiele.*

Château de Ludwigsburg. *A partir de 1704, le duc Eberhard Ludwig de Wurtemberg fit ériger sur le modèle de Versailles un immense complexe autour d'une cour rectangulaire; il constitua le noyau de la ville de Ludwigsburg qui fut construite à partir de 1715 sur un plan régulier. Avec ses floralies, «Baroque fleuri», le vaste parc attire chaque année de nombreux visiteurs de près et de loin tout comme le festival annuel du château de Ludwigsburg qui se déroule dans le cadre idéal du théâtre et de la cour du château.*

Ludwigsburg Palace. *From 1704, Duke Eberhard Ludwig of Württemberg began building this huge rectangular palace complex, modelled on Versailles; it formed the core of the town of Ludwigsburg, which was constructed from 1715 on a gridiron plan. The extensive Palace Park, with its annual horticultural show "Flowering Baroque", attracts visitors from far and near, as does the annual Ludwigsburg Palace Festival, which takes place in the ideal setting provided by the Palace Theatre and Courtyard.*

◀ ▼ ***Die Ludwigsburger Porzellanmanufaktur.*** *Herzog Carl Eugens „Porcelaine-Fabrique" hat Spitzenleistungen der Porzellankunst des 18. Jahrhunderts hervorgebracht. In der heutigen Manufaktur wird nach diesen großen Vorbildern mit den alten Handfertigkeiten gearbeitet.*

▶ ***Das Jagd- und Lustschloß Favorite.*** *Herzog Eberhard Ludwig ließ im nahen Favoritewald das Favorite-Schlößchen für Fasanenjagden und sommerliche Aufenthalte bauen.*

◀ ▲ ***La manufacture de porcelaine de Ludwigsburg.*** *La fabrique de porcelaine du duc Carl Eugen a produit certaines des plus belles porcelaines du XVIIIe siècle. Les merveilleux exemplaires de cette époque sont encore reproduits aujourd'hui à l'aide des anciennes techniques.*

▶ ***Le pavillon de chasse et de plaisance de la Favorite.*** *Le duc Eberhard Ludwig fit construire, dans la forêt de la Favorite toute proche, ce petit château pour la chasse aux faisans et les séjours d'été.*

◀ ▲ ***The Ludwigsburg Porcelain Manufactory.*** *Duke Carl Eugen's "Porcelaine-Fabrique" produced some of the finest 18th century porcelain. The great works of that period are still reproduced today, using the old techniques.*

▶ ***The hunting lodge and summer palace Favorite.*** *This little Baroque palace was built by Duke Eberhard Ludwig in the nearby Favorite Forest for pheasant shoots and summer amusements.*

Marbach am Neckar. *Marbach ist eines der wenigen Städtchen, die die allerletzten Jahrhunderte unzerstört überlebt hat. Schillers bescheidenes Geburtshaus war im 18. Jahrhundert ein durchaus typisches Bürgerhaus.*

Marbach sur le Neckar. *Marbach est l'une des rares petites villes à avoir survécu sans dommage aux derniers siècles. La modeste maison où Schiller est né était au XVIIIe siècle une maison bourgeoise typique.*

Marbach on the Neckar. *Marbach is one of the few little towns that have survived the more recent centuries unscathed. The modest house in which Schiller was born was a typical 18th century burgher's house.*

Bilder aus Großbottwar. *Viele Nebengewässer des Neckars kommen aus hochgeschätzten Weingegenden, Konkurrenz für die Weine, deren Rebstöcke sich unmittelbar im Neckarwasser spiegeln. Großbottwar gehört dazu, in dessen winkeligen Fachwerkgassen Häuser stehen wie das Schiefe Haus links oder wie das schöne alte Rathaus von 1556 auf dem rechten Bild.*
Nächste Doppelseite: Die Neckarschleife bei Mundelsheim. *Im Muschelkalk muß sich der Fluß immer zwischen harten Gesteinsbänken durchwinden, und so ist auch diese Schleife entstanden, die gleich nach ihrer nächsten Biegung zu den Felsengärten von Hessigheim führt.*

Scènes de Grossbottwar. *De nombreux affluents du Neckar proviennent de régions – autour de Grossbottwar – qui produisent d'excellents vins et qui concurrencent les vignobles se reflétant directement dans les eaux du Neckar. A Grossbottwar, la «Maison penchée» (à gauche) parmi d'autres maisons à colombage ou le bel hôtel de ville ancien de 1556 sur la photo de droite sont autant d'exemples de l'architecture de la région.*
Double page suivante: la boucle du Neckar près de Mundelsheim. *La rivière doit souvent se frayer un passage à travers des bancs de roche dure et c'est ainsi que s'est formée cette boucle qui, au prochain tournant, conduit aux jardins rocheux de Hessigheim.*

Scenes from Grossbottwar. *Many excellent wines are grown in the higher regions from which the Neckar's numerous tributaries come – around Grossbottwar, for instance: competition for the wines that thrive along the main river. Grossbottwar's "Crooked House" (left) and other half-timbered houses, and its fine old Town Hall of 1556 (right), are good examples of the region's architecture.*
Next double page: The bend in the Neckar near Mundelsheim. *The river frequently has to pick its way round outcrops of hard rock in the fossiliferous limestone – and that is how this loop was formed. Round the next bend the river flows towards the Hessigheim "Rock Gardens".*

17
82

◀ ***Am Stromberg bei Hohenhaslach***
▶ ***Die Michaelskirche über dem Zabergäu.*** *Stromberg und Heuchelberg umrahmen das rebenreiche Zabergäu, die Landschaft links des Neckars bis Heilbronn. Der Bergrücken über Cleebronn ist ein alter Kultplatz aus keltischer und römischer Zeit. Die früheste christliche Kirche an diesem Platz war eine karolingische Basilika.*

◀ ***Vue du Stromberg près de Hohenhaslach***
▶ ***L'église St-Michel au-dessus du Zabergäu.*** *Le Stromberg et le Heuchelberg encadrent la région viticole du Zabergäu qui s'étend à gauche du Neckar jusqu'à Heilbronn. La crête de la montagne au-dessus de Cleebronn est un ancien lieu de culte de l'époque celte et romaine. La première église chrétienne qui fut construite à cet endroit était une basilique carolingienne.*

◀ ***Looking down from Stromberg, near Hohenhaslach***
▶ ***St Michael's Church rising above the Zabergäu region.*** *The Stromberg and Heuchelberg hills frame the wine-growing Zabergäu – the region to the left of the Neckar extending as far as Heilbronn. This range of hills was an important cultic area in Celtic and Roman times. The earliest church to be built here was a Carlovingian basilica.*

Die Hafenstadt Heilbronn, Weinsberg und Bad Wimpfen: Salz und Windharfen

„Das sind doch Steine aus alten Häusern! Noch keine hundert Jahre alt", sagte der Maurer erstaunt, als die beiden vor Horkheim unter steingeschichteten Weinbergmauern gen Heilbronn wanderten. Er hatte recht, das zu achtzig Prozent zertrümmerte Heilbronn ist nach dem letzten Krieg ein Steinbruch für seine Umgebung gewesen. In der Ehrenhalle des Rathauses steht ein Ruinenmodell der Innenstadt im Jahre 1945 – nur in einer Ecke dieses Modells scheint ein Betongebäude fast heil zu sein. Nachsicht also für die Heilbronner, die es sich haben nicht leisten können, ihre Stadt nach den (teuren) heutigen ästhetischen Gesichtspunkten aufzubauen. Und Respekt für alles, was sie geleistet haben, als sie die Mauern der Kilianskirche, des bürgerstolzen Rathauses der ehedem freien Reichsstadt, des Deutschordensmünsters oder der Wehrtürme wieder aufrichteten und alles wieder mit den wenigen Schätzen ausstatteten, die rechtzeitig im Friedrichshaller Salzbergwerk hatten versteckt werden können. Wenigstens das Schnitzwunder des Hochaltars der Kilianskirche und die faszinierende astronomische Uhr am Rathaus sind dort im Salz gerettet worden. Das kunstvollste Architekturteil Heilbronns aber schwebt über der Stadt, der Hauptturm der Kilianskirche, der, wie Burg Liebenstein, eine erstaunliche Mischung der Spätgotik mit der Renaissance ist. Die Heilbronner müßten ihren Gästen Ferngläser anbieten zur Bewunderung dieser Turmspitze, damit sie nicht ebenso unachtsam daran vorübergehen wie am Denkmal für Robert Mayer, den schon zu Lebzeiten verkannten größten Heilbronner, der das bedeu-

Le port de Heilbronn, Weinsberg et Bad Wimpfen: du sel et des harpes éoliennes

«Mais ce sont des pierres de vieilles maisons! Elles n'ont même pas cent ans», dit le maçon avec étonnement alors que nos deux amis se dirigeaient vers Heilbronn en longeant les murs de pierres entassées qui entourent les vignobles devant Horkheim. Il avait raison – Heilbronn, détruit à 80 pour cent pendant la Deuxième guerre mondiale, a servi de carrière pour ses environs. Une maquette du centre de la ville en ruine tel qu'il était en 1945 est exposée dans la salle d'honneur de l'hôtel de ville; dans un coin seulement un bâtiment en béton semble à peu près intact. On comprend donc que les habitants de Heilbronn n'aient pas pu reconstruire leur ville dans sa forme originale car cela aurait été par trop coûteux. Ceux-ci méritent aussi notre respect pour tout ce qu'ils ont fait. Ils ont reconstruit, par exemple, la Kilianskirche, le fier hôtel de ville de l'ancienne ville impériale libre, l'église de l'Ordre Teutonique et les tours fortifiées qu'ils ont aménagés avec les quelques trésors qu'ils avaient pu cacher à temps dans les mines de sel de Friedrichshall. Le beau maître-autel sculpté de la Kilianskirche et la fascinante horloge astronomique de l'hôtel de ville ont ainsi pu être sauvés dans le sel. Mais le plus beau monument d'architecture de Heilbronn domine la ville, c'est la tour principale de l'église Saint-Kilian qui, comme le château de Liebenstein, est un étonnant mélange de gothique flamboyant et de Renaissance. La ville devrait en fait offrir des jumelles à ses visiteurs pour qu'ils admirent cette tour et ne passent pas sans la voir comme ils le font devant le monument du physicien et

The port of Heilbronn, Weinsberg, and Bad Wimpfen: salt and aeolian harps

"They're stones from old houses! Not a hundred years old," said Thomas in amazement, as the two of them were walking towards Heilbronn along the dry stone walls confining the vineyards just outside Horkheim. He was right – Heilbronn, eighty per cent of which was destroyed in the second world war, was used as a quarry for the surrounding area in the post-war period. In the Town Hall there is a model of the ruined town centre as it was in 1945. In one corner of the model the only building that seems to be almost undamaged is of concrete, which makes it easier to understand that the Heilbronners felt they could not afford to rebuild their town in its original form, which would, of course, have been much more costly. In fact, they deserve respect for what they did achieve – the rebuilding of St Kilian's Church, the proud Town Hall of the one-time imperial city, the Church of the Teutonic Order, and the fortified towers, for example, which they furnished with the few treasures that had been removed to safety in time. The marvellous carved High Altar in St Kilian's, at least, and the fascinating astronomical clock on the Town Hall were both saved – having been stored, like the other artefacts, in the salt mine at Friedrichshall. The finest architectural achievement, rising high above the town, is the main tower of St Kilian, which, like Liebenstein Castle, is an amazing mixture of Late Gothic and Renaissance. The town should really provide its visitors with binoculars so that they can admire this tower and not walk past without noticing it, the way they do past the monument to Robert Mayer,

tungsvollste Naturgesetz erkannt hat: daß Energie nicht verlorengehen kann.
Zwei Wasserstraßen machen Heilbronn zur Hafenstadt, die alte Flußaue des Neckars, auf der Fahrgastschiffe verkehren mit so hübschen Namen wie „Neckarbummler“ und „Trollinger“, und der Neckarkanal mit seinen Hafenbecken. Der Industriemittelpunkt Heilbronn ist einer der großen deutschen Binnenhäfen, und das ist nicht nur dem Salz zu danken, das von hier aus verschifft wird. Die Heilbronner haben allerdings ein paar hundert Jahre gebraucht, ehe sie begriffen, daß mit dem freien Handel am meisten verdient wird. Ein kaiserliches Privileg erlaubte ihnen nämlich seit dem Jahre 1333, den Neckar zu „wenden und zu keren“, und das nützten sie aus, um den Neckar flußaufwärts mit Mühlen und Wehren zu sperren; nur Flöße durften durch ein Floßloch passieren. Bis zum Jahre 1802, als Heilbronn württembergisch wurde, konnte es seine Stapelrechte durchsetzen; danach sperrte sich der Neckar selber dagegen, flußaufwärts eine brauchbare Wasserstraße zu werden. Jahrzehnte vergingen, ehe alle Stromschnellen, die oft widerborstige Strömung, der unregelmäßige Wasserstand und die vielen engen Schleifen überwunden waren. Erst als 1920 mit dem Bau des Kanals begonnen wurde, mußte sich der Fluß endgültig fügen. Zuvor scheiterten alle Anläufe für einen regelmäßigen Schiffsverkehr nach wenigen Jahren oder Jahrzehnten. Von 1841 an wurde die Dampfschiffahrt bis Heilbronn ausprobiert, und von 1878 an fuhren Kettenschleppschiffe, die „Neckaresel“; das waren Dampfboote, die sich an einer 125 Kilo-

médecin Robert Mayer, le plus grand des fils de Heilbronn qui fut également méconnu de son temps bien qu'il ait découvert la plus importante des lois de la nature: que l'énergie ne peut se perdre.
Deux voies navigables font de Heilbronn un port: le vieux Neckar, sur lequel naviguent des bateaux de voyageurs avec des noms aussi ravissants que «Neckarbummler» (le flâneur du Neckar) et «Trollinger», et le canal du Neckar avec ses bassins. Centre industriel, Heilbronn est un des grands ports intérieurs d'Allemagne, une position qu'il ne doit pas seulement au sel qui en est expédié. Mais il a fallu aux gens de Heilbronn quelques siècles avant qu'ils ne comprennent que le libre échange était pour eux la meilleure source de gain. En 1333, un édit impérial les avait autorisés à exploiter le Neckar, ce qu'ils firent en construisant des moulins et des barrages en amont du fleuve; seuls les radeaux étaient autorisés à passer par une «écluse pour radeaux». Jusqu'en 1802, l'année où Heilbronn devint wurtembergeois, ils exploitèrent ce droit; à partir de ce moment-là, le Neckar devint rétif et des décennies passèrent jusqu'à ce que l'on vienne à bout de tous ses rapides, de ses courants, de son niveau d'eau irrégulier et de ses nombreux méandres étroits. Ce n'est qu'en 1920, à partir de la construction du canal, que le Neckar put enfin être discipliné. Auparavant, tous les efforts entrepris pour établir une navigation régulière avaient échoué au bout de quelques années ou décennies. A partir de 1841, on essaya de mettre en service des bateaux à vapeur jusqu'à Heil-

the town's most distinguished son, who was largely ignored in his lifetime too, although it was he who discovered the most important natural law of all: that the amount of energy in the universe remains constant.
Two waterways make Heilbronn into a harbour: the old meadow of the Neckar, on which passenger boats with attractive names such as "Neckarbummler" (Neckar Stroller) and "Trollinger" ply, and the Neckar Canal with its harbour basins. Heilbronn, the industrial centre of Lower Swabia, is one of the large German inland ports, and that is not only thanks to the salt that is shipped from here. It took the Heilbronners several hundred years to realize that free trade would be the most profitable policy for them. In 1333 an imperial edict permitted them to exploit the Neckar commercially, and they made full use of this to construct mills and weirs upriver from the town, allowing only rafts to pass through a special "raft lock". They continued to exploit these advantages until 1802, when Heilbronn became part of Württemberg; from that time on the river itself proved difficult, with its rapids and currents, its many narrow bends, and unpredictable depths. In fact, the Neckar was not tamed permanently until the canal was built from 1920. Previous to that all efforts made to establish regular shipping had collapsed after a few years or decades. From 1841 onwards steamers were tried out, plying as far as Heilbronn, and from 1878 drag-chain boats, "Neckar Donkeys", were used; these were steamboats which moved by pulling themselves along a chain that ran on the bed of the river for

◀ ***Die Staustufe bei Gundelsheim.*** *Der Neckar ist als Schiffahrtsstraße vor allem für die Frachtschiffe nützlich. Eine Personenschiffahrt gibt es nur auf kleinen Flußstrecken, weil die 27 Staustufen zwischen Plochingen und Mannheim mehrere Tage zum Schleusen erforderten. Für Ruderer dagegen ist die ruhige Wasseroberfläche des Schiffahrtskanals ideal.*
▶ ***Schleuse bei Neckarsteinach***

◀ ***L'écluse près de Gundelsheim.*** *Comme voie navigable, le Neckar est surtout utile pour le transport des marchandises. Les bateaux de passagers ne peuvent circuler que sur de petits tronçons de la rivière car il faut plusieurs jours pour franchir les 27 écluses entre Plochingen et Mannheim. Les eaux tranquilles du canal de navigation sont par contre idéales pour les bateaux à rames.*
▶ ***Ecluse près de Neckarsteinach***

◀ ***The lock near Gundelsheim.*** *The Neckar is a busy commercial waterway for freight traffic. Passenger boats ply only along short stretches of the river, as the 27 locks between Plochingen and Mannheim take several days to negotiate. But the quiet waters of the ship canal provide ideal conditions for rowing boats.*
▶ ***Lock near Neckarsteinach***

meter langen Kette entlangzogen, die zwischen Mannheim und Lauffen im Flußbett lag. Die Konkurrenz der Eisenbahn und die unzuverlässigen Wasserstände im Neckar ließen aber alle diese Anläufe scheitern. Wenn Rheinschiffe auf dem Neckar verkehren sollten, mußte schon ein Kanal mit Stauwehren und Schleusen gebaut werden, damit auch große, moderne Schiffe immer genügend Wasser unter dem Kiel haben. Das geschah auch, im Jahre 1968 war der Kanal bis Plochingen fertig. Doch wie ein Dom ist auch solch ein Riesenbauwerk niemals fertig; allein die im Jahre 1920 zu schmal entworfenen Kanalstücke machen diese Wasserstraße zur Großbaustelle bis in das dritte Jahrtausend hinein.

Der überall so recht nach Bedarf zitierte Hölderlin wird auch von den Heilbronnern verehrt, weil er geschrieben hat: „Wo Wein wächst, ist das Land schön!" Und Heilbronn ist schließlich das Zentrum des Weinbaus am Neckar. Deshalb wird auch Theodor Heuss gepriesen wegen seines Spruchs: „Wer bei ons nex trenkt, der isch z'faul zom Schlucka!" Und faul wollen die Heilbronner selbstverständlich nicht sein!

Seit Karl in Heilbronn war, dachte er natürlich nur an den Wartberg, wo die Heilbronner seit Jahrhunderten ihren Weinherbst feiern. Sogar im betulichen Biedermeier sollen sie das mit „wahrhaft orgiastischem Jubel" getan haben. Karl war in ähnlicher Stimmung, denn er war sich ganz sicher, daß sein Mädchen diesmal kommen würde, und stieg erwartungsvoll stumm dort hinauf. Thomas sah's mit Erstaunen und verabschiedete sich rücksichtsvoll bis

bronn et à partir de 1878 ce furent des remorqueurs à chaîne qui naviguèrent, les «ânes du Neckar»; c'étaient des bateaux à vapeur qui avançaient en se tirant à une chaîne de 125 kilomètres de longueur posée dans le lit de la rivière entre Mannheim et Lauffen. Mais la concurrence du chemin de fer et le niveau d'eau inconstant du Neckar firent échouer toutes ces tentatives. Pour que les bateaux du Rhin puissent naviguer sur le Neckar, il fallait construire un canal avec des barrages et des écluses de manière à ce que de gros bateaux modernes avec un tirant d'eau de 2,70 mètres aient toujours suffisamment d'eau sous la quille. Ce qui fut fait et, en 1968, le canal fut terminé jusqu'à Plochingen. Mais à l'instar des cathédrales, des projets aussi ambitieux ne sont jamais achevés; les sections du canal construites en 1920 étaient trop étroites et leur seule rectification transforme cette voie navigable en un immense chantier de construction jusqu'au troisième millénaire.

Hölderlin, que l'on cite volontiers, est également tenu en grande estime par Heilbronn parce qu'il a écrit: «Là où la vigne croît, le pays est beau!» Et Heilbronn est en définitive le centre de la viticulture de la région du Neckar. De la même manière, Theodor Heuss, qui fut président de la République fédérale d'Allemagne, est apprécié pour avoir dit en dialecte: «Celui qui chez nous ne boit pas est trop paresseux pour avaler!» Et bien entendu les gens de Heilbronn ne veulent pas passer pour des paresseux!

Depuis que Karl était à Heilbronn, il ne pensait

125 kilometres from Mannheim to Lauffen. But competition from the railway, and the unreliable depths of water in the Neckar condemned all these innovations to ultimate failure. If Rhine boats were to be able to use the Neckar, then it was essential to build a canal with weirs and locks so that it could accommodate modern shipping with draughts up to 2.70 metres. This was finally achieved, and in 1968 the canal was completed as far as Plochingen. But such huge projects are like cathedrals – they are never finished; the sections of the canal built in 1920 were too narrow, and correcting this alone will mean that the waterway will remain a major construction site until after the year 2000.

Hölderlin, who is such a fund of quotations, is also honoured by Heilbronn, because he wrote: "The countryside is beautiful wherever wine grows." And Heilbronn is, after all, the wine-growing centre of the Neckar. For the same reason Theodor Heuss, West German President from 1949 to 1959, is still popular thanks to his remark, which, because he came from Stuttgart, he was able to produce in genuine dialect form: "Anyone who does not drink in our region must be too lazy to swallow!" And lazy is the last thing the people of Heilbronn wish to be!

Since arriving in Heilbronn, Karl could only think of the Wartberg, where the local people have held their wine harvest festivals for centuries. They are reputed to have done so with "truly orgiastic joy" even in the bourgeois Biedermeier period. Karl was feeling similarly joyful now, for he was certain that his girl would turn up this

Wimpfen, „... damit du mir dort ja nicht vorübergehst!"
Und das Dorle war tatsächlich da. Und es konnte alles, alles sagen, was Karl nur lauthals herausjubeln konnte. Daß sie beide verzweifelt wären, wenn sie sich jetzt wieder nicht getroffen hätten, daß sie beide gespürt hatten, wenn sie aneinander gedacht hatten, und noch viele schwärmerische Bekenntnisse dazu. Hand in Hand, was ein ehrsamer Gesell auf der Walz öffentlich nicht tun soll, gingen sie über den Bergrücken ins Weinsberger Tal hinunter und auf die Burg zu, die heute „Weibertreu" heißt.
Die Geschichte von den treuen Weibern ist hier zumindest am besten verbürgt, im Gegensatz zu vielen anderen europäischen Orten, die eine ganz ähnliche Sage von solcher Weibertreu präsentieren. In Weinsberg hatten die Staufer im Jahre 1140 die Burg belagert und das zu Hilfe eilende Ritterheer der Welfen bezwungen. Jetzt mußte sich die Burg ergeben, und der gut gelaunte Stauferkönig gestand allen Frauen zu, sie dürften mitnehmen, was sie auf ihren Schultern zu tragen vermögen. Und da schleppten diese braven Frauen ihre Männer aus der Burg. So steht es in der Kölner Königschronik von 1175, und deshalb nennt sich Weinsberg die „Stadt der treuen Weiber". Zu diesem Ruf hat der Dichter Justinus Kerner beigetragen, der 1823 die Frauen Weinsbergs zur Gründung eines Frauenvereins für die Erhaltung der Burg Weinsberg überredet hatte. Die Burg war nämlich nur noch ein Schutthaufen, die rebellischen Neckartäler Bauern hatten sie 1525 angezündet. Auch die Stadt wurde damals gestürmt,

évidemment qu'au Wartberg où depuis des siècles les gens de Heilbronn célèbrent la fête des vendanges. Même à l'époque sérieuse de la Restauration, ils auraient fêté avec une «véritable joie orgiaque». Karl éprouvait une joie semblable car il était absolument sûr que son amie viendrait cette fois et il se mit à grimper la colline plein d'espoir muet. Thomas le regardait avec étonnement et lui dit au revoir jusqu'à Wimpfen, «... et surtout n'oublie pas!» Et Dorle était bien au rendez-vous. Et elle lui dit tout ce qu'il voulait entendre. Tous deux auraient été bien malheureux s'ils ne s'étaient pas retrouvés maintenant, elle avait senti quand il avait pensé à elle et lui aussi et ils se firent bien d'autres aveux encore. Main dans la main, ce qui ne convient pas précisément à un compagnon en train de faire son tour, ils descendirent dans la vallée de Weinsberg en direction du château qui a pour nom le «château des femmes fidèles».
L'histoire des femmes fidèles est ici mieux documentée que dans de nombreuses autres localités européennes où existent de semblables légendes. Les Hohenstaufen avaient assiégé le château en 1140 et battu l'armée de chevaliers guelfes venus à la rescousse. Le château devait maintenant se rendre et le roi des Hohenstaufen, dans un geste bienveillant avait libéré toutes les femmes en les autorisant à emmener, parmi leurs biens, ce qu'elles pourraient emporter. Chaque femme prit alors son mari sur son dos pour sortir du château. C'est ce que dit la Chronique royale de Cologne de 1175 et c'est pourquoi Weinsberg se nomme elle-même

time, and he climbed the hill full of mute expectation. Thomas watched this exhibition with amazement, and said "goodbye, see you in Wimpfen – and make sure you don't forget!" And Dorle really did turn up, and said all the right things, too. They agreed that they both would have been in despair if they had not met one another now, that she had sensed it when he was thinking about her, and vice versa, and that... but it would be tiresome to reiterate all their loving confessions here. Hand in hand, which is not considered proper for a travelling journeyman, they walked down into the Weinsberg Valley towards the Castle called "Weibertreu" (Faithful Wives), a name deriving from an incident which is historically better documented here than in any of the other European places where similar legends exist.
The Hohenstaufens had besieged the castle in 1140, and defeated the Guelph knights who had hurried to its relief. Now the castle had to surrender, and the Hohenstaufen king, in a benevolent mood, allowed all the women in the castle to leave and to take with them whatever they could carry on their backs – whereupon the women carried their husbands out of the castle. This incident is recorded in the Royal Chronicle of Cologne of 1175, and that is why Weinsberg calls itself the "Town of Faithful Wives". The poet and physician Justinus Kerner contributed to this reputation when he persuaded the women of Weinsberg to found a Women's Association for the Preservation of the Castle in 1823. The castle had been a total ruin since 1525, when rebellious peasants in

und das trug zur großen Wende im Bauernkrieg bei. Der Bauernführer Jäcklein Rohrbach brach nämlich in Weinsberg sein Wort und ließ die in der Stadt gefangenen Adligen schimpflich Spießruten laufen. Von da an griff auch Martin Luther ein „... wider die mordischen Rotten der Bawren".
Des Oberamtsarztes Justinus Kerner gastfreies Haus ist heute ein Herzstück der Schwäbischen Dichterstraße. In den Vitrinen liegen lauter Erinnerungsstücke an die Gäste, an Eduard Mörike, Ludwig Uhland, Gustav Schwab oder David Friedrich Strauß, dazu Autographen von Nikolaus Lenau, Ludwig Tieck, Achim von Arnim und Friedrich List. All diese Namen sind auch oben auf der Burg eingemeißelt zur Erinnerung an diese Besucher – Schiller, sagt die alte Steinschrift, war 1793 auf der Burg, nur Goethe hat den poetischen und von allen Romantikern sehnsuchtsvoll angestrebten Ort nur von ferne angesehen. Er hat vom Heilbronner Wartberg herübergeguckt und sich erzählen lassen, wie die Äolsharfen auf der Burg Weibertreu tönen. Deren von den Lüften angeregte Saiten klingen und singen bis heute im Sommerwind und verzaubern die Besucher. Kerner zu Ehren aber stimmt jeder Gesangverein dort oben seine Lieder an („Wohlauf noch getrunken den funkelnden Wein ..." oder „Dort drunten in der Mühle"), und Literaturwissenschaftler würdigen Kerner, wenn sie seiner Erklärung zustimmen, daß „Wahnsinn, Somnambulismus und Dichtkunst miteinander verwandt sind, und oft eins aus dem anderen hervorgeht". Und wie liebenswert ist sein Spruch, der am achteckigen Turm der

la «ville des femmes fidèles». Le poète Justinus Kerner a contribué à cette réputation en persuadant les femmes de Weinsberg de fonder en 1823 une association féminine pour la conservation du château de Weinsberg. Le château n'était plus qu'un amas de ruines depuis que des paysans révoltés de la vallée du Neckar y avaient mis le feu en 1525. La ville avait également été attaquée, ce qui amena un tournant dans la guerre des paysans. Le chef des paysans, Jäcklein Rohrbach manqua à sa parole à Weinsberg et fit passer par les verges les nobles de la ville. Ce qui amena Martin Luther à prendre parti «... contre les bandes meurtrières de paysans».
La maison très hospitalière du Docteur Justinus Kerner est aujourd'hui une étape importante de la route des poètes souabes. Ses vitrines renferment de nombreux souvenirs des visiteurs de Kerner: Eduard Mörike, Ludwig Uhland, Gustav Schwab ou David Friedrich Strauss ainsi que des autographes de Nikolaus Lenau, Ludwig Rieck, Achim von Arnim et Friedrich List. Tous ces noms sont également gravés sur les murs du château en souvenir des visiteurs – Schiller, dit l'inscription, est venu au château en 1793. Mais Goethe n'a vu cet endroit poétique et prisé par les romantiques que de loin. Il l'a contemplé du Wartberg à Heilbronn et s'est fait expliquer le fonctionnement des harpes éoliennes au château de Weibertreu. Jusqu'à aujourd'hui, ces harpes chantent et résonnent dans la brise estivale pour le plus grand plaisir des visiteurs. En l'honneur de Kerner, chaque chœur qui vient ici inscrit ses poèmes à son répertoire et les

the Neckar Valley had burnt it down. The town, too, had been attacked by the peasants, and this led to a change in fortune for the rebels. The peasant leader Jäcklein Rohrbach broke his word in Weinsberg, and allowed his men to force the town's aristocrats to run the gauntlet. This led Martin Luther to take sides "... against the murderous peasant rabble".
The home of Dr Justinus Kerner, where he kept open house, is now a key feature of the "Schwäbische Dichterstraße" (Swabian Writers' Highway). Its showcases include many mementos of Kerner's visitors: Eduard Mörike, Ludwig Uhland, Gustav Schwab, or David Friedrich Strauss, plus autographs of Nikolaus Lenau, Ludwig Tieck, Achim von Arnim, and Friedrich List. All these illustrious writers also visited the castle, and their names are inscribed on its walls; the list includes Schiller, for example, who was at the castle in 1793. That great traveller Goethe, however, who otherwise seems to have been almost everywhere, only saw the town from the distance. He looked across here from Wartberg Hill in Heilbronn, and asked how the aeolian harps at Weibertreu Castle sounded. To this day their strings sing in the summer breeze to the delight of visitors. The repertoire of visiting choirs inevitably includes songs set to Kerner's poems which are then performed in his honour, and students of literature inevitably recall his statement that "madness, somnambulism, and the art of poetry are related, and one often leads to the other". And how charming is his saying, inscribed on the octagonal tower of Weibertreu Castle: "My wife bore me not, but at

Burg Weibertreu steht: „Getragen hat mein Weib mich nicht, aber ertragen./ Das war ein schwereres Gewicht, als ich mag sagen."
Viele Burgen und Schlösser am mittleren Neckar sind bewohnt und nur von außen zu bestaunen. Stettenfels vor Heilbronn hinter seiner Ringmauer und das Deutschordensschloß Heuchlingen bei Jagstfeld gehören dazu und die Ruine Ehrenberg, vor der Neugierige gar vor freilaufenden Hunden als Burgwächtern gewarnt werden. Herzlich willkommen dagegen sind Gäste in Schloßhotels wie dem barocken Heinsheim, im spätbarocken Hochhausen oder in der wohl tausend Jahre alten Neuburg über Obrigheim. Zeitkritiker haben zwar den Drang von Touristen, die absolut alle Sehenswürdigkeiten am Neckar besuchen möchten, einen „Selbstzweck der Mobilität" genannt, doch solches Räsonieren über die vollmotorisierten Mitmenschen, die in alle stillen Winkel einzudringen versuchen, findet in der nahen Autostadt Neckarsulm keine Resonanz. Nicht einmal der imposante Hochaltar der barocken Kirche St. Dionys kann dort mit dem Deutschen Zweiradmuseum konkurrieren; die Omnibusse fahren vom Museum sowieso direkt weiter nach Bad Friedrichshall-Kochendorf. Und auch dort steuern sie nicht die schlößchengekrönte hochgetürmte Altstadt an, sondern gleich die Schachteinfahrt des Salzbergwerks. Zweihundert Meter unter dem inzwischen ansehnlich gewordenen Neckar, dem gerade hier der Kocher und die Jagst zufließen, ruht eine 25 Meter dicke Salzschicht im Boden, wohl abgedichtet nach oben und unten von wasserundurchlässi-

spécialistes en littérature rappellent ce qu'il disait, que «la folie, le somnambulisme et l'art de la poésie sont proches et que souvent l'un découle de l'autre.» Et combien charmante est sa phrase inscrite sur la tour octogonale du château de Weibertreu: «Ma femme ne m'a pas porté mais supporté. Et certainement la tâche était malaisée.»
De nombreux châteaux le long du cours moyen du Neckar sont habités et ne peuvent être admirés que de l'extérieur. Le Stettenfels derrière son mur d'enceinte près de Heilbronn et le château de l'Ordre Teutonique de Heuchlingen près de Jagstfeld en font partie de même que les ruines du château d'Ehrenberg dont les curieux sont tenus à distance par des chiens de garde en liberté. Par contre, les visiteurs sont accueillis chaleureusement dans les châteaux transformés en hôtels comme le château baroque d'Heinsheim, celui de Hochhausen ou de Neuburg, sans doute millénaire, au-dessus de Obrigheim. Les critiques de notre époque qui voient dans le besoin des touristes de tout voir, absolument tout des curiosités de la région du Neckar, l'expression de la «mobilité comme fin en soi» ne rencontrent aucun écho dans la ville voisine de Neckarsulm où même l'imposant maître-autel de l'église Saint-Denis de style baroque ne peut concurrencer le musée allemand des véhicules à deux roues. Du musée, les autobus vont directement à Bad Friedrichshall-Kochendorf où ils ne se dirigent pas vers la Vieille Ville couronnée d'un petit château mais vers l'entrée de la mine de sel. A deux cents mètres au-dessous du Neckar, qui est devenu

least bore with me. No easy burden, that's for sure." Many castles and palaces along the middle reaches of the Neckar are lived in, and can only be viewed from the outside. Stettenfels near Heilbronn, and Heuchlingen Castle, near Jagstfeld, belonging to the Teutonic Order, are two of these, as is the ruin of Ehrenburg Castle, where the curious are warned to beware of free-roving guard dogs. Visitors are given a hearty welcome, on the other hand, by those castles and palaces that have been converted into hotels, such as the Baroque palace of Heinsheim, the late-Baroque Hochhausen, or Neuburg (near Obrigheim), which, despite its name, is no doubt a thousand years old. Critics of our age have called the urge of tourists who are determined to see absolutely all the Neckar sights, "mobility as an end in itself", but such words fall on deaf ears in the nearby car town of Neckarsulm. There, not even the imposing high altar in the Baroque Church of St Denis can compete with the German Motorcycle Museum. From there the coaches drive straight to Bad Friedrichshall-Kochendorf, where they do not head for the Old Town, but for the entrance to the Salt Mine. There, two hundred metres beneath the by now quite imposing Neckar, which is joined here by the Kocher and Jagst, is a 25-metre-thick layer of salt, well protected against the permeation of water from above and below by strata of anhydride. The salt is mined in huge galleries which are supported by leaving 15-metre-wide and up to 20-metre-high columns of it standing; nothing above ground betrays the work going on below. This salt is 200

gem Anhydrit. Das Salz wird in riesigen Gängen gerade so abgebaut, daß überall 15 Meter breite und bis zu 20 Meter hohe Pfeiler stehen bleiben; im Tal darüber ist nichts von diesem Bergbau zu spüren. 200 Millionen Jahre alt ist dieses Salz – es ist gut, die eigene Zeit und Wichtigkeit mit solchen Zahlen zu vergleichen.
Im hochgetürmten Bad Wimpfen dachte Karl schon wieder wehmütig an sein Dorle, das er jetzt erst wieder im Kurpfälzischen, in der Bergfeste Dilsberg treffen wollte. Zum Glück hatte aber Thomas, der Maurer, sein Wort gehalten und wartete schon wieder wie ein Stadtführer vor dem Roten Turm der alten Kaiserpfalz auf Karl. Von der Turmbrüstung aus geht der Blick weit in die Krumme Ebene zwischen Neckar und Jagst, und da packte der Maurer seinen Schulsack aus: „Stell dir vor, daß gerade hier der Kaiser Barbarossa gestanden ist im 12. Jahrhundert! Und der hat dort drunten am Neckar noch die eiligen Menschen auf der steinernen Römerbrücke gesehen, die erst mehr als hundert Jahre später bei einem Eisgang zusammengebrochen ist! Wimpfen, das war einmal bedeutend im Deutschen Reich!" Die Wimpfener scheinen ihr stolzes Staufer-Erbe allerdings zeitweise selber vergessen zu haben, denn als in unserem Jahrhundert nach den Überresten der Pfalz und der Burg gesucht wurde, da war die alte Pracht längst zugebaut, umgebaut, abgerissen und in andere Gebäude verbaut worden. Sogar die Fensterarkaden des alten Palas mußten Stein um Stein aus einer Stadtmauer herausgeschält werden. Von der Kirchenschönheit ist mehr erhalten geblieben; allein schon das Maß-

entretemps une rivière imposante où se jettent les eaux du Kocher et de la Jagst, se trouve une couche de sel de 25 mètres d'épaisseur bien protégée en haut et en bas par de l'anhydrite imperméable. Le sel est extrait dans d'immenses galeries de manière à ce qu'il subsiste des piliers de 15 mètres de large et de 20 mètres de haut; au-dessus dans la vallée, rien ne permet de déceler l'exploitation de cette mine. Ce sel a 200 millions d'années – un chiffre devant lequel on se sent bien insignifiant.
En arrivant à la ville fortifiée de Bad Wimpfen, Karl songeait de nouveau avec mélancolie à Dorle qu'il devait retrouver dans le Palatinat, dans la forteresse montagneuse de Dilsberg. Fort heureusement, Thomas, le maçon, avait tenu parole et attendait Karl comme un guide devant la Tour Rouge de l'ancien palais impérial. Du haut de cette tour, la vue s'étend au loin dans la plaine entre le Neckar et la Jagst et le maçon fut tout heureux de faire étalage de ses connaissances: «Tu te rends compte, l'empereur Barberousse s'est trouvé ici même au XIIe siècle! Et il a pu voir là en bas les gens traverser le pont de pierre des Romains qui cent ans après allait s'écrouler sous la poussée des glaces! Wimpfen, ce fut une place importante dans le Saint Empire romain germanique!» Mais les habitants de Wimpfen semblent avoir oublier à certains moments le fier héritage des Hohenstaufen car lorsque des archéologues se mirent, au cours de notre siècle, à chercher les vestiges du palais impérial et du château, ils découvrirent que les anciens édifices somptueux avaient été depuis longtemps recouverts par

million years old – a good measure of the importance of one's own time and person.
On arriving at the picturesque fortified town of Bad Wimpfen, Karl thought sadly of his Dorle, whom he was now planning to meet again in the Palatinate, in the mountain fortress of Dilsberg. Thomas, at least, had kept his word, and was waiting like a guide in front of the Red Tower of the old imperial palace. The top of the tower affords a view far into the Neckar Plain and along the Jagst, and up there the mason really let himself go: "Just imagine – the Emperor Barbarossa stood on this same spot seven hundred years ago! And he could look down on the people crossing the stone bridge built by the Romans, which lasted for another hundred years before it was destroyed by ice floes! Wimpfen was a really important place in the Holy Roman Empire at that time!" But the people of Wimpfen seem at times to have lost their pride in the great Hohenstaufen heritage, because when archaeologists began looking for the remains of the imperial palace and the castle in our century they discovered that the former glory had long since been built over, converted, or that structures had been torn down and the masonry incorporated in other buildings. Even the blind arcades of the old palace had disappeared in a town wall, and had to be uncovered stone by stone. More has survived of the ecclesiastical buildings – the tracery in the three-aisled main parish church and its 13th century stained glass windows are alone enough to take one's breath away. And to look at the depiction of purgatory on the

werk der dreischiffigen Stadtpfarrkirche und die Glasbilder aus dem 13. Jahrhundert zwingen zum Stillstehen. Und wer im Hauptaltar das Schnitzwerk vom Höllenfeuer sieht, in dem sich die nackten Menschen verzweifelt wehren gegen die Vergeltung ihrer Sünden, blickt unmittelbar ins Mittelalter hinein, in dem die Menschen davon überzeugt waren, daß sie nichts Verbotenes ungestraft tun könnten.
Heute ist ganz Bad Wimpfen ein Museum, offenkundig ist es ein Glück für die Stadt gewesen, daß sie schon längst keiner Baumode mehr hatte folgen können und 1803 so arm war, daß die Württemberger sie nicht einmal geschenkt haben wollten. Worauf das Städtchen zunächst mal hessisch wurde. Jahrhundertelang vergessen scheint auch Wimpfen im Tal gewesen zu sein, denn wer die Ritterstiftskirche St. Peter betritt, tritt ins 13. Jahrhundert ein. Rotbraun schimmert das hölzerne Chorgestühl im Zauberlicht der hohen Fenstergläser. Benediktinermönche singen oft ganz allein ihre Chorgebete inmitten der weihevollen Architektur. Hier haben Baumeister der Gotik an dem weitergebaut, was ihre Vorgänger der Romanik hinterlassen haben. „Siehst du, die haben ihre Vorläufer gewürdigt und dann doch etwas Eigenes hochgezogen. Das nenn' ich Baukunst", sagte der Maurer.

d'autres constructions, transformés, démolis et que leurs matériaux avaient été utilisés pour d'autres édifices. Jusqu'aux arcades des fenêtres de l'ancien palais qui durent être dégagées pierre par pierre du mur d'enceinte. L'église a été mieux préservée; rien que le remplage de l'église paroissiale à trois nefs et les vitraux du XIIIe siècle sont d'une beauté à couper le souffle. Et celui qui contemple les sculptures du maître-autel représentant des personnages nus au milieu des tourments de l'enfer est plongé en plein moyen âge où les gens étaient persuadés qu'aucun péché ne restait impuni.
Aujourd'hui, tout Bad Wimpfen est un musée: de toute évidence, la ville a eu la chance de ne pas pouvoir suivre les changements de style d'architecture au cours des siècles; en 1803, la ville était si pauvre que les Wurtembergois ne voulurent même pas la recevoir en cadeau. Elle fut donc cédée à la Hesse. Wimpfen im Tal semble avoir également été oubliée pendant des siècles car, quand on entre dans l'église collégiale Saint-Pierre, on peut s'imaginer être au XIIIe siècle. Le bois rouge brun des stalles brille dans la lumière magique des grands vitraux de cet édifice solennel où le chant des moines bénédictins résonne souvent dans la solitude. Les architectes du gothique ont continué ici le travail de leurs prédécesseurs de l'époque romane. «Tu vois, ils ont apprécié leurs prédécesseurs et ont quand même construit quelque chose d'eux-mêmes. C'est ce que j'appelle l'art de la construction», dit le maçon.

carved high altar, where the naked souls are suffering terribly for their sins is to look straight back into the Middle Ages, when people were convinced that all forbidden acts would be punished, at least in the next world.
Today, Bad Wimpfen is one large museum: from our standpoint, it seems that the town was lucky that it could not follow the changing fashions in architecture over the centuries; indeed in 1803 Wimpfen was so poor that Württemberg did not even want to have it as a present, so that the town was ceded to Hesse for a while. Time seems to have stood still for hundreds of years in the lower part of town, called Wimpfen im Tal, too, for the Collegiate Church of St Peter still preserves much of its 13th century substance. The reddish-brown wood of the choirstalls gleams in the magical light shed by the tall windows, and the chants of Benedictine monks echo through the otherwise often empty building. Here the master builders of the Gothic period extended the work begun by their Romanesque forerunners. "See – they appreciated their predecessors, and yet they still did their own thing. That's what I call the art of building," said the mason.

Über den Dächern von Heilbronn. *Die über 1250 Jahre alte ehemalige freie Reichsstadt Heilbronn hat im letzten Krieg so schwer gelitten, daß sie heute eine architektonisch geradezu junge Stadt geworden ist. Kostbarkeiten wie die astronomische Kunstuhr von 1580 mit ihren sich im Stundentakt bewegenden Engeln und Widdern am gotischen Rathaus oder der geschnitzte Hochaltar in der Kilianskirche, deren prächtiger Turm aus der Renaissance über die Dächer am rechten Bildrand hochragt, waren im nahen Salzbergwerk von Bad Friedrichshall vor den Bomben bewahrt worden.*

Au-dessus des toits de Heilbronn. *L'ancienne ville impériale libre de Heilbronn, vieille de plus de 1250 ans, a tant souffert pendant la dernière guerre que, sur le plan de l'architecture, c'est aujourd'hui pratiquement une ville nouvelle. Certains de ses trésors les plus précieux comme l'horloge astronomique de 1580 de l'hôtel de ville gothique avec ses anges et ses béliers qui se mettent en mouvement toutes les heures ou le maître-autel sculpté dans la Kilianskirche, dont l'imposante tour Renaissance se dresse au-dessus des toits à droite sur la photo, avaient été mis à l'abri des bombes dans la mine de sel de Bad Friedrichshall.*

Above the roofs of Heilbronn. *The former free imperial city of Heilbronn, founded over 1,250 years ago, suffered so badly in the last war that, architecturally speaking, it is now virtually a new town. Some of its finest treasures, such as the Town Hall's astronomical clock of 1580, with its mechanical angels and rams that move on the hour, or the carved high altar in St Kilian's Church, whose magnificent Renaissance tower rises above the roofs on the right of the picture, were transferred to the nearby salt mine of Bad Friedrichshall for safety.*

Weinsberg und die Ruine der Burg Weibertreu.
Ohne den lyrischen und höchst romantischen Poeten Justinus Kerner wäre Weinsberg und seine Burgruine kaum bekannt geworden. Doch er rettete die Ruine vor dem Zerfall und lud alle bedeutenden Geister seiner Zeit zu sich ein in sein gastfreundliches Arzthaus, das heute zu einem Dichtermuseum geworden ist.

Weinsberg et les ruines du château de Weibertreu.
Sans le poète romantique Justinus Kerner, Weinsberg et son château en ruine n'auraient pas été aussi connus. C'est lui qui a sauvé les ruines du délabrement total et a invité tous les grands esprits de son temps dans sa maison qui est aujourd'hui un musée littéraire.

Weinsberg and the ruins of Weibertreu Castle.
Without the interest taken by the Romantic poet and physician Justinus Kerner, Weinsberg and its ruined castle would hardly have become so well-known. But he saved the ruins from complete decay; and he invited all the leading writers and thinkers of his time to his house, which is now a literary museum.

Die Stauferstadt Wimpfen. *Bad Wimpfen hat die schönste Silhouette am ganzen Neckar, obwohl es oft zerstört worden ist. Von der Kaiserpfalz Barbarossas haben mehrere imposante Bauten alles überstanden. Dazu gehören der Blaue Turm mit seinen vier Ecktürmchen. Gemeinsam sind das Hohenstaufentor, der Rote Turm, die Pfalzkapelle, die Palaswand und der Blaue Turm das bedeutendste profane Baudenkmal des Landes.*

Bad Wimpfen, la ville des Hohenstaufen. *Bien que souvent détruite, c'est elle qui a la plus belle silhouette dans toute la région du Neckar. Plusieurs édifices imposants datant de l'époque de Barberousse ont résisté à tout, dont la Tour Bleue avec ses quatre petites tourelles d'angle. Ensemble, la Porte des Hohenstaufen, la Tour Rouge, la chapelle palatine, la muraille du Palais et la Tour Bleue constituent l'ensemble d'architecture profane le plus important de la région.*

Bad Wimpfen, the Hohenstaufen town. *Although it was often destroyed in the course of its history, Bad Wimpfen has the most beautiful silhouette in the whole of the Neckar region. A number of imposing buildings have survived from Barbarossa's time, including the Blue Tower, with its four corner turrets. This, together with the Hohenstaufen Gate, the Red Tower, the Palatine Chapel and palace wall, form the most important secular architectural ensemble in the region.*

Burg um Burg bis Heidelberg: Die Wartburg Süddeutschlands

Einigermaßen unversehrte Burgen am Neckar gibt es nur wenige. Niemals abgebrannt, niemals erobert und niemals zerstört worden ist aber nur eine einzige, die Burg Guttenberg oberhalb von Neckarmühlbach. Seit ein Zweig der Familie von Gemmingen die Burg im Jahre 1449 gekauft hat, sind alle Ereignisse in dieser Herrschaft samt den Gerichtsakten im Familienarchiv gesammelt worden, und so ist auch zu belegen, daß dies die „Wartburg Süddeutschlands" ist. Die Burgherrschaft war im Jahre 1521 protestantisch geworden, als Dietrich von Gemmingen die neue Konfession annahm. In seiner Bibliothek lagen allerdings damals bereits mit der Feder geschriebene Übersetzungen der Bibel von 1454; auf Guttenberg hatte man schon vor der Lutherbibel mehr wissen wollen, als die Priester sagen durften. Der Glaubenswechsel wurde dann mit Reichsacht bedroht, im Burgmuseum ist die Unterschrift von Kaiser Karl V. unter dieser Ankündigung zu lesen. Die viertausend Folianten und Bücher der Bibliothek stammen aus ganz Europa, denn auch in diesem Neckarwinkel las eine gebildete Familie Autoren wie Rousseau im Original. Vielleicht verdanken die Burg, der Bergfried mit dem großartigen Ausguck und die abwehrend mächtige Schildmauer ihre Unversehrtheit sogar gerade der abgeklärten Weltklugheit der Herren auf Guttenberg. Die fingen nämlich möglichst wenig Händel an und kauften in unsicheren Zeiten gleich die Schutzbriefe aller streitenden Parteien. Unter ihrem Urväterhausrat sind seltsame Dinge wie eine Holzbibliothek erhalten geblieben, ein hölzernes Herbarium von

Château après château jusqu'à Heidelberg: la Wartburg de l'Allemagne du Sud

Peu de châteaux sont bien conservés le long du Neckar. Un seul n'a jamais été incendié, conquis et détruit: c'est le château de Guttenberg audessus de Neckarmühlbach. Depuis qu'une branche de la famille von Gemmingen a acheté le château en 1449, tous les événements qui s'y sont déroulés ont été consignés dans les archives familiales où sont également conservés les dossiers des affaires judiciaires, de sorte qu'il est prouvé que ce château est la «Wartburg de l'Allemagne du Sud». Le château devint protestant en 1521 lorsque Dietrich von Gemmingen se convertit. Mais, dans sa bibliothèque, il y avait déjà une traduction manuscrite de la bible faite en 1454; au château de Guttenberg, on avait déjà voulu, bien avant Luther, en savoir plus que les prêtres n'osaient révéler. La conversion avait été condamnée par l'empereur comme l'atteste le document signé de l'empereur Charles V qui est conservé dans le musée du château. Les quatre mille folios et livres de la bibliothèque viennent de toute l'Europe car, dans ce coin du Neckar également, des familles cultivées lisaient Rousseau dans le texte. En fait, c'est sans doute grâce à la sagacité de la famille von Gemmingen que le château, son donjon, d'où l'on a une vue superbe, et son enceinte ont pu être aussi bien conservés. Elle sut en effet éviter les querelles et faire preuve de diplomatie. L'héritage familial renferme des choses aussi étranges qu'un herbier contenant des échantillons de quatre-vingt-dix espèces de bois et des curiosités comme des attrape-mouches en ivoire pour les dames.

Castle after castle all the way to Heidelberg: South Germany's Wartburg

There are only a few well-preserved castles on the Neckar. And there is only one that has never been taken by the enemy, never burnt down, and never destroyed: Guttenberg Castle above Neckarmühlbach. Since a branch of the von Gemmingen family bought the castle in 1449, all the events in this manor, and many court files, have been recorded or collected by the family, and so it can be proved that this is "South Germany's Wartburg" – Wartburg being the castle in Thuringia where Luther translated the New Testament in 1521 and 1522. The Guttenberg manor became Protestant in 1521, when Dietrich von Gemmingen converted. But his library already contained a handwritten translation of the bible made in 1454: it seems that well in advance of Luther the family had wanted to know more than the priests were allowed to reveal. Conversion was condemned by the emperor – the castle museum contains a document signed by Emperor Charles V to this effect. The library's four thousand folios and books come from all over Europe, for – also in the Neckar region – educated families read authors such as Rousseau in the orginal. Indeed the castle, the keep, from which there is a magnificent view, and its great main wall, may well owe their survival to the enlightened astuteness of the von Gemmingen family. They avoided quarrels, and generally resorted to diplomacy rather than force. The family heirlooms include strange things such as a wood library – a herbarium consisting of samples of ninety different kinds of wood, and curiosities such as an ivory flea-catcher for the ladies.

neunzig Baumarten, aber auch Kuriositäten wie die elfenbeinernen Flohfänger für die großen Hoftoiletten der Damen.
Guttenberg gegenüber liegt Gundelsheim mit der Schloßburg Horneck des Deutschen Ordens. Die Gundelsheimer waren jahrhundertelang Untertanen des Ordens, und das zeigt sich bis heute in einer behäbigen Wohlhabenheit ihrer Altstadt. Jedoch: Untertan bleibt Untertan und Zins bleibt Zins. Jedenfalls steht dort an einem Haus auf südfränkisch: „Wer Häuser baut un' Wengert reit'/ der schafft a bloß für andre Leut'!" (Wer Häuser baut und Weingärten reutet ...) Die Gesellen bewunderten zwar die prunkvollen Tore des Schlosses, doch still begeistert waren sie beim Weitergehen von der einsamen, schlichten Friedhofskirche auf dem Michaelsberg droben. Ein runder Mauerring umgibt eine wahrhaft weihevolle Stätte. Wer hier eintritt, geht aus dem Alltag heraus. Das Kirchlein wurde im Jahre 771 aufgemauert, später stellten die Werkleute noch einen römischen Altarstein in eine Nische neben den Eingang. „Jupiter und Jehova", sinnierte Thomas, „– darüber, wer da besser sei, haben sie sich hierzuland lang die Schädel eingeschlagen!"
Die beiden hatten dann eigentlich keinen Grund, nach Haßmersheim hinunterzugehen, aber dort lockte sie das Übersetzen mit der Fähre. Schließlich gibt's nur noch vier Wagenfähren am Neckar; hier, in Zwingenberg, in Neckarhausen nach Hirschhorn und in Neckarhausen gegenüber von Ladenburg. Alle diese Fähren ziehen sich selber an einer Kette über den Fluß, und alle haben freundliche Fährmänner,

En face de Guttenberg se trouve Gundelsheim avec le château de Horneck des chevaliers de l'Ordre Teutonique. Les habitants de Gundelsheim ont été pendant des siècles les sujets de l'Ordre, ce qui se voit aujourd'hui encore dans l'aspect prospère de la partie ancienne de la ville. Mais un sujet reste un sujet et un loyer reste un loyer. Quoiqu'il en soit on peut lire sur une maison en dialecte sud-franconien: «Construire des maisons et soigner la vigne ne fait qu'enrichir les autres!» Nos deux compagnons admirèrent certes les splendides portes du château mais, en poursuivant leur chemin, ils éprouvèrent une admiration muette pour l'église sobre et solitaire construite sur le Michaelsberg et entourée d'une ceinture de murs. Quand il entre ici, le visiteur laisse derrière lui tout le poids des soucis quotidiens. La petite église a été construite en 771, plus tard les ouvriers placèrent une pierre d'un autel romain dans une niche à côté de l'entrée. «Jupiter et Jéhovah», médita Thomas, «pendant longtemps ils se sont cassé la tête pour résoudre la question!»
Nos deux amis n'avaient en fait aucune raison de descendre jusqu'à Hassmersheim mais ils avaient envie de prendre le bac pour traverser la rivière. Il n'y a plus que quatre bacs pour amener les voitures d'une rive à l'autre du Neckar; à Hassmersheim, à Zwingenberg, à Neckarhausen pour aller à Hirschhorn et à l'autre Neckarhausen vis-à-vis de Ladenburg. Ils sont tous guidés par un câble tendu en travers de l'eau et ont d'aimables passeurs qui souvent traversent la rivière pour une seule personne.

Opposite Guttenberg lies Gundelsheim with Horneck Palace, which belonged to the Teutonic Order. The people of Gundelsheim were subjects of the Teutonic Order of Knights for centuries, and this is still reflected today in the solid prosperity of the old part of town. But still, a subject is a subject, and rent is rent – at any rate an inscription on a Gundelsheim house, in South Frankish dialect, reads: "To build houses and tend the vine / Only helps others become rich and fine!" Our two journeymen admired the splendid palace gates, but, as they walked on, also took quiet pleasure in the simple, spiritual atmosphere of Michaelsberg Church, which stands isolated at the top of a hill behind its old graveyard walls. Entering here, the visitor leaves all the bustle of life behind. The little church was built in 771, and later the workmen placed a Roman altar stone in a niche next to the entrance. "Jupiter and Jehovah," contemplated Thomas, "they fought with one another for a long time around here to try and solve that one!"
There was no practical reason for them to go down to Hassmersheim – but they were both keen on crossing the river by ferry. There are, after all, only four cart ferries left across the Neckar; in Hassmersheim, Zwingenberg, and two in Neckarhausen: one crossing to Hirschhorn, the other to Ladenburg. They all use the same technique – they haul themselves across by means of a drag-chain – and they all have friendly ferrymen, who often make the crossing for the sake of a single passenger. Hassmersheim was once the largest bargees' vil-

die oft nur einer einzigen Person wegen den Fluß überqueren. Haßmersheim war einmal das größte Schifferdorf am Neckar, seine Kapitäne waren auf dem Rhein zu Hause, sie standen auf den Kettenschiffen und vor allem auf ihren eigenen großen Kähnen als Partikulierer – das sind die unabhängigen, selbständigen, stolzen Schiffseigner, deren Zahl heute aber auch auf dem Neckar zurückgeht.
Hoch über der Anlegestelle der Fähre ist gerade noch der talbeherrschende Bergfried der Burg Hornberg bei Neckarzimmern zu entdekken. Dort oben sind einmal zwei Burgen zusammengewachsen, doch wenn nicht Götz von Berlichingen die wehrhafte Anlage 1517 gekauft hätte, wäre das vielfach umgebaute und oft zerstörte Gemäuer heute wohl dahin. So aber wird es schon aus historischen Gründen vor dem Zusammenfallen bewahrt. Die Ruinenkammern sind sogar mit einer Rüstung Götzens ausgestattet worden und mit einer von den Feldschlangen-Kugeln, wie sie verschossen wurden, als Götz seine rechte Hand im Feuer dieser Geschütze verlor. Die Hand ist ihm dann durch das handwerkliche Wunderwerk der eisernen Hand ersetzt worden, mit der er weiter gerauft hat, bis er Hausarrest auf dem Hornberg bekam. Dort hat er dann auch seine Lebensgeschichte geschrieben, als wahren Ritterroman.
Mosbach liegt nur einen guten Kilometer vom Neckar entfernt, doch es fühlt sich schon dem Odenwald zugehörig. Im Teilort Neckarelz aber steht das Templerhaus, eine wuchtige Johanniterburg aus Ställen im Erdgeschoß, einer Kirche darüber und dem Kapitelsaal im dritten Stock.

Hassmersheim fut jadis le plus grand village de mariniers sur le Neckar, les hommes naviguaient sur le Rhin, travaillaient à bord des bateaux tirés par des chaînes et surtout sur leurs grandes péniches dont ils étaient des propriétaires fiers et indépendants, une espèce également en voie de disparition sur le Neckar.
Bien au-dessus de l'embarcadère du bac, on peut apercevoir, surplombant la vallée, le donjon du château de Hornberg près de Neckarzimmern. A l'origine, il y avait deux châteaux qui finirent par ne faire plus qu'un. Toutefois, celuici serait tombé depuis longtemps en ruine s'il n'avait pas appartenu à Götz von Berlichingen qui l'acheta en 1517. Ce nom célèbre suffit pour que l'on soit sûr qu'il sera conservé. Une armure de l'illustre chevalier est exposée dans une des salles ainsi qu'une couleuvrine, un canon au tube long et effilé du genre de ceux qui furent utilisés dans la bataille où Götz von Berlichingen perdit sa main droite. Sa main fut remplacée par une main en fer, une petite merveille avec laquelle il put continuer à se battre jusqu'à ce qu'il soit assigné à résidence au Hornberg. C'est là qu'il écrivit sa biographie, un véritable roman de chevalerie.
Mosbach n'est qu'à un bon kilomètre du Neckar mais fait déjà partie de la région de l'Odenwald. En bordure de la petite ville se trouve la Maison des Templiers, un imposant château ayant appartenu aux Hospitaliers avec des écuries au rez-de-chaussée, une église au-dessus et la salle du chapitre au troisième étage. Mosbach, qui se nomme elle-même la ville aux colombages, entretient soigneusement

lage along the Neckar – the men worked on the Rhine, on the drag-chain ships, and especially on their own great barges as independent, proud boat-owners – it is a race that is slowly dying out, also along the Neckar.
High above the ferry landing stage, near Neckarzimmern, the distinctive, round keep of Hornberg Castle surveys the valley. Originally two separate castles that later merged into one, it would probably long since have fallen completely to ruin had it not once belonged to Götz von Berlichingen, who bought it in 1517. His name, however, is sufficient to ensure that it will not be allowed to disintegrate. A suit of his armour is on display in one of the rooms, plus a culverin, or long-barrelled cannon, of the type used in the battle in which von Berlichingen lost his right hand. His hand was replaced by an amazingly intricate and efficient iron hand with which he fought further battles until he was condemned to house arrest at Hornberg. It was there that he wrote his autobiography, which furnished Goethe with the material for his tragedy "Götz von Berlichingen".
Mosbach is only a good kilometre away from the Neckar, but it is already part of the Odenwald region. On the fringe of the little town is the Templar House, a massive castle once belonging to the Knights Hospitallers, with stables on the ground floor, a church above that, and the chapter house on the third floor. Mosbach, which calls itself the "Half-Timbered Town", has a number of curious features – the Collegiate Church, for example, which caters for both Roman Catholics and Protestants, and its Town

Die Fähre bei Zwingenberg. *Wer wissen will, was am und auf dem Fluß geschieht, muß die Fährleute fragen. Sie wissen oft noch mehr als die Schiffer über das Neckartal und seine Bewohner.*

Le bac près de Zwingenberg. *Pour savoir ce qui se passe sur les bords de la rivière et sur la rivière ellemême, il faut questionner les passeurs. Ils en savent souvent plus que les bateliers sur la vallée du Neckar et ses habitants.*

The ferry near Zwingenberg. *The ferrymen are a mine of information about life on and along the river, and are often better informed about the Neckar Valley and its people than the boatmen.*

Mosbach selber nennt sich Fachwerkstadt und pflegt seine ganz besonderen Eigenarten, so die Stiftskirche für beide Konfessionen, in der die evangelischen Glocken auch katholisch läuten, das Rathaus, das eine Kirche war, oder das Andenken an den Wundarzt und Scharfrichter, der, selbstverständlich, ebenfalls in einem der tatsächlich großartigen Fachwerkhäuser wohnte. Das schmuckvollste dieser Häuser trägt noch heute seinen Richtspruch, den Karl vorbuchstabierte: „Was dir nun Gott, der Herr beschert,/ Das halt zu rat, du bist ernährt."
Ringsum war Wochenmarkt, denn es war Samstag, der Tag, an dem die Mosbacher auf den Markt gehen, um alle ihre Bekannten und Freunde zu treffen. Die beiden Gesellen aber gingen zum Bahnhof, sie wollten auch ein Wegstück mit der Eisenbahn fahren, die den Neckar ähnlich wie den Rhein begleitet.
Über der stillen Flußlandschaft entdeckten sie beim Wegfahren gerade noch die malerische Ruine der Minneburg gegenüber Neckargerach. Die alte Stauferburg war nach aller Festungskunst der Renaissance umgebaut worden, dennoch genügten schon zwei Kartaunen des Jahres 1622, um mit 56 Kugeln ein Loch in den Wehrmantel zu schießen. In der zum Steinbruch verkommenen Burg lebte später ein geheimnisvoller Eremit, der sich vom Wildern ernährte, wie nach seinem Tod mißmutig notiert wurde. Die Neckargeracher pflegen die Ruine heute so liebevoll wie ihre urige Margarethenschlucht, die jedoch zurückstehen muß vor der berühmten Wolfsschlucht hinter der nahen Burg Zwingenberg. Auch dort stapft der Besucher ei-

ce qui fait son cachet, la collégiale qui accueille les deux confessions, où les cloches sonnent aussi bien pour les offices religieux protestants que catholiques, l'hôtel de ville, qui fut autrefois une église, ou encore le souvenir d'un chirurgien également bourreau de son métier et qui habitait, bien entendu, dans l'une des splendides maisons à pans de bois. La plus ravissante d'entre elles porte encore son ancienne inscription que Karl lut à son compagnon: «Prend soin de ce que Dieu te donne, et ta nourriture sera suffisante.» C'était samedi, le jour où tous les habitants de Mosbach vont au marché pour rencontrer connaissances et amis. Mais nos deux amis préférèrent aller à la gare car ils voulaient faire un bout de chemin en train car celui-ci longe une partie du Neckar.
En quittant Mosbach, ils purent encore apercevoir la ruine pittoresque du château de Minneburg en face de Neckargerach. L'ancien château des Hohenstaufen avait été reconstruit d'après toutes les règles de l'architecture militaire de la Renaissance mais 56 boulets tirés par deux canons avaient suffi pour trouer ses fortifications en 1622. Le château fut ensuite transformé en carrière qu'habita plus tard un mystérieux ermite qui vivait de braconnage comme on le nota avec irritation après sa mort. Les gens de Neckargerach entretiennent aussi soigneusement cette ruine que la gorge de Sainte-Marguerite qui n'est toutefois pas aussi imposante que la célèbre gorge du Loup derrière le château de Zwingenberg tout proche. Là également le visiteur peut escalader le ravin humide, abrupt, taillé dans le grès bigarré de l'Oden-

Hall, which was once a church – and cultivates the memory of a surgeon who doubled as executioner, and who, of course, also lived in one of the splendid half-timbered houses. The most ornate of them still bears its old inscription, which Karl read out to Thomas: "Cherish whatever God may give/ And 'twill be nourishment enough". It was Saturday, the day when all the Mosbachers go to market to see their friends and acquaintances, but our two journeymen decided they had better be on their way, and headed for the station, having elected to enjoy the next stretch of Neckar scenery in comfort from the train that follows its course.
Soon after leaving Mosbach they caught a glimpse of the picturesque ruin of Minneburg Castle near Neckargerach. The old Hohenstaufen castle had been reconstructed to the latest state of the art of Renaissance military architecture, and yet 56 balls from two large cannon were sufficient to knock a hole in its defences in 1622. The castle then functioned as a quarry, and was later inhabited by a mysterious hermit who lived on poaching, as was noted with some irritation after his death. The people of Neckargerach now look after the ruin with the same devotion as they do their St Margaret's Gorge, which they would like to believe is as impressive as the famous Wolf's Gorge behind nearby Zwingenberg Castle. There the active visitor can climb up the damp, steep, wooded ravine cut into the variegated sandstone of the Odenwald Hills, avoiding boulders and fallen trees overgrown with lichen, moss, ivy, and climbing plants. Two sagas are con-

ne feuchte, steile Waldschlucht im Buntsandstein des Odenwalds empor und muß Fels- und Baumtrümmern ausweichen, die grün überwuchert sind mit Flechten, Moosen, Efeu und Lianen. In dieser Wildnis weben zwei Sagen, einmal, daß der Wilde Jäger hier bei Mondfinsternis zum Gießen von Freikugeln verlocke, und zum anderen, daß Carl Maria von Weber davon erfahren habe, als er 1810 im Kloster Neuburg bei Heidelberg war. Dort laden die Mönche noch heute jedermann zu klösterlicher Andacht ein, und Weber soll dort in einem Gespensterbuch die Geschichte vom „Freischütz" gelesen haben. Die weltberühmte Oper wird jedenfalls heute jeden Sommer am fast orginalen Platz, nämlich im Hof der Burg Zwingenberg, aufgeführt. Die frühen Zwingenberger Herren hätten wohl ihre böse Freude daran, denn sie waren wilde Raubritter, die vor allem die Schiffer mit räuberischen Wegzöllen ausplünderten. Dafür wurde ihre Burg ausgebrannt; nur die Schildmauer und der Bergfried überstanden das Feuer und sind trotz vieler Umbauten bis heute erhalten geblieben.
„Neckartal-Odenwald" und „Bergstraße-Odenwald" heißen die beiden baden-württembergischen und hessischen Naturparks, die von Nekkarzimmern an den Fluß einrahmen. Eberbach, das in der Neuzeit geradezu in den Odenwald hineingewachsen ist, hat früher vom Fluß, dem Wald und den Felsen gelebt. Seinen Steinbrechern ging es am besten, als die Eisenbahn gebaut wurde, ein Ereignis, das durch Mark Twain weltbekannt wurde. Der große Fabulierer ließ sich 1878 auf einem Floß von Heilbronn nach

wald en évitant les blocs de roche et les arbres abattus recouverts de lichens, de mousses, de lierre et de plantes grimpantes. Deux légendes sont attachées à cet endroit sauvage; la première est celle du Chasseur Sauvage et des balles enchantées fondues lors d'une éclipse de lune, l'autre que Carl Maria von Weber en aurait lu l'histoire dans un livre d'histoires de fantômes lorsqu'il était en 1810 au château de Neuburg près de Heidelberg, ce qui lui aurait inspiré son opéra «Der Freischütz». Celui-ci est représenté chaque année presque à l'endroit original où l'histoire se déroule, dans la cour du château de Zwingenberg. S'ils revenaient à ce moment-là, les seigneurs de Zwingenberg délogeraient rapidement l'assistance car c'étaient de rudes chevaliers pillards qui s'attaquaient surtout aux bateaux sur le Neckar. Par représailles, leur château fut finalement incendié; seul le mur d'enceinte et le donjon ont résisté au feu et, malgré de nombreuses transformations, ont été conservés jusqu'à nos jours.
«Neckartal-Odenwald» et «Bergstrasse-Odenwald» sont les noms des deux parcs naturels qui, à partir de Neckarzimmern, encadrent le Neckar, l'un appartenant au Bade-Wurtemberg, l'autre à la Hesse. Eberbach, qui ces derniers temps s'est étendu jusque dans l'Odenwald, a vécu autrefois de la rivière, de la forêt et des rochers. Ses carrières ont été particulièrement prospères au moment de la construction du chemin de fer, un événement rendu célèbre par Mark Twain. Le grand romancier fit, en 1878, un voyage en radeau de Heilbronn à Heidelberg; près d'Eberbach, le radeau passa près

nected with this wilderness; one relates the story of the Wild Huntsman and the charmed bullets cast during an eclipse of the moon (familiar to opera-lovers from "Der Freischütz"), the other that Carl Maria von Weber, who composed the opera, read the story in a book of ghost stories when he was at Neuburg Monastery near Heidelberg in 1810. "Der Freischütz" is performed every summer almost at the original spot where the story is set – in the courtyard of Zwingenberg Castle. If they could return to their old haunt today, the former lords of Zwingenberg would no doubt give short shrift to the audiences, for they were ruthless robber knights who preyed on the shipping on the Neckar. Their castle was finally burned down in revenge; only the main wall and the keep survived the fire, and still stand today, despite all the many reconstructions that have taken place.
"Neckartal-Odenwald", and "Bergstrasse-Odenwald" are the names of the two nature reserves that frame the river from Neckarzimmern onwards – the one belonging to Baden-Württemberg, the other to Hesse. Eberbach, which has expanded into the Odenwald in recent years, at one time lived off the river, the forest, and the rock. Its quarries flourished most while the railway was being built, an event made world-famous by Mark Twain. The great storyteller went on a raft trip from Heilbronn to Heidelberg in 1878; near Eberbach the raft passed a point where rock was being blasted by the riverside, and stones rained down on his party. Twain records that he was unhappy at the pros-

Heidelberg treiben und kam in der Eberbacher Gegend in eine Sprengung der Uferfelsen. Im herunterprasselnden Steinregen bedauerte er sich vor allem seiner unheroischen Todesart wegen, „... doch wir kamen davon, und ich habe es nie bereut".

Eberbach ist heute wunderhübsch hergerichtet, denn die Stadt hat Sinn für ihre unverfälschte Vergangenheit. Die Fotografien des Städtchens um die Jahrhundertwende zeigen allerdings, daß alle die aufgefrischten alten Bauwerke, die uns heute als Inbegriff einer heilen Zeit erscheinen, noch vor vorstellbarer Zeit als ärmlich und unansehnlich galten. Um 1900 wurden in Eberbach die Villen auf dem Ufer gegenüber bestaunt, an denen die Flanierer von heute blicklos vorübergehen. Versteckt im Bachtal der Itter, die hier dem Neckar zufließt, kauert ein unscheinbares Brücklein aus dem Jahre 1491, und schon jetzt mag niemand mehr glauben, daß dieses uralte Bauwerk noch bis 1981 den ganzen Verkehr in den Odenwald hinein ausgehalten hat.

Auch Hirschhorns hohe Neckarfront ist unvergleichlich. Doch das Tal ist hier so eng, daß das Hochwasser auch schon durch die Schießscharten der Stadtmauer gelaufen ist. Das Städtchen ist im Schutze seiner Burgherren entstanden und als eine Verteidigungseinheit mit der Burg zusammengewachsen. So kühl-unbeteiligt es klingt: auch hier hat sichtlich die Ungunst der jüngeren Wirtschaftsgeschichte dazu beigetragen, daß sich die untere Stadt ihre alten Mauern bewahrt hat. Im aufstrebenden Industrieland der breiten Talbecken sind solche Idyllen

d'un endroit où l'on était en train de faire sauter les rochers et une pluie de pierres s'abattit sur l'embarcation. Twain raconta qu'il avait été malheureux à l'idée de mourir d'une mort si peu héroïque mais que, le danger passé, il n'avait jamais regretté cette expérience.

Eberbach est une petite ville fort bien conservée car elle a su garder son passé intact. Les photos d'Eberbach prises au tournant du siècle montrent toutefois que, il n'y a pas si longtemps, les anciens bâtiments restaurés, qui nous paraissent aujourd'hui l'expression même d'un monde intact, étaient considérés comme misérables et laids. Vers 1900, on admirait sur la rive opposée les villas devant lesquelles les promeneurs passent aujourd'hui sans un regard. Dissimulé dans la vallée de l'Itter, qui se jette ici dans le Neckar, se blottit un petit pont insignifiant; il a été construit en 1491 et personne ne peut croire aujourd'hui que cette ancienne construction a pu supporter jusqu'en 1981 tout le trafic en direction de l'Odenwald.

L'imposante rive du Neckar à Hirschhorn est également incomparable. Mais la vallée est ici si étroite que les grandes eaux ont déjà coulé à travers les meurtrières du mur d'enceinte. La petite ville s'est développée sous la protection du château qui la domine et a fini par former avec lui une unité de défense. Aussi cynique que cela puisse paraître, le fait est qu'une situation économique défavorable a contribué à ce que la cité basse garde sa physionomie du moyen âge. Dans les larges bassins de la vallée, les développements industriels ont détruit ces endroits idylliques. Les guerres de religion en

pect of dying such an unheroic death, but added, since the worst did not happen, that he did not regret the experience.

Eberbach is an extremely well-kept little town with a feeling for its past. Photographs of Eberbach, taken around the turn of the century, however, show that not all that long ago the refurbished old buildings which now seem to us like the epitome of an intact age, were regarded as poor and ugly. Around 1900 it was the villas on the opposite bank, now totally ignored by visitors, that were admired. Hidden away in the valley of the Itter, which joins the Neckar at this point, crouches a modest little bridge built in the year 1491; today it already seems impossible to us that until 1981 this ancient structure carried all the traffic heading for the Odenwald.

Hirschhorn's tall waterfront along the Neckar is also a sight worth seeing. Here the valley is so narrow that high water has even been known to pour through the loopholes in the town wall. The town grew up under the protection of the castle on a spur above it and the two eventually merged to form a single defensive unit. It may sound uncharitable, but it is a fact that the unfavourable economic situation of more recent times helped the old part of the town to retain its original character. Industrial developments have destroyed such idylls along the broader parts of the valley. The religious wars of earlier times were similarly destructive; the Carmelite Monastery in Hirschhorn, for example, suffered from the fighting, and the fact that the little church at Ersheim on the other side of the river

zerschlagen worden. Die Religionskämpfe haben zu ihrer Zeit allerdings ähnlich gewirkt; in Hirschhorn hat das Karmeliterkloster darunter gelitten, und fast ist's ein Wunder, daß das Ersheimer Kirchlein auf der anderen Neckarseite noch steht. Seine Grundmauern stammen aus dem 8. Jahrhundert, und ehe die Hochwässer die Bauern ringsum vertrieben, war es eine reiche Dorfkirche. Danach stand die Kirche samt ihrem Friedhof und samt dem Elendstein, der gotischen Totenleuchte, jahrhundertelang allein da. Ein Hirschhorner, der Domherr war in Worms, hat dieses Kerzenhäuschen 1412 gestiftet, und noch heute leuchtet dieses Licht des Nachts „zu Troste der Armen Seelen". Doch wer dort nur hingeht um des frommen nächtlichen Erschauerns wegen, wird von den Anwohnern vom Friedhof fortgewiesen.
Die Bligger von Neckarsteinach waren ein besonders bauwütiges Geschlecht; jeder aus der Familie wollte von 1100 an seine eigene Burg haben. Als schon drei Burgen da standen, mußte sich Bligger V. am schlechtesten Platz die vierte Burg bauen und zuallererst eine ganze Felswand aus dem roten Buntsandstein herausbrechen. Ein schlanker Bergfried mußte als Schildmauer gegen den Berg dienen und konnte gerade noch einen kleinen Palas beschützen – „Schwalbennest" ist der richtige Name für diese Märchenburg-Ruine. Der aus dem Wald aufsteigende Turm ist noch ebenso zu besteigen wie der Bergfried der beeindruckend mächtigen Hinterburg, während die beiden übrigen Burgen im letzten Jahrhundert wohnhaft statt wehrhaft umgebaut worden sind.

avaient d'ailleurs fait autant à leur époque; à Hirschhorn, par exemple, le couvent de carmélites en a souffert et c'est presque un miracle que la petite église sur l'autre rive du Neckar soit encore là. Ses fondations datent du VIIIe siècle et c'était une riche église de village avant que les inondations ne chassent les paysans tout alentour. Ensuite, pendant des siècles, l'église et le cimetière avec sa lanterne mortuaire gothique sont restés solitaires. Un habitant d'Hirschhorn, qui était chanoine à Worms, avait fait don de cette lanterne en 1412 et aujourd'hui encore cette lumière brûle la nuit pour «réconforter les pauvres âmes». Mais quiconque se rend la nuit à cet endroit pour éprouver un pieux frisson est chassé par les voisins.
La famille Bligger de Neckarsteinach était de la sorte des bâtisseurs effrénés; à partir de 1100, chaque membre de la famille voulut avoir son château personnel. Lorsque trois châteaux furent construits, Bligger V dut se contenter de la plus mauvaise place pour édifier le quatrième et commencer par arracher une grande quantité de roches de la paroi en grès bigarré. Et sur l'endroit ainsi dégagé, il ne put construire qu'un donjon élancé en guise de défense du côté de la montagne et un petit palais. Le «nid d'hirondelles» est le nom qui convient à cette ruine d'un château de conte de fées. On peut monter sur la tour ainsi qu'au donjon du Hinterburg, un impressionnant château qui se trouve derrière, tandis que les deux autres châteaux ont été transformés en résidences le siècle dernier.
Karl se mit à grimper impatiemment la colline

survived verges on a miracle. It was built in the 8th century, and was a prosperous village church until floods drove the peasants away. For centuries after that the church and graveyard with its Gothic mortuary lantern stood there all alone. A Hirschhorn man, who had become a canon at Worms Cathedral, donated the lantern in 1412, and it is still lit at night to "comfort poor souls". But anyone who goes there at night simply for a ghostly thrill will be sent packing by the neighbours.
The Bligger family of Neckarsteinach suffered from building mania: from 1100 each member of the family wanted his own castle. By the time three castles had been put up, only a very poor site was left for Bligger V, who wanted to build the fourth, and so he had to break a huge quantity of rock out of the red sandstone cliff. There was room only for a slim keep as defence on the side facing the hill and for a small residential building – "Swallow's Nest" is the appropriate name for this fairytale ruin. The tower can be climbed, as can the keep of the impressively massive castle behind it, called Hinterburg; the other two castles were converted into residences in the 19th century.
Karl hurried impatiently up the hill to the "Swallow's Nest", as he could not resist trying to work out how the slim, pipe-like tower had been constructed, but then he wanted to make tracks out of this little Hessian enclave, and cross the river to Dilsberg in Baden-Württemberg, where Dorle would be waiting for him.
The once important fortifications of Dilsberg, enthroned above the little town of Neckar-

Karl rannte ungeduldig zu diesem hochgemauerten Schwalbennest hinauf, er wollte nur schnell die Bauweise des röhrenartig dünnen Turms erkunden und dann so schnell wie möglich aus diesem hessischen Uferzipfel am Neckar hinüber nach Dilsberg zu seinem Dorle kommen. Die ehedem so bedeutenden Dilsberger Festungsmauern thronen weithin sichtbar über dem alten Städtchen Neckargemünd, das gegenüber auf der baden-württembergischen Seite liegt. Das dem Fluß zu immer noch dick ummauerte Neckargemünd ist mit besonders viel Glück fast unversehrt durch die Geschichte gerutscht und nennt sich nun kokett die „schöne Nachbarin" Heidelbergs. Die Elsenz fließt hier aus dem Kraichgau dem Neckar zu, der sich schon so großartig gibt, als ob er niemals selber solch ein kleines Flüßlein gewesen sei.
Ruhig und völlig sicher, daß Karl kommen würde, saß das Dorle auf der hohen Dilsberger Mauerkrone und las, wie Mark Twain diese Bergfestung gesehen hat: „Eine weite, herrliche Landschaft mit fernen Wellen bewaldeter Berge; auf der einen Seite den in schimmernden Kurven einherfließenden Neckar und burggekrönte Felsen und Hügelkämme auf der anderen." Dorle blickte auf – so war das Land noch heute. Gemessen an den alten Bildern von der Dilsburg waren jedoch selbst die gewaltigen Mauern, die noch jetzt stehen, nur kümmerliche Überreste.
Als Karl sein Dorle auf der Dilsberger Mauerkrone entdeckte und hinaufjuchzte, fühlte sich Thomas wieder einmal überflüssig. In Heidelberg würde diese Liebschaft sowieso darben

jusqu'au Nid d'hirondelles car il voulait examiner le mode de construction de la tour mince comme un tuyau avant de quitter le plus rapidement possible cette petite enclave hessoise et traverser la rivière pour aller à Dilsberg où Dorle devait l'attendre. Les fortifications de Dilsberg, autrefois si importantes, qui trônent audessus de la petite ville de Neckargemünd, sont visibles de loin. Neckargemünd, qui est toujours dotée de murs épais face au fleuve, a traversé l'histoire presque intacte et dit d'elle-même non sans coquetterie qu'elle est la «belle voisine» de Heidelberg. Venant du Kraichgau, l'Elsenz rejoint ici le Neckar devenue une rivière si imposante qu'il en oublie qu'il a aussi été un petit courant insignifiant.
Persuadée que Karl viendrait, Dorle attendait patiemment assise sur le haut mur de Dilsberg et lisait la description qu'avait faite Mark Twain de la forteresse: «Un paysage vaste et merveilleux avec au loin les ondulations boisées des montagnes; d'un côté le Neckar qui serpente en miroitant et de l'autre les sommets rocheux couronnés de châteaux.» Dorle leva les yeux et constata qu'il en était encore ainsi aujourd'hui. Mais que, comparés avec les anciennes vues de Dilsberg, les murs, bien qu'encore imposants, n'étaient plus que de malheureux vestiges.
Lorsque Karl vit Dorle sur le mur de Dilsberg et qu'il l'appela, Thomas se sentit une fois de plus de trop. Mais il savait que cette amourette se terminerait à Heidelberg car il faudrait s'y mettre à travailler. Dorle avait bien dit qu'elle savait où ils trouveraient tous deux un magnifique chantier mais Thomas avait fait semblant de ne

gemünd, are visible from a long way away. Neckargemünd, whose sturdy walls on the waterfront are still intact, has survived its long history in very good shape, and coquettishly calls itself "Heidelberg's lovely neighbour". By now the Neckar has become an imposing river which would like to pretend it was never so modest a stream as the Elsenz that joins it here.
Quite confident that Karl would come, Dorle sat patiently on Dilsberg's ancient wall, reading how Mark Twain had seen the castle, which he says is set in a broad, magnificent stretch of country with rolling wooded hills disappearing into the distance, with the gleaming, serpentine Neckar on the one side, and the rocky summits crowned with a castle on the other. Dorle looked up and saw that the description still applied. But she noted that compared with old pictures of Dilsberg Castle, the remaining walls, immense though they were, were mere fragments.
When Karl discovered his Dorle sitting on the wall, and called up to her, Thomas once again felt superfluous. But, he consoled himself, this love affair will have to come to an end in Heidelberg, because then it will be high time to start work again. Dorle had already announced that she knew of a great building site where the two friends could both get work, but Thomas had ignored the remark: an honourable journeyman chooses his own Master. But Karl had to agree to go and see the Master Carpenter that Dorle had discovered so quickly. Dorle was delighted, and listed all the things she would show the two of them in her home town –

müssen. Statt zu tändeln, mußte jetzt wieder gearbeitet werden. Das Dorle hatte zwar angekündigt, es wisse schon, wo die beiden eine großartige Baustelle finden würden, doch da hatte Thomas weggehört. Ein ehrbarer Geselle sucht sich seine Meister selber. Karl allerdings mußte zusagen, daß er bei dem Zimmermeister vorsprechen werde, den das Dorle so schnell gefunden hatte. Dorle patschte in die Hände und zählte gleich alles auf, was sie den zweien in ihrer Heimatstadt zeigen wolle – soweit der gebildete Thomas das nicht schon alles kenne, natürlich. Also, zuerst die Heiliggeistkirche mit den Kaufläden ringsum wie im Mittelalter, die Universitätsbibliothek („mindestens von außen, zieh kein Gesicht!"), dann das Palais Morass mit dem Kurpfälzischen Museum und auf der Höhe natürlich die elfhundert Jahre alte St.-Michaels-Basilika. Karl hörte belustigt zu und war Thomas dankbar, als der vorschlug, jeden dieser Gänge in einem Altheidelberger Lokal zu beschließen. Aber das schien für das Dorle ohnedies selbstverständlich zu sein – o Kurpfalz! „Jetzt wirst du auch noch lebe lerne, Schwob!" lachte das Dorle und zitierte den Pfälzer Paul Tremmel:

Da is des Land, wu jedermann
fest schaffe un fest feire kann.
Wu ma net muffich is, verstockt
un sich am Disch zu Fremde hockt,
un wu ma is noch tolerant:
dort, Leit, isses Kurpfalzland ...

Hier war Karl ja wohl am Ende seiner Walz angekommen.

rien entendre. Un compagnon qui se respecte choisit son maître lui-même. Mais Karl avait accepté d'aller voir le maître charpentier que Dorle avait si rapidement trouvé. Dorle était ravie et leur énuméra toutes les choses qu'elle voulait leur montrer dans sa ville natale – pour autant que Thomas ne les ait pas encore vues. L'église du Saint-Esprit pour commencer avec toutes les boutiques autour comme au moyen âge, la bibliothèque de l'université («du moins du dehors, pas besoin de faire la grimace!») puis le palais Morass avec le musée du Palatinat et sur la hauteur, bien sûr, la basilique Saint-Michel vieille de onze cents ans. Karl écoutait avec amusement et fut reconnaissant à Thomas de l'entendre suggérer que chaque visite devrait se terminer dans une des nombreuses auberges typiques du Vieux Heidelberg. Mais il semblait précisément que Dorle ait eu la même idée en tête. «Vous allez voir comment on sait vivre ici, vous autres Souabes!» dit Dorle en riant et elle se mit à réciter les vers du poète Paul Tremmel:

Il est un pays où chacun
Travaille et festoit à l'envi,
Où nul n'est grognon ou grincheux,
Où chacun est accueillant,
Ce pays a pour nom, braves gens, Palatinat ...

Karl semblait être arrivé au bout de son voyage.

assuming that Thomas had not already seen them, of course. The Church of the Holy Spirit to start with, surrounded with shops just as it was in the Middle Ages, the University Library ("from the outside, at least – don't pull a face!"), then Palais Morass, with the Palatinate Museum, and, up on the hill, of course, the eleven-hundred-year-old St Michael's Basilica. Karl listened to the itinerary with amusement, and was grateful to Thomas when he suggested that each of these visits should be rounded off by a visit to one of the many traditional inns – but it seemed that this was precisely what Dorle had in mind, too. "Now you'll find out what life is all about, you Swabian!", laughed Dorle, and she quoted the Palatinate poet Paul Tremmel:

There is a land where every man
Works and plays as hard as he can.
Where no one's haughty,
Or too naughty,
Where there's little spite or hate:
And that land's called the Palatinate ...

Yes, it seemed that Karl's travelling days really were over.

Schloß Guttenberg über Neckarmühlbach. *Hans der Reiche von Gemmingen kaufte 1449 die damals schon fast dreihundert Jahre alte Burg, und seitdem gehört die unzerstörte und noch immer bewohnbare Burg dieser Familie. Burgenliebhaber begeistert der Bergfried und die Schildmauer, geschichtskundige Besucher stehen fasziniert vor den Dokumenten der Burgbibliothek, und alle Besucher sehen bei den Flugvorführungen der Falkner gern den Adlern und Geiern nach, die im Neckartal längst ausgestorben sind.*

Le château de Guttenberg au-dessus de Neckarmühlbach. *Hans le Riche de Gemmingen acheta le château, qui avait déjà près de trois cents ans à l'époque, en 1449 et depuis cette date il appartient, toujours intact et habitable, à cette famille. Le donjon et la courtine font l'admiration des amoureux des châteaux; les visiteurs versés dans l'histoire sont fascinés par les documents conservés dans la bibliothèque du château et tous les visiteurs sont impressionnés par les aigles et les vautours qui, espèces éteintes depuis longtemps dans la vallée du Neckar, sont dressés par le fauconnier du château.*

Guttenberg Castle above Neckarmühlbach. *Hans the Rich of Gemmingen bought the castle – which was then already three hundred years old – in 1449, and, still intact and habitable, it has belonged to his family ever since. Castle fans are enthusiastic about the keep and the curtain wall; visitors interested in history are fascinated by the documents preserved in the castle library; and all visitors are impressed by the eagles and vultures which, long since extinct in the Neckar Valley, are tamed and trained by the castle falconer.*

◀ ***Haßmersheim von der Burg Hornberg aus.*** *Die Weinberge der Burg Hornberg gehen bis fast zum Fluß hinunter. Gegenüber liegt Haßmersheim, einst das größte Schifferdorf am Neckar, in dem auch die Vorfahren von Theodor Heuss Neckarschiffer waren.*
▶ ***Burg Hornberg.*** *Dieser Wehrbau ist so oft umgebaut, angegriffen, überwältigt, angezündet, geplündert und danach wieder im Stil der Zeit modernisiert worden seit dem 12. Jahrhundert, daß seine Baugeschichte schwer aufzufädeln ist. Einer seiner berühmtesten Besitzer war Götz von Berlichingen.*

◀ ***Hassmersheim, vu du château de Hornberg.*** *Les vignobles du château de Hornberg descendent presque jusqu'à la rivière. En face se trouve Hassmersheim, qui fut autrefois le plus grand village de mariniers sur le Neckar et où les ancêtres de Theodor Heuss, le premier président de la République fédérale d'Allemagne furent également des mariniers.*
▶ ***Château de Hornberg.*** *Depuis le XIIe siècle, ce château a été si souvent transformé, attaqué, conquis, incendié, pillé et reconstruit qu'il est difficile de démêler l'histoire de son architecture. Un de ses plus célèbres propriétaires fut Götz von Berlichingen.*

◀ ***Hassmersheim, seen from Hornberg Castle.*** *The vineyards belonging to Hornberg Castle extend almost down to the river. On the opposite bank is Hassmersheim, once the largest boatmen's village on the Neckar. Ancestors of Theodor Heuss, the first President of the German Federal Republic, were Neckar boatmen from Hassmersheim.*
▶ ***Hornberg Castle.*** *Since the 12th century, this castle has been so often altered, attacked, captured, fired, plundered, and rebuilt, that it is difficult to unravel its architectural history. One of its most famous owners was Götz von Berlichingen.*

Fachwerkstadt Mosbach. *So nennt sich die Stadt offiziell; wegen ihrer vielen Weiterbildungsschulen nennen es die Nachbarn auch das „Oxford des Odenwaldes". Das Palmsche Haus wurde 1610 als Patrizierhaus am Marktplatz erbaut. Das reiche Zierfachwerk im fränkischen Stil zeigt, daß die Bauherren nicht haben sparen müssen.*

La ville à colombage de Mosbach. *C'est ainsi que la ville s'appelle officiellement; à cause de ses nombreuses écoles de formation permanente, ses voisins l'appellent aussi l'«Oxford de l'Odenwald». La maison de Palm sur la place du Marché a été construite en 1610. Son riche colombage très décoratif dans le style franconien montre que la famille patricienne qui a construit cette maison n'avait pas à compter ses sous.*

The half-timbered town of Mosbach. *This is what the town officially calls itself; because of the many further-education institutions here, its neighbours call it "The Oxford of the Odenwald". The "Palm House" on the market square was built in 1610. The lavish, decorative half-timbering, in the Franconian style, shows that the patrician family that built it did not have to count its pennies.*

Anton
Palm

◀ ***Die Ruine der Minneburg gegenüber Neckargerach.*** *Im Wald versteckt und nur von Wanderern zu erreichen ist die Minneburg, eine immer noch großartig erhaltene Ruine. Wer sie erbaut und wer sie endgültig zerstört hat, ist unbekannt. Um so mehr blühen die Legenden um den schönen Burgnamen „Minne".*

▶ ***Burg Zwingenberg.*** *Hier dankte der letzte badische Großherzog im Jahre 1918 ab, seine Familie wohnt immer noch hier, daher sind nur Teile der ursprünglich aus dem 13. Jahrhundert stammenden Burg zu besichtigen. Einer jüngeren Tradition gemäß wird im Sommer im Schloßhof der „Freischütz" von Carl Maria von Weber gespielt, weil doch gleich hinter dem Schloß eine sagenumwobene Wolfsschlucht liegt. Heuss hat seinerzeit bedauert, daß er nicht alle Wirtshäuser in Zwingenberg habe besuchen können.*

◀ ***Les ruines du Minneburg en face de Neckargerach.*** *Cachées dans la forêt et accessibles uniquement à pied, les ruines du Minneburg restent imposantes. On ignore qui a construit ce château et qui l'a finalement détruit mais la première partie de son nom «Minne» (synonyme d'amour) a donné naissance à de nombreuses légendes.*

▶ ***Château de Zwingenberg.*** *C'est ici que le dernier grand-duc de Bade a abdiqué en 1918 mais sa famille vit toujours dans le château, qui date du XIIIe siècle, et c'est pourquoi seules certaines parties peuvent être visitées. La gorge du Loup légendaire qui se trouve derrière le château a donné l'idée de représenter en été, dans la cour du château, le «Freischütz» de Carl Maria von Weber et c'est à présent devenu une tradition. Theodor Heuss a, de son côté, regretté de ne pas avoir pu visiter toutes les auberges de Zwingenberg.*

◀ ***The ruins of Minneburg Castle, opposite Neckargerach.*** *Hidden in the forest, and only accessible on foot, the ruins of Minneburg are still imposing. Who built the castle, and who destroyed it, is unknown, but the first part of its name – "Minne" (chivalrous love) has been the source of many legends.*

▶ ***Zwingenberg Castle.*** *It was here that the last of the Grand-Dukes of Baden abdicated in 1918, but his family still lives in the castle, dating back to the 13th century, so that only parts of it can be viewed. A legendary Wolf's Glen behind the castle suggested the idea of staging Carl Maria von Weber's "Der Freischütz" in the castle courtyard during the summer, and this has become a tradition.*

Burg und Schloß Hirschhorn. *Auf der rechten Seite des Neckars zipfelt das Land Hessen bis Hirschhorn und Neckarsteinach bis an den Fluß. Die Hirschhorner Burg ist in achthundert Jahren von oben nach unten gewachsen, bis auch das Dorf von den Mauern umschlossen war. Hirschhorns Hügellinien sind viel besungen worden.*

Le château fort et le château de Hirschhorn. *Sur la rive droite du Neckar, le Land de Hesse s'étend jusqu'à Hirschhorn et Neckarsteinach jusqu'au fleuve. Au cours de huit cents ans, le château fort de Hirschhorn s'est agrandi vers le bas jusqu'à ce que le village soit également entouré de ses fortifications. La beauté du paysage de collines de Hirschhorn a été souvent célébrée.*

Hirschhorn Castle and Palace. *In the course of eight hundred years, the fortifications of Hirschhorn Castle spread downwards until they enclosed the village, forming, together with the hilly countryside, a picturesque ensemble.*

◀ ***Die Friedhofskirche von Ersheim.*** *Dieses Kirchlein im Ersheimer Friedhof ist das älteste im Neckartal. Andächtig besuchen viele Gläubige zwischen den Gräbern die Totenleuchte „Elendstein" von 1412 und den jüngeren „Ölberg" an der Kirchenwand.*

▶ ***Die Burgen von Neckarsteinach.*** *Zwei der vier alten Burgen von Neckarsteinach sind Ruinen, zwei sind noch bewohnt von den Nachfahren ihrer Erbauer im 12. und 13. Jahrhundert. Von fast all diesen Burgen sind die mächtigen Überreste der Bergfeste Dilsberg hoch über dem Fluß auf der anderen Neckarseite zu sehen.*

◀ ***La chapelle du cimetière de Ersheim.*** *Cette petite église est la plus ancienne de la vallée du Neckar. De nombreux croyants viennent se recueillir entre les tombes devant la lanterne mortuaire de 1412 et le «mont des Oliviers» plus récent sur le mur de l'église.*

▶ ***Les châteaux de Neckarsteinach.*** *Deux des quatre anciens châteaux de Neckarsteinach sont des ruines, deux autres sont encore habités par les descendants de la famille qui les a construits au XIIe et XIIIe siècles. De tous ces châteaux, on peut voir les vestiges imposants de la forteresse de Dilsberg qui surplombe la rivière de l'autre côté du Neckar.*

◀ ***The Cemetery Chapel at Ersheim.*** *This little church is the oldest in the Neckar Valley. The mortuary lantern dating back to 1412, still lit at night to "comfort poor souls", and the more recent "Mount of Olives" at the side of the church, attract the interest of many visitors.*

▶ ***The Castles of Neckarsteinach.*** *Two of the four castles of Neckarsteinach are ruins, two are still lived in by the descendants of the family that built them in the 12th and 13th centuries. On the opposite side of the river tower the imposing remains of Dilsberg Fortress.*

◀ ***Das Schwalbennest von Neckarsteinach.*** *Eine Bilderbuch-Burg, weil sie gerade herauszuwachsen scheint aus den roten Buntsandsteinfelsen des Odenwaldes. Die Besucher können bis zur Schildmauer nach oben steigen zum Ausblick der Burgwächter.*

▶ ***Die Wasserfront von Neckargemünd.*** *Das ehemalige Reichsstädtchen, in dem Gerber und Schiffer daheim waren, hat eine besonders reizvolle Umgebung, denn hier kommen der Odenwald über dem Neckar drüben, der Kleine Odenwald auf der linken Flußseite und der Kraichgau zusammen.*

◀ ***Le «Nid d'hirondelles» de Neckarsteinach.*** *Un château de livre d'images qui semble sorti tout droit des rochers de grès bigarré rouge de l'Odenwald. Les visiteurs peuvent monter jusqu'à la courtine pour jouir de la vue sur la vallée.*

▶ ***Le bord de la rivière à Neckargemünd.*** *L'ancienne petite ville impériale, où il y avait autrefois des tanneurs et des mariniers, se situe dans un cadre particulièrement charmant car à cet endroit l'Odenwald d'un côté du Neckar, le Kleine Odenwald de l'autre côté et le Kraichgau se rencontrent.*

◀ ***The "Swallow's Nest" at Neckarsteinach.*** *A picture-book castle that seems to grow straight out of the red sandstone rocks of the Odenwald Hills. Visitors can climb as far as the curtain wall for a view across the valley.*

▶ ***The Waterfront of Neckargemünd.*** *The former free imperial city, once the home of tanners and boatmen, is beautifully situated at a point on the river where the Odenwald Hills on the one side of the Neckar, the Kleine Odenwald Hills on the other, and the Kraichgau region converge.*

HOTEL RITTER

Ende gut, alles gut: Kulturreise bis Mannheim

Heidelberg wird von vielen Menschen mehr als eine Traumvorstellung denn als eine reale Stadt erlebt. Ehemalige Studenten deklamieren beim Wiedersehen auf dem Schloß verzückt die Hölderlinverse:

> ... doch die ewige Sonne goß
> ihr verjüngendes Licht über das alternde
> Riesenbild, und umher grünte lebendiger
> Efeu; freundliche Wälder
> rauschten über die Burg herab.

Gerade die Schloßterrassen sind aber auch der Ort, wo fast körperlich spürbar wird, wie Generation um Generation durch das Gehäuse dieser Stadt hindurchgeht. Und Unzähligen sind später ihre Jugend und ihre Träume an diesem Neckarufer als etwas Unvergleichliches erschienen. Nur die jetzt hier Lebenden schütteln den Gedanken an den immerwährenden Wandel ab. Die Bürger erleben eine betriebsame Stadt, zu der die Welt auf Besuch kommt, und die Studenten einen akademischen Großbetrieb. Stadt und Universität waren jahrhundertelang Geschöpf und Zierde, aber auch Opfer ihrer Kurfürsten. Mit ihnen zusammen mußten ihre Lehrer von der Gründung im Jahre 1386 an zu-

◀ ***Zurückgeholte Idyllen.*** *Der Neckarkanal ist nur noch bei Hochwasser ein fließendes Gewässer. Bei normalem Wasserstand ist er nahezu eine Seenkette. Doch die Gefahren seiner übermäßigen Technisierung sind erkannt: Wo Spundwände stehen, können keine Fische laichen. Also werden die Ufer vielfach wieder naturnah gestaltet. Völlig natürliche Verhältnisse wird es leider nicht mehr geben.*

Tout est bien qui finit bien: un voyage culturel jusqu'à Mannheim

Pour bien des gens, Heidelberg semble plus un rêve qu'une ville réelle. Les anciens étudiants, quand ils reviennent voir plus tard le château, déclament en s'extasiant les vers de Hölderlin:

> ... Mais le soleil éternel de sa lumière
> Rajeunissait le vaste site vieillissant
> Et tout était recouvert du vert d'un lierre
> Abondant; d'aimables forêts en bruissant
> Descendaient jusqu'aux murs du château.

C'est précisément sur les terrasses du château que l'on sent presque physiquement le passage des générations dans cette ville. Et nombreux sont ceux qui ont ressenti par la suite l'époque de leur jeunesse et de leurs rêves à Heidelberg comme un temps fort de leur vie. Il n'y a que ceux qui vivent ici qui évitent de penser au perpétuel changement. Les habitants d'Heidelberg vivent dans une ville active que visite le monde entier et les étudiants sont absorbés par une grande entreprise universitaire. Pendant des siècles, la ville et son université ont été la création et l'ornement, mais aussi la victime de leurs princes électeurs. Les enseignants durent se plier à leur volonté; ils durent être de bons catholiques lorsque l'université fut fondée en

◀ ***Restauration de la nature.*** *Dans le canal du Neckar, l'eau ne coule qu'en période de crue. Lorsque le niveau d'eau est normal, il est presque une chaîne de lacs. Mais les dangers d'une technique exagérée ont été reconnus: là où il y a des murs de palplanches les poissons ne peuvent plus frayer. En de nombreux endroits, on redonne donc aux rives un état presque naturel.*

All's well that ends well: "culture-vulturing" to Mannheim

For many visitors, Heidelberg is more like a dream than a real, living city. Former students go into an ecstasy when they stand on the castle terrace again in later years, and tend to declaim Hölderlin's lines:

> ... but the eternal sunlight poured
> its youth-giving warmth over the ageing,
> far-flung scene, and all was covered with
> luscious green ivy;
> friendly torrents of woodland
> merged with the grey of the castle walls.

It is precisely the castle terraces that give one almost a physical feeling for the coming and going of generations in this town. How many people have looked back on their youthful times and dreams in Heidelberg as a highlight in their lives? Only those who live here all the time try to avoid thinking of the constant change. The locals live in a busy town to which the whole world comes as a visitor, and the students are caught up in a great academic machine. For centuries the town and its university were the creation and ornament – but also the victim – of their Electors. The teachers were always forced to dance to the tune of the

◀ ***Nature restored.*** *Nowadays, the water in the Neckar Canal flows only during periods of high water. When the water level is normal, the Neckar is little more than a series of lakes. But the dangers of too much engineering have been recognized: sheet piling prevents fish from spawning, and so in many places the banks of the river are being restored to something like their natural state.*

erst gute Katholiken sein, dann aber Lutheraner, dann Calvinisten, dann nochmals Lutheraner, nochmals Calvinisten, dann wieder Katholiken. Die Nationalsozialisten haben es mit ihrem weltlichen Glauben ebenso gehalten und aus der Widmung über der neuen Universität „Dem lebendigen Geist" die Wörter „Dem deutschen Geist" gemacht. Der Hausmeister hatte die alten Buchstaben jedoch im Keller bewahrt und konnte sie 1945 wieder auswechseln. Im letzten Krieg soll Heidelberg deshalb nicht zerstört worden sein, weil es als das zukünftige amerikanische Hauptquartier ausersehen gewesen sein soll – so geschah es dann jedenfalls, und die Nachkommen sind dankbar, daß die Barockstadt erhalten geblieben ist, die nach den Zerstörungen der vom allerchristlichsten Ludwig XIV. entfesselten Kriege um das Erbe seiner Schwägerin Liselotte von der Pfalz entstanden war. Das damals ebenfalls zerstörte Schloß ist bis heute die großartigste Halbruine Deutschlands – ein Franzose des 19. Jahrhunderts aber hat verhindert, daß die Steine des Schlosses vollends in den Bürgerhäusern der Stadt verbaut wurden.
Als im noch kleinen Heidelberg erst knapp tausend Studenten ihren Übermut losließen, taten sie das vor allem in der Altstadt bei den „Sume" – das waren die Neckarviertler, die eine nächtliche Tierbefreiung mit dem berühmten Satz meldeten: „Die Herren Studenten haben heut nacht wieder die Säu rausgelassen!" Auch Friedrich Ebert war ein „Sume", der das auch nicht vergaß, als er der erste deutsche Reichspräsident wurde. Sein Schicksal war, daß er

1386, puis des luthériens, ensuite des calvinistes, de nouveau des luthériens puis des calvinistes et de nouveau des catholiques. Les nazis imposèrent également leur volonté allant même jusqu'à changer l'inscription au-dessus de l'université qui de «Dédiée à l'esprit curieux» fut «Dédiée à l'esprit allemand». Mais le concierge avait gardé les anciennes lettres dans la cave et put les remettre à leur place en 1945. Heidelberg, dit-on, n'aurait pas été bombardé pendant la dernière guerre parce que la ville était destinée à devenir le quartier général des forces américaines – ce qu'elle est d'ailleurs devenue. Quoiqu'il en soit, la ville baroque, construite après les destructions que lui fit subir le très chrétien roi de France, Louis XIV pendant la guerre du Palatinat, a été conservée. Le château détruit pendant cette guerre qui avait éclaté à propos de l'héritage de la princesse palatine Elisabeth-Charlotte est resté depuis la plus grandiose demi-ruine d'Allemagne – au début du XIXe siècle, un émigré français, le comte de Graimberg, avait empêché que l'on exploite les ruines du château comme carrière. A l'époque où le nombre des étudiants de Heidelberg était à peine d'un millier, ceux-ci lorsqu'ils se déchaînaient allaient surtout dans la Vieille Ville où vivaient les «Sume», les gens de la région du Neckar. Friedrich Ebert était également un «Sume» qui n'oublia pas ses origines lorsqu'il devint le premier président de la République allemande. Son destin fut de devoir gérer la faillite de la monarchie. «Mais comme sellier il fut un artisan comme nous», dit Thomas fièrement en emmenant Karl au monument

prince: they had to be good Catholics when the university was founded in 1386, but then, in the course of time, had to change to Lutherans, then Calvinists, then Lutherans again, Calvinists once more, and finally Catholic again. The Nazis imposed their will on the university, too, changing the inscription over the university building from "Dedicated to the Inquiring Spirit" to "Dedicated to the German Spirit". But the janitor kept the old letters in the cellar, and replaced them in 1945. It is said that Heidelberg was not bombarded in the last war because it was destined to become headquarters of the American forces – that is, in any case, what happened, and so at least the Baroque town was saved from the fate of the much older town which had preceded it. That had fallen victim to the destruction unleashed throughout the Palatinate by His Most Christian Majesty Louis XIV of France during the War of the Spanish Succession. Heidelberg Castle, which was also destroyed, has remained Germany's most magnificent half-ruin ever since – because, thanks to a 19th century Frenchman, the remaining parts of the castle were not turned into a quarry for recycling in the houses of the town.
In earlier times, when Heidelberg's undergraduates numbered a mere thousand, and the "Gentlemen Students" went on the rampage, they usually did so in the Old Town, where the "Sume" – people from the region – lived. Friedrich Ebert was a "Sume", and he did not forget this when he became the first President of the German Reich. It was his fate to preside over the bancruptcy of the monarchy. "But as a

auch der ungeliebte Konkursverwalter der Monarchie sein mußte. „Als Sattler aber war er ein Handwerksgesell wie wir", sagte Thomas stolz, als er Karl in der Ebert-Gedenkstätte zeigte, wie weit es ein Handwerksgeselle bringen kann im Leben. Die beiden waren allein, und der mißmutige Karl hörte kaum zu, denn jetzt waren schon vier Wochen vergangen, seit das Dorle wieder in Villingen war. Noch ehe er „bei dem Sponkrauter angeschoben" (bei dem zünftigen Handwerksmeister zu arbeiten begonnen hatte), war sie abgereist und hatte nur sehnsuchtsvolle Briefe geschrieben. Die hatte er immer in der Tasche, und richtig, jetzt war ja noch ein Wisch dazu gekommen. Sein Sponkrauter hatte ihm wie beiläufig einen Geschäftsumschlag in die Hand gedrückt. Karl fischte den Brief heraus, legte ihn auf Eberts Sattlerwerkbank und las: „Abschrift meines Briefes an meine Nichte Dorle: Die vier Wochen sind rum, und ich bin mit Deinem Karl zufrieden. Er ist fleißig, gescheit und geschickt und wird einmal ein guter Meister werden. Den Rest mußt Du selber mit ihm ausmachen. Am besten, Du kommst schon am Sonntag, denn vielleicht ärgert er sich jetzt über uns. Dein Onkel Ferdinand."
Karl war sprachlos. Er war geprüft, getestet worden ohne sein Wissen! Fast hätte er in seiner Wut auf Eberts Werkbank eingeschlagen, doch Thomas zog ihn schnell hinaus auf die Gasse und in ein Zunftlokal. „So seid ihr Neckarschwaben! Wenn ihr selber auf so einen knitzen Gedanken kommt, dann freut ihr euch zehn Jahre lang darüber. Aber wenn euch so was passiert, dann werdet ihr narret! Dabei kommt dein Dor-

commémoratif de Friedrich Ebert où il lui montrait jusqu'où peut aller un artisan. Ils étaient seuls mais Karl, de mauvaise humeur, l'écoutait à peine songeant à Dorle qui, depuis maintenant un mois, était de nouveau à Villingen. Elle l'avait quitté avant même qu'il ne commence à travailler chez son nouveau maître et ne lui avait écrit que des lettres passionnées depuis. Il les avait toujours sur lui, ce qui lui rappela soudain qu'il en avait une autre que son maître lui avait remise incidemment le matin même. Karl chercha la lettre dans sa poche, la posa sur l'établi de sellier de Friedrich Ebert et se mit à lire: «Copie de ma lettre à ma nièce Dorle: le mois est passé et je suis très satisfait de ton Karl. Il est travailleur, intelligent et adroit et sera un jour un bon maître. Pour le reste, c'est ton affaire. La meilleure des choses serait que tu viennes dès dimanche car il sera peut-être fâché contre nous. Ton oncle Ferdinand.»
Karl était sans voix. On l'avait testé sans qu'il le sache! De colère, il aurait presque démoli l'établi d'Ebert mais Thomas le fit sortir rapidement et l'emmena dans une auberge. «C'est comme ça que vous êtes, vous les Souabes du Neckar! S'il vous vient une idée pareille, vous vous en réjouissez pendant dix ans mais gare si c'est quelqu'un d'autre, ça vous rend furieux! Tu devrais être content, Dorle revient demain!» Après le troisième quart de vin du Neckar, Karl s'était calmé et ne songeait plus qu'à Dorle. Il sortit même la lettre dans laquelle elle se réjouissait à la pensée du printemps prochain, des fleurs et de la Bergstrasse, la route qui suit la plus belle partie de l'Odenwald, où le Neckar est déjà

saddler he was a craftsman just like us," said Thomas proudly, when he took Karl to the Ebert Memorial House to show him how far a journeyman can get in life if he really tries. The two of them were alone, and he had a bad audience in Karl, who was despondent at the thought that a whole month had passed since Dorle had returned to Villingen. She had left even before he had started work with his new Master, and since then had only written yearning letters. He always carried them with him in his pocket – and that reminded him, his boss had quite casually handed him another letter that morning which he had not even looked at yet because it was not from his beloved. He fished it out, and resting it on Ebert's saddler's bench, read: "Copy of a letter to my niece Dorle: The month has now passed, and I am satisfied with your Karl. He is hard-working, intelligent, and skilful, and one day will make a good Master. The rest is up to you. The best thing would be for you to come on Sunday already, because he may be annoyed at us when he discovers our little secret. Your Uncle Ferdinand."
Karl was speechless. He had been put to the test without his knowledge! In his rage he nearly kicked Ebert's bench, but Thomas quickly pulled him out into the street and into a pub. "That's typical of you Neckar Swabians! If you have a bright idea like that yourselves you think you're great, but if someone else pulls the wool over your eyes you go up the wall! Just think – Dorle's coming tomorrow!" After the third glass of Neckar wine Karl was feeling better, and he even got out the letter in which Dorle enthused

le morgen!“ Nach dem dritten Viertel Neckarwein war Karl tatsächlich von der Hoffnung auf das Dorle besiegt. Er zog sogar den Brief hervor, in dem das Dorle vom nächsten Blütenfrühling schwärmte und von der Bergstraße, der schönsten Seite des Odenwaldes, wo der Neckar schon fast ein kleiner Strom wird. Ja, er würde ihr den Kopf waschen wegen dieser Heimlichtuerei, ganz fürchterlich würde er schimpfen – oder auch nicht. Hauptsache, sie würde kommen. Morgen kommen!
Karl ist dann tatsächlich im Frühling mit dem Dorle auf einem Schiff den Neckar hinuntergefahren und hat sich auf den Tag gefreut, an dem er sich „einheimisch melden“ durfte. Damit wurde er zum seßhaften Handwerker in Heidelberg und mußte nun auch alles kennen lernen, was bis zum umtriebigen Mannheim auf dem großen Schwemmkegel des Neckars im Rheintal liegt. Schon am Ufer bei Ladenburg staunte er über das Schild „Stadt seit 98 n. Chr.“. Dieses Schild ist allerdings bereits „römisch“ gedacht, denn die Kelten, die hier zuvor gesiedelt hatten, nannten ihre Niederlassung Lokwodunon, und wer weiß, vielleicht war das für sie auch schon eine Stadt gewesen. Daraus haben die Römer dann Lopodunum gemacht und auf dem Neckar ein wahres Gebirge von rotbraunen Sandsteinen aus dem Odenwald herbeigeschafft, mit dem sie ein Verwaltungszentrum aufzubauen begannen, das nach Rom gepaßt hätte. Damals wurden in die grünsamtenen Waldhänge des Odenwaldes die ersten Schürfwunden der Steinbrüche geschlagen, denn Rom muß zu Beginn des 2. Jahrhunderts den

une rivière importante. Oui, il allait lui passer un savon à cause de ses cachotteries – ou peut-être que non. L'essentiel, c'est qu'elle arrivait le lendemain!
Au printemps, Karl est vraiment descendu le Neckar en bateau avec Dorle et il s'est réjoui en pensant au jour où il pourrait s'inscrire comme artisan à Heidelberg. Il lui fallait maintenant encore découvrir le reste de la région du Neckar, jusqu'à Mannheim, une ville animée située sur un cône alluvial de la rivière dans la vallée du Rhin. A Ladenburg, il fut étonné de voir sur la rive un panneau portant l'inscription «Ville depuis 98 après J.-C.» Cette mention fait référence à la cité romaine mais il y avait auparavant une colonie celte appelée Lokwodunon et, qui sait, peut-être était-ce déjà une ville de ce temps-là. Les Romains en firent Lopodunum, amenèrent par bateau sur le Neckar toute une montagne de grès brun rouge du Odenwald et commencèrent à construire un centre administratif qui n'aurait pas déparé Rome. Avec l'exploitation des carrières, les forêts d'un velours vert eurent leurs premières cicatrices.
Au début du IIe siècle, Rome a dû donner l'ordre de faire de Lopodunum une démonstration de la puissance romaine avec castels, temples, thermes, un théâtre et une somptueuse basilique construite avec de gros blocs de pierre de trois tonnes chacun et le plus grand forum au nord des Alpes. Ce majestueux édifice ne fut jamais terminé. Il a peut-être subi le même sort que la colonne de Jupiter qui se trouve maintenant au musée Lobdengau avec le célèbre relief Sol-Mithras. La colonne fut détruite par

about the coming spring and about the Bergstrasse, the route that runs along the foot of the Odenwald Hills, where the Neckar is at its broadest. Yes, he thought to himself, he would give her hell about this trick she had played on him – or maybe not. The main thing was that she was coming the next day!
Karl really did take a boat trip down the Neckar with Dorle in the spring, and was looking forward to the time when he could register as a local craftsman in Heidelberg. He felt that now was the time to find out all he could about the rest of the Neckar region, right down to busy Mannheim where the river forms an alluvial cone in the Rhine valley. His first surprise came at Ladenburg, where a sign on the bank of the Neckar announces "Town Charter since 98 AD". And yet this sign may even be too modest, as it refers to the Roman foundation – but there was a Celtic settlement there before that, called Lokwodunon, and who knows, maybe it was a town for the Celts. The Romans turned the name into Lopodunum, shipped a whole mountain of reddish-brown sandstone down the Neckar from the Odenwald Hills, and began to build an administration centre so grand that it would not have been out of place in Rome. The quarrying made the first scars in the velvet-green forests of the Odenwald.
Rome must have given orders at the beginning of the 2nd century that Lopodunum was to be made into an impressive demonstration of imperial power, with forts, temples, baths, a theatre, an imposing market basilica built with great stone blocks weighing three tons a piece,

Befehl gegeben haben, in Lopodunum die römische Macht zu demonstrieren mit Kastellen, Heiligtümern, Thermen, einem Schauspieltheater und mit einer pompösen Marktbasilika aus drei Tonnen schweren Quadern und dem größten Forum nördlich der Alpen. Das Prachtbauwerk wurde allerdings nie fertig und hatte wohl dasselbe Schicksal wie die Jupiter-Gigantensäule, deren Original heute samt einem berühmten Sol-Mithras-Relief im Lobdengau-Museum im Bischofshof steht. Die Säule wurde zweimal, 233 und 260, bei Germaneneinfällen zerschlagen und in einen Brunnen geworfen. Dann ging die Neckarlinie des Limes verloren, und der Versuch, sie 369 wieder zu erobern, führte nur an einer Schiffslände zu einem Brückenkopf. Dort stand, bunkergleich, ein mit Bleiplatten gedeckter Burgus-Koloß mit vier Meter dicken Mauern. Auf deren Resten und auf der Stadtmauer sitzt heute das moderne Rathaus, ganz so, wie das in Ladenburg immer gemacht worden ist. Jede Generation hat hier auf und mit den Trümmern der Bauwerke ihrer Vorgänger gebaut, schon der fränkische Königshof ist im 5. Jahrhundert so entstanden, und alle späteren Baumeister der Kirchen, Herrenhöfe und Bürgerhäuser haben das nachgemacht. Die Kirche St. Gallus ist samt ihrer Vorgängerkirche, ihrer romanischen Krypta und dem frühgotischen Chor auf den Grundmauern der Marktbasilika emporgewachsen, und es gibt fast keinen Baustein in Ladenburg, dem nicht anzusehen ist, daß er schon in noch älteren Mauern gesteckt hat. „Erhaltende Stadterneuerung" heißt in Ladenburg das Zauberwort, mit dem unsere

deux fois, en 233 et 260, lors d'incursions germaniques et jetée dans un puits. Puis la section du Neckar du Limes s'effondra et lors d'une tentative pour la reprendre en 369 une tête de pont fut formée sur la rivière à un endroit où se trouvait une immense tour avec des murs de quatre mètres d'épaisseur avec un revêtement en plomb. Aujourd'hui, l'hôtel de ville moderne de Ladenburg se trouve sur les vestiges de cette tour et le mur d'enceinte. C'est ainsi que cela s'est toujours passé ici. Chaque génération a utilisé les ruines de ses prédécesseurs, le palais royal franc a déjà été construit de cette façon au Ve siècle et par la suite tous les architectes des églises, châteaux et maisons patriciennes ont fait de même. L'église Saint-Gall avec sa crypte romane et son chœur gothique a été construite sur les substructions de la basilique romaine et il n'y a guère une pierre à Ladenburg qui ne se soit trouvée autrefois dans un mur plus ancien. A Ladenburg, conservation est le mot magique grâce auquel on garde tout à Ladenburg, de la cave romaine massive jusqu'aux charmantes maisons bourgeoises de la Renaissance; des rues entières ont été conservées avec des maisons construites au cours de cinq siècles, elles ont été restaurées et on les a même repeintes dans leurs couleurs d'origine. Entourée d'industries, la petite ville ressemble ainsi à un îlot, à une œuvre d'art vieille de deux mille ans et d'autant plus précieuse.
Mannheim, la deuxième grande ville du Bade-Wurtemberg est presque à portée de voix. Le Neckar y a perdu depuis longtemps son cours naturel car, ses méandres dévorant trop de

and the grandest forum north of the Alps. The magnificent project was never complete, and probably suffered a similar fate to the Jupiter Column, which is now in the Lobdengau Museum – the former Palace of the Bishops of Worms – together with the famous Sol-Mithras Relief. The column was smashed twice during incursions by the Germanic barbarians in 233 and 260, and thrown into a well. Then the Neckar section of the *Limes*, the Roman defence line, collapsed, and during an attempt to recapture it in 369 a bridgehead was formed on the river at a point where an immense tower stood, its four-metre-thick walls clad with lead. Today Ladenburg's modern town hall stands on the remains of the tower and of the town wall. That is the way it has always been here: each new period has made use of the rubble from the preceding one – the Frankish royal palace was built like this in the 5th century, and all the later architects of the churches, mansions, and burghers' houses used the same recipe. The Church of St Gall with its early Gothic chancel, its predecessor, and the Romanesque crypt, are all built on the foundations of the market basilica, and there is hardly a stone in Ladenburg that is not obviously a relic of some older wall. Conservation is taken seriously in Ladenburg, spanning the town's history, from the massive Roman cellar to the ornamental Renaissance burghers' houses; whole streets with houses built over the course of five centuries have been maintained and restored, even down to refurbishing the paintwork in the original colours. The town lies amid the surrounding industrial scene like

Zeit vom massiven Römerkeller bis zum verspielten Renaissance-Bürgerhaus und bis zu ganzen Straßenzügen alles bewahrt und die Häuser aus den letzten fünf Jahrhunderten auch noch in den schönsten und dennoch originalgetreuen Farben erstrahlen läßt. So liegt das Städtchen inmitten der ringsum herandrängenden Industrie wie eine zweitausendjährige Insel. Das macht dieses Juwel um so kostbarer.
Mannheim, die zweitgrößte Stadt Baden-Württembergs, liegt schließlich fast in Rufweite. Hier hat der Neckar seinen natürlichen Lauf schon lange verloren, weil die Korrektur der landraubenden Flußschlingen schon immer lebensnötig gewesen ist für die Bauern. Die heutige Vereinigung von Neckar und Rhein ist 1868 zum erstenmal ergraben worden, von da an konnte Mannheim auch seinen inzwischen so bedeutenden Hafen ausbauen. Die Mündung des Neckars ist mittlerweile eine nur noch wasserbautechnische Anlage geworden; nach 367 Kilometer Lauf und 621 Meter Gefälle ist der Neckarfluß auf 85 Meter über dem Meeresspiegel des Anschauens kaum mehr wert. Die Mannheimer haben ihre Flüsse sogar als Badeplätze verloren, um so mehr pflegen sie ihren grünen Gürtel und alles, was ihnen nach vier gründlichen Zerstörungen während ihrer erst im Jahre 1606 beginnenden Stadtgeschichte übriggeblieben ist; so vor allem jedes Steinchen aus der glücklichen Zeit im 18. Jahrhundert, als die Kurfürsten Carl Philipp und Carl Theodor hier residierten. Doch die waren Wittelsbacher, und deshalb zog Carl Theodor 1778 zusammen mit dreitausend Höflingen, Bediensteten und

terres, une régulation était absolument vitale pour les paysans. L'actuelle confluence du Neckar et du Rhin a été creusée pour la première fois en 1868 et, à partir de ce moment-là, Mannheim a pu construire son port devenu entretemps si important. L'embouchure du Neckar n'a aujourd'hui plus rien de naturel; après 367 kilomètres et une déclivité de 621 mètres, le canal du Neckar, qui est ici à 85 mètres au-dessus du niveau de la mer, ne mérite plus guère d'être vu. On ne se baigne également plus dans les rivières de Mannheim, par contre la ville entretient soigneusement sa ceinture verte et tous les témoignages qui, après quatre destructions massives, lui restent d'une histoire qui n'a commencé pour elle qu'en 1606; et surtout ce qui subsiste de l'heureuse période au XVIIIe siècle lorsque les princes électeurs Carl Philipp et Carl Theodor y résidaient. Mais c'étaient des Wittelsbach et c'est pourquoi en 1778, Carl Theodor déménagea à Munich avec trois mille courtisans, serviteurs et autres personnes dépendant de la cour et tous ses trésors et collections. Mannheim resta avec le Théâtre national presque achevé et évidemment avec l'immense château baroque avec ses deux milles fenêtres et des édifices comme l'église des Jésuites ou la place du Marché avec son ancien hôtel de ville et son église paroissiale. Les jours de marché, on peut se référer, si besoin est, à l'«aune rhénane» (61 centimètres) et au «pied rhénan» (31,4 centimètres) gravés dans le mur de l'hôtel de ville. La représentation de la pièce révolutionnaire «Les Brigands» de Schiller au Théâtre national en 1782 devant

an island, a two-thousand-year-old work of art. Mannheim, the second largest town in Baden-Württemberg, is now only a stone's throw away. Here the Neckar's natural bed has long since disappeared, because the meandering course of the river took up too much potential farmland, and regulation was therefore inevitable. The present confluence of Neckar and Rhine was excavated for the first time in 1868, and from then on Mannheim was able to build the inland harbour which has in the meantime become so important. Nature has nothing more to say here; after 367 kilometres, and a drop in altitude totalling 621 metres down to 85 metres above sea level, the Neckar is no longer a sight worth seeing. Mannheim's rivers are no longer suitable for bathing, but to make up for this the town carefully preserves its green belt and everything that has survived the four catastrophes that have struck the town during its relatively short history dating back only to 1606 – especially, for example, whatever remains of the happy period in the 18th century when Electors Carl Philipp and Carl Theodor resided here. But they were Wittelsbachs from Bavaria, and that was why, in 1778, Carl Theodor moved, together with three thousand courtiers, servants, and other court dependents, and all his treasures and art collections to Munich. Mannheim was left with the almost finished National Theatre – and, of course, the huge Baroque Palace with its two thousand windows, plus buildings such as the Jesuit Church or the Market Place with its splendid Town Hall and Church. On market days anyone who needs to

vom Hof abhängigen Bürgern samt allen seinen Schätzen und Sammlungen nach München um. Mannheim blieb gerade noch das fast fertige Nationaltheater – und selbstverständlich das riesige Barockschloß mit seinen zweitausend Fenstern, dazu Bauten wie die Jesuitenkirche oder der Marktplatz mit dem großen Schwung der Architektur aus Rathaus und Kirche. Für die Markttage sind dort noch heute für jedermann abgreifbar in der Rathausmauer die „Rheinländische Elle" (61 Zentimeter) und ein „Rheinländischer Fuß" (31,4 Zentimeter) eingemeißelt. Daß Schillers Aufruhrstück „Die Räuber" im Jahre 1782 in der zwar schon kurfürstlosen, aber dennoch von Hoftreuen durchsetzten Gesellschaft im Nationaltheater aufgeführt werden konnte, war ein für die Geistesgeschichte ganz Europas bedeutsames Ereignis. Mozart hatte weniger Glück; er spielte hier noch zur Zeit der berühmten Mannheimer Komponistenschule, doch als er wenig später um eine Anstellung bat, wurde er abgewiesen. Dafür fand er in Mannheim seine Constanze, deren Vater hier Hofmusiker war. Ein Wermutstropfen blieb: Constanze war die Schwester seiner Jugendliebe Aloysia.
Mannheim, die auf dem Reißbrett entworfene Stadt mit den quadratischen Straßenblöcken und deren Benamsung durch Zahlen und Buchstaben, hat sich zwangsläufig der Industriewelt ergeben müssen, als die Fürstengunst die Stadt verlassen hatte. Der Karlsruher Carl Benz hat Mannheim aber wieder emporgehoben – diesmal in den Industrieadel. Noch bis vor kurzem haben alte Leute gelebt, die Benz gegen ein

un public resté fidèle à la cour bien que celle-ci se soit installée à Munich fut un événement important pour l'histoire culturelle de l'Europe. Mozart fut moins heureux; il joua ici dans la ville à l'époque de la célèbre école de compositeurs de Mannheim mais lorsqu'il demanda un peu plus tard d'être engagé sa demande fut rejetée. Par contre, il trouva à Mannheim sa Constance, dont le père était musicien de la cour. Un brin d'amertume n'en subsista pas moins car Constance était la sœur de son amour de jeunesse, Aloysia.
Mannheim, une ville construite selon un plan extrêmement régulier avec des rues qui se coupent à angle droit et sont désignées par des chiffres et des lettres, a dû se tourner vers le monde de l'industrie lorsqu'elle perdit la faveur des princes électeurs. Et c'est Carl Benz, de Karlsruhe, qui allait faire sa prospérité. Il n'y a pas longtemps, on pouvait encore rencontrer des personnes âgées qui se rappelaient avoir aidé Benz, en échange d'un bon pourboire, à pousser son véhicule à moteur à trois roues, la première vraie voiture au monde, le long de la côte. Mais ce n'est que lorsque la femme de Benz, Bertha se rendit secrètement avec cet engin pétaradant sur de mauvaises routes en août 1888 à Pforzheim que la voiture fut connue du public. La «machine marchante», l'ancêtre de la bicyclette, et le «bulldog» (celui du tracteur) ont également été inventés à Mannheim par Drais et Lanz; la ville possède également «le plus beau château d'eau» du monde et presque la moitié de ses étudiants se consacrent aujourd'hui aux sciences de l'économie. L'en-

can refer to the "Rhenish ell" (61 centimetres) and the "Rhenish foot" (31.4 centimetres), which are chiselled into the Town Hall wall. The production of Schiller's revolutionary play "Die Räuber" (The Robbers) at the National Theatre in 1782 to an audience that was still loyal to the court – although it had just been moved to Munich – was a cultural event of European importance. Mozart was not so lucky; he played in the town during the period of the famous Mannheim School, but was rejected when he applied for a post here shortly afterwards. To make up for that it was in Mannheim that he met his Constanze, whose father was a court musician here – although Constanze was only second choice, for Mozart originally wanted to marry her sister Aloysia.
Mannheim, a town designed on a gridiron plan, with square blocks, and streets identified by numbers and letters instead of by names, was forced to turn to the world of industry for patronage when the Electors withdrew theirs; Carl Benz from Karlsruhe was destined to be the instrument of revitalization. Until quite a short while ago there were still some old people about who could remember helping Benz, in return for a generous tip, to start his three-wheeled motorcar – the world's first real car – by pushing it along the road. But the new invention only became generally known after August 1888, when Benz's wife Bertha secretly drove one of the noisy bangers along the bumpy road all the way to her hometown of Pforzheim. The "walking machine" (the prototype bicycle), and the "bulldog" (the ancestor of the tractor)

gutes Trinkgeld geholfen hatten, seinen dreirädrigen Motorwagen, das erste richtige Auto der Welt, an der Bergstraße anzuschieben. Doch erst als seine Frau Bertha im August 1888 heimlich mit einem solchen Ratterding auf üblen Straßen in ihren Heimatort Pforzheim fuhr, wurde das Auto allgemein bekannt. Auch die „Laufmaschine", das Ur-Fahrrad, und der Bulldog, der Vorfahr des Traktors, sind von Drais und Lanz in Mannheim erfunden worden; in Mannheim steht zudem der „schönste Wasserturm" der Welt, und dort studiert heute nahezu die Hälfte aller Studenten Wirtschaftswissenschaften. So war hier auch der richtige Landeplatz für einen alten Schaufelraddampfer, der als Museumsschiff und Teil des zu Zeitreisen einladenden Landesmuseums für Technik und Arbeit zeigt, wie sich die Schiffahrt auf Rhein und Neckar und wie sich das typische Neckarschiff entwickelt hat. Wer im Museumsschiff aufs Wasser hinausblickt, sieht heute draußen die großen Europaschiffe vorüberziehen.
Die aparteste Schönheit, die die Kurfürsten von der Pfalz in ihrer Mannheimer Zeit hinterlassen haben, ist aber ihr Sommerschloß in Schwetzingen, in der heutigen Spargelstadt. Aus einem wie üblich vielfach umgebauten wehrhaften Wasserschloß wurde ein wahres Lustschloß, eine Bühne für glanzvolle sommerliche Hoffeste. Die Achse dieser kurfürstlichen Sommerresidenz zielt längs durch Schloß und Gärten zum Fluchtpunkt Königsstuhl über Heidelberg, der verschmähten Residenz seit dem Aufstieg Mannheims. Die heutigen Gärtner haben Mühe, für die streng geometrischen Formen des

droit convenait donc fort bien à l'ancrage final d'un ancien bateau à vapeur à roue à aubes transformé en annexe du musée régional de la technique et du travail qui invite aux voyages dans le temps; ses expositions montrent le développement de la navigation sur le Rhin et le Neckar et du bateau typique du Neckar. Dans le bateau-musée, en regardant par la fenêtre, le visiteur verra passer les grands bateaux européens.
Mais le plus beau joyau d'architecture que les Electeurs palatins ont laissé de leur séjour à Mannheim est leur château d'été à Schwetzingen, appelée aujourd'hui la «capitale de l'asperge». A l'origine, un castel d'eau fortifié plusieurs fois transformé, l'édifice allait devenir un véritable château de plaisance offrant un cadre somptueux pour les fêtes de la cour en été. L'axe longitudinal de cette résidence princière traverse le château et le parc avec comme point de fuite Königsstuhl au-dessus de Heidelberg, l'ancienne résidence palatine. Aujourd'hui, les jardiniers ont du mal à trouver les fleurs et les buissons qui conviennent aux formes géométriques du jardin à la française qui s'étend derrière le château avec des parties inspirées des jardins anglais. Comme même les fleurs ornementales les plus populaires ont changé depuis l'époque du baroque et du rococo, c'est parfois plus difficile que de trouver des papiers peints pour le style du château. Pour ceux-ci, on connaît du moins la fabrique lyonnaise qui livrait les soieries et celle-ci possède encore les livres de commandes où sont inscrits les modèles que la cour palatine lui a

were invented in Mannheim, by Drais and Lanz respectively; the town also possesses the "world's most beautiful" water tower, and is the final anchorage for an old paddle-wheel steamer which serves as an extension of the large Landesmuseum für Technik und Arbeit (Technical Museum); its exhibits are an invitation to travel into the past, and show how Rhine and Neckar shipping and the typical Neckar ship developed. The visitor glancing out of the museum ship's windows will see the latest large European ships passing by.
The most fascinating architectural gem that the Electors Palatine left behind when they headed for Munich was their summer palace in Schwetzingen, now also known as the "asparagus capital". Built on the site of a frequently reconstructed moated castle, the palace was intended as a stage for brilliant summer festivities: it was built for pleasure, and still gives it. The park is one of its best features, but today the gardeners do not find it easy to obtain suitable flowers and bushes for the strict geometry of the formal French garden close to the palace and for the landscape gardens in the background; in fact, because even the most popular ornamental plants have changed since the Baroque and Rococo periods it is often more difficult than finding the right wallpapers for the palace. But in that case it is at least known which factory in Lyon supplied the original silks, and this factory still has the order books with records of which pattern the Electoral Court was pleased to order in the 18th century. The exhibits in the palace also show how the Court

Kerngartens im französischen Stil und für die englischen Landschaftsgärten im Hintergrund die Blumen und Sträucher zu finden, die zu den alten Plänen passen. Weil sich selbst die beliebtesten Zierpflanzen seit dem Barock und dem Rokoko gewandelt haben, ist das oft schwieriger als die Suche nach den stilgerechten Schloßtapeten. Über die ist wenigstens bekannt, welche Fabrik in Lyon einst die Seidentapeten geliefert hatte, und diese Fabrik wiederum besitzt noch immer die Auftragsbücher, in denen steht, welche Muster der kurfürstliche Hof im 18. Jahrhundert zu bestellen geruht hatte. Ebenso originalgetreu wird im Schloß aber auch gezeigt, wie der Hof geruhte, die Domestiken zu behandeln. Selbst die Zofe der Kurfürstin mußte in einem umgedrehten Tisch schlafen, Betten hatten nur die Mitglieder der Hofgesellschaft. Fassade und schöner Schein sind aber auch die künstlichen Ruinen im Park; die Moschee wurde ohne Fundament einfach so hingezimmert, wie man sich eine Moschee vorstellte, dafür wurden das verspielte und benützbare Badhaus und das wunderhübsche Rokokotheater höchst sachgerecht ausgestattet. Als Gesamtkunstwerk aber war alles, wirklich alles nur ein sommerliches Theater.
„Da steht der beste Pfusch, den ich jemals gesehen habe", sagte der Zimmerer zu seinem Dorle, „aber ein Pfusch, der über zweihundert Jahre lang gehalten hat und immer noch sehenswert ist. Respekt vor den alten Kollegen!"

commandés au XVIIIe siècle. On peut également voir dans le château comment la cour traitait ses domestiques. Même la femme de chambre de l'Electrice devait dormir dans une table retournée, les lits étant réservés aux seuls membres de la cour. Les ruines artificielles dans le parc étaient aussi pour l'apparence; la mosquée fut construite sans fondations selon l'idée que l'on se faisait d'une mosquée, par contre le ravissant pavillon des bains tout à fait utilisable et le merveilleux théâtre rococo furent fort bien aménagés. Il n'en reste pas moins que tout l'ensemble n'était rien de plus qu'une folie d'été.
«C'est le meilleur ouvrage bâclé que j'aie jamais vu», dit le charpentier à sa Dorle, «mais un ouvrage bâclé qui a tenu bon pendant deux siècles et qui vaut toujours la peine d'être vu. Je tire mon chapeau devant mes collègues d'autrefois!»

was pleased to treat its servants. Even the Electress's personal maid had to sleep in a table turned upside down, beds being reserved solely for members of the court. Appearance was everything, and so, of course, the ruins in the park were built simply for show, and the mosque was a rather flimsy construction with no foundations. Indeed, although the delightful and usable Bath Pavilion and the beautiful Rococo theatre were constructed to the highest specifications, the complex as a whole was nothing more than a summer folly.
"It's the best bit of jerry-building I've ever seen," said the carpenter to his Dorle, "it's stood for two centuries, and it's still worth looking at. I take off my hat to the lads who knocked it up all those years ago!"

◀ ◀ ***Heidelberg, wie es die Welt kennt***
◀ ***Heidelberger Blick ins Rheintal.*** *Hier verläßt der Fluß die Enge des Odenwaldes. Goethe hat das so geschildert: „Durch die Bogen der Brücke sieht man den Neckar nach den flachen Rheingegenden fließen und über der Brücke die lichtblauen Gebirge jenseits des Rheins in der Ferne."*
▶ ***Das Deutsche Apothekenmuseum im Ottheinrichsbau des Schlosses.*** *Offizinen aus dem 18. Jahrhundert, ein Laboratorium und alte Arzneien zeigt dieses einzigartige Museum der Pharmazie.*

◀ ◀ ***Heidelberg, comme le connaît le monde***
◀ ***Vue de Heidelberg sur la vallée du Rhin.*** *La rivière quitte ici les confins de l'Odenwald. Goethe a décrit cela ainsi: «A travers les arches du pont on voit le Neckar couler en direction des régions plates du Rhin et au-dessus du pont au loin les montagnes d'un bleu pâle de l'autre côté du Rhin.»*
▶ ***Le musée allemand de la Pharmacie dans le Ottheinrichsbau (aile d'Othon-Henri) de l'ancienne résidence palatine.*** *Des officines du XVIII*^{e} *siècle, un laboratoire et d'anciens remèdes sont exposés dans ce musée de la Pharmacie.*

◀ ◀ ***The picture-postcard view of Heidelberg***
◀ ***View of the Rhine Valley from above Heidelberg.*** *Here the river emerges from the confines of the Odenwald. Goethe described it as follows: "Through the arches of the bridge can be seen the Neckar flowing towards the lowlands of the Rhine, and above the bridge the distant, pale blue mountains beyond the Valley of the Rhine."*
▶ ***The German Pharmacy Museum in the Ottheinrichsbau (Otto Heinrich Building), part of the former seat of the Counts Palatine.*** *18th century dispensaries, a laboratory, and old remedies are displayed in this museum, the only one of its kind in Germany.*

Das ehemalige kurpfälzische Residenzschloß in Mannheim. *Auch das Mannheimer Schloß mit seiner fünfhundert Meter langen Fassade ist von seinem Gründer, dem Kurfürsten Carl Philipp, nach dem Vorbild von Versailles geplant worden. Sein Nachfolger Carl Theodor machte Mannheim zu einem kulturellen Höhepunkt seiner Zeit: Hier und in Schwetzingen spielte der junge Mozart, hier diskutierte Voltaire.*

L'ancienne résidence des Electeurs du Palatinat à Mannheim. *Le château de Mannheim, avec sa façade de cinq cents mètres de long, a également été conçu sur le modèle de Versailles par l'Electeur Charles-Philippe. Son successeur, Charles-Theodor, qui a achevé les travaux, fit de Mannheim un des centres culturels de son époque: le jeune Mozart a joué ici et à Schwetzingen, Voltaire y est venu.*

The former Residence of the Electors of the Palatinate in Mannheim. *The Mannheim palace, with its five-hundred-meter-long front, was also modelled on Versailles by Elector Carl Philipp. His successor, Carl Theodor, who completed the building, made Mannheim into one of the cultural centres of the age: the young Mozart, and Voltaire were two of the palace's famous guests.*

◀ ***Der Neckar in Mannheim.*** *Die Neckarmündung ist bestenfalls ein Zivilisationssymbol; als Landschaftspunkt ist sie völlig unbedeutend. Der Fluß erreicht den Rhein nach einem Lauf von 367 Kilometern beim Rheinkilometer 428; sein Wasser wird auch noch kurz davor zum Kühlen von riesigen Kraftwerkblöcken benützt.*

▶ ***Blick nach Ludwigshafen.*** *Mannheim war aus strategischen Gründen in den Flußwinkel zwischen Rhein und Neckar gezwängt worden. Inzwischen ist ringsum eine Industrielandschaft entstanden, in der nur noch einzelne Kirchtürme verraten, daß hier auch noch alte Dörfer liegen.*

◀ ***Le Neckar à Mannheim.*** *Le confluent du Neckar et du Rhin est au mieux un symbole de la civilisation moderne. La nature n'y a plus rien à voir. La rivière rejoint le Rhin après un cours de 367 kilomètres au kilomètre 428 du Rhin; peu avant, son eau est encore utilisée pour refroidir les immenses blocs d'une centrale électrique.*

▶ ***Vue en direction de Ludwigshafen.*** *Pour des raisons stratégiques, Mannheim a été construit sur le coin de terre entre le Rhin et le Neckar, mais en liaison avec Ludwigshafen il s'est créé ici un paysage industriel avec des installations portuaires.*

◀ ***The Neckar in Mannheim.*** *The present confluence of the Neckar and Rhine is entirely man-made; Nature has nothing more to say here. The river joins the Rhine after a course of 367 kilometres at the Rhine kilometre mark of 428; its water is used shortly before this point for cooling purposes by huge power stations.*

▶ ***View towards Ludwigshafen.*** *Mannheim was built for strategic reasons on the neck of land between the Rhine and the Neckar. In the meantime an industrial conurbation comprising Mannheim and Ludwigshafen and an inland port have developed.*

Das Schloß in Schwetzingen. *Den Park der einstigen Sommerresidenz der Kurfürsten von der Pfalz ließ Carl Theodor großartig ausbauen, und mit viel Mühe wird er bis heute so erhalten. Der jüngst samt seinem wunderschönen Theaterchen renovierte Mittelteil des Schlosses enthält jetzt (echt oder nachgemacht) alles, was zur Zeit Carl Theodors in diesen Räumen war. Sogar das Puderzimmer gibt es wieder, in dem ausschließlich die hohen Perücken eingestäubt wurden.*

Le château de Schwetzingen. *Le magnifique jardin de la résidence d'été des Electeurs palatins que fit aménager l'Electeur Charles-Théodore au XVIII*[e] *siècle est entretenu avec beaucoup de soin dans sa forme originale. La partie centrale du château rénovée récemment avec son merveilleux petit théâtre est meublée aujourd'hui (avec des pièces authentiques ou des copies) comme au temps de Charles-Théodore. Même la pièce où l'on poudrait les hautes perruques de l'époque a été entièrement restaurée.*

Schwetzingen Palace. *The magnificent gardens of the summer residence of the Electors Palatine, laid out largely by Carl Theodor in the 18th century, are still kept up in their original form. The recently renovated central building with its delightful Rococo theatre is now furnished – either with originals or replicas – precisely as it was in Carl Theodor's time. Even the powder room, used for preparing the tall wigs of the period, has been fully restored in the style of the period.*

▶ Der Rhein als Flußgott im Großen Weiher
▶▶ Die Moschee im Schwetzinger Schloßpark

▶ Le Rhin, comme un dieu du fleuve, dans le Grand Lac
▶▶ La mosquée dans le jardin du château de Schwetzingen

▶ The Rhine, as a River God, in the Great Lake
▶▶ The "Mosque" in Schwetzingen Palace Park

Ortsregister / Index alphabétique / Alphabetical Index

Die fetten Seitenzahlen verweisen auf Bildtexte.
Les numéros des pages en écriture grasse renvoient aux légendes.
The page numbers in bold types refer to the captions.

In unserer Bildbandreihe sind erschienen:

Ouvrages parus dans notre collection:

Our series of illustrated books includes the following titles: